U0336477

引爆营销与增长

有效的B2B营销落地方法与实践

刘肖 张蕊 彭子华 潘赫 ●著

IGNITE MARKETING
AND GROWTH

Effective B2B Marketing Implementation and Practices

机械工业出版社
CHINA MACHINE PRESS

图书在版编目（CIP）数据

引爆营销与增长：有效的 B2B 营销落地方法与实践 /
刘肖等著 . -- 北京：机械工业出版社，2025. 2.

ISBN 978-7-111-77008-4

Ⅰ. F713.36

中国国家版本馆 CIP 数据核字第 2024UW8263 号

机械工业出版社（北京市百万庄大街 22 号　邮政编码 100037）
策划编辑：孙海亮　　　　　　　责任编辑：孙海亮　章承林
责任校对：李　霞　王小童　景　飞　　责任印制：刘　媛
涿州市京南印刷厂印刷
2025 年 2 月第 1 版第 1 次印刷
147mm×210mm · 11.875 印张 · 1 插页 · 264 千字
标准书号：ISBN 978-7-111-77008-4
定价：89.00 元

电话服务　　　　　　　　　　网络服务
客服电话：010-88361066　　　机 工 官 网：www.cmpbook.com
　　　　　010-88379833　　　机 工 官 博：weibo.com/cmp1952
　　　　　010-68326294　　　金 书 网：www.golden-book.com
封底无防伪标均为盗版　　机工教育服务网：www.cmpedu.com

我们曾经询问过许多大学生："你毕业后最想加入什么部门？"其中有三四成人的回答都是"市场部"。然而，我们再问他们"市场部是干什么的？"，大部分回答让我们感到不舒服——"搞活动"。这三个字让多少年轻人入了"坑"，也给市场人，尤其是B2B行业的市场人贴上了一个不太光彩的标签。公司人力资源部门人员经常说："公司年会当然是市场部的事情啊，他们就是搞活动的。"销售部门最常提出的要求是："我要在下周五做一个客户讲座，希望市场部可以支持。"甚至行政部门的人也会找上我们："今年员工出游是不是由你们负责？"久而久之，不仅公司老板将市场部定位为"搞活动"的，市场人也开始将自己定义为"活动专家"。因此，市场部的杂活儿越做越多，人员和市场费用却越来越少。公司内弥漫着"他们就是花钱部门"的声音，每次裁员或削减费用，市场部总是那只最肥的"羊"。广大的市场人，你们愿意接受这样的定位吗？

我就职的上一家公司是一家规模不小的美国公司，我主要负责亚太区的市场工作。记得刚加入时，与亚太区副总裁进行第一次沟通，我问他对市场部的期望是什么，他的答案并未出乎我的意料。他谈到了三点：做好活动，控制成本，塑造品牌形象。我入职这家公司后，对市场部的工作进行了重新定位。三年后我离开公司时，市场部得到了很多积极评价，然而很快该公司的市场部又回到了过去的老路上。除了叹息，我想我有必要花点时间总结一下自己的经验和教训了。

现在经常说"不忘初心"，那我写这本书的初心是什么呢？市场人很多喜欢做主角，而我的BIOS（基本输入输出系统）里面只有"配角心态"的编码，所以我的初心是"成就更多的人"。但是，我不能保证本书一定契合你们在学校或者商学院里面学到的理论基础，甚至我还会"大逆不道"地质疑B2B和B2C的市场划分方式——尽管这曾经让我在读博士期间被一位老师大骂"疯子"——但是我相信，这本书会给所有市场人一些启发。

本书都会讲些什么呢？下面我挑重点介绍几条。

市场人首先要明白：**做营销的目的是"我想让谁干什么"**。而要实现这个目的不能只向你的客户展示"肌肉"，还要学会讲故事。本书会告诉你怎么成为一个会讲故事的市场人。

B2B营销的**底层逻辑是"通过什么渠道，把什么内容，传递给谁"**，本书将围绕这几个问题的答案来介绍。

当然，我也会与你**讨论战略**。好的营销工作应该**以战略为中心，以战术和工具为基础**。

品牌是市场人必须提及的话题。**如何评估品牌的知名度、品牌力和品牌溢价，以及如何提升它们**，本书都会给出答案。

我还会讨论与ChatGPT相关的主题，**探讨ChatGPT是否可以取代或帮助B2B市场人**。

本书可以帮更多"想赢"的B2B市场人走出困境，帮助有意愿加入B2B市场行业的朋友深度理解什么是B2B营销，并快速开启卓有成效的工作。本书还会打破一些非市场人对市场人的"微歧视"。总之，本书一定不会让你失望，不信，你可以读读看。

关注公众号"思思维导导图"（账号：liuxiao1026PandH），回复"引爆营销与增长"免费获取"价值驱动型人才剧本"，助你明确未来 5 年发展路径。

刘肖

| 目　录 |

| 战略篇 |

| 战术篇 |

底层逻辑篇

## 第 1 章

B2B 营销也可以很好玩儿

在过去的两年中，我不得不面对团队中两位非常优秀的成员被竞争对手高薪挖走的情况，对此我既高兴又沮丧。高兴是因为，她们被挖走证明她们的价值得到了认可，因为她们离开后获得了翻倍的收入；沮丧是因为，她们的离开说明她们认为现在的工作已经不再有趣。这引发了我的反思，反思的结果是：现在是时候尝试做一些更有趣的事情了。

1.1 用"好玩儿"引爆商业客户的兴趣点

郭德纲在给于谦的《玩儿》这本书作序时提到："玩儿是一种境界，也是一种生活态度，更是建立在高标准的生活质量之上。"我们非常认同这个观点。对我们来说，"玩儿"代表着人的天性，在解决了基本的生存和发展问题后，人们开始思考如何去享受生活。本节我们就来说说，怎么把"玩儿"融合到营销工作中。

1.1.1　全员针对客户做好玩儿的营销

市场人员应针对客户做好玩儿的营销——不，营销不应该只是市场人员的责任——或许我们应该说"公司所有成员都要针对客户做好玩儿的营销"。但是当你与销售经理或维修主管讨论营销时，你可能会得到微笑，但背后隐藏着一丝不屑，他们可能暗示你："营销"是市场部门的事情。

所以，我们有必要先搞清楚营销到底该由谁来负责。我们读过很多书，上过很多课程，这些书或课程无一例外均提出，公司应该实现"全员营销"，并介绍了很多有效的工具（在第 6 章会介绍）。但是读者们可能会发现，实现全员营销真的很困难。当我们把"玩儿"和营销结合以后，竟然取得了不小的进展，因为每个人都喜欢玩儿。

案例 1.1　2020 年，我[⊖]所在的公司刚刚成立，我们需要通过一次引人注目的活动让整个行业认识我们的品牌。为了在 5 月 20 日线上品牌活动中达到高潮，我们从环节设计、嘉宾选择到绿幕技术拍摄，再到精心选择渠道，都追求最高标准，但仍感觉有不足之处。内容方面似乎已经达到了我们所能做到的极致，传统渠道也都涵盖了，那么到底缺少什么呢？后来发现是"趣味"。

在 2020 年初，我们给所有同事拍了商务照，于是有人提出尝试一下"个性化海报病毒营销"。我们迅速行动，组建了 20 多个战队，每个战队选出 3 个代表人物，每个代表人物使用自己的

⊖　如无特殊说明，本书中所有以"我"自称的，都指的是本书第一作者刘肖。

照片并加上一句想说的话，制作了个性化海报。然后，每个战队被赋予一个二维码，并发挥各自的创意，在朋友圈、微博、抖音、B站、小红书、领英（当时还没有退出中国），以及其他我们未曾了解的渠道进行推广。最终结果：全部注册量中有25%来自海报营销，而这部分渠道的运营成本几乎为零。

这个案例是四年前的一个真实故事，虽然并没有太多创新，仅是借鉴了B2C（企业对消费者）领域中使用的海报营销和病毒营销方法，但是它让公司内几乎所有部门，甚至包括财务部门和人力资源部门的同事们都参与其中，大家一起玩儿得很开心。当然，这次成功也得益于一个特殊的事件，即新公司从之前的公司分离出来并建立了全新的品牌。因此，"好玩儿"的前提是具备优质的内容，即"内容为王"。我们将在本章后面的部分分析这一点。

案例1.1可以用一句话来概括：全公司的人针对客户做了一次好玩儿的营销。让我们来看看这句话的结构。"全公司的人"是主语，"做了"是谓语，"好玩儿的"是定语，"营销"是宾语，"针对客户"是状语，如图1-1所示。接下来，让我们继续关注这个关键的定语——"好玩儿的"。

小贴士：全公司的人针对客户做了一次好玩儿的营销，但是"好玩儿"的前提是具备优质的内容，即"内容为王"。

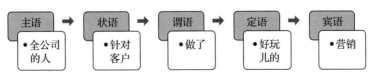

图 1-1 "全公司的人针对客户做了一次好玩儿的营销"的主谓宾结构

1.1.2　把握"好玩儿"的尺度和调性

凡事都应该有个度，也就是我们说的尺度，即做任何事情都不能"出圈儿"。当然还要有一个更大的前提，即方向不能出现错误，这里的方向就是我们说的调性。在营销的调性和尺度把握上，我们建议首先要把营销对象是谁搞清楚，譬如：如果营销对象是在校学生，那么就可以采用更多全新的传播手段和更新鲜的内容，以求获得更多的互动；如果营销对象是老专家和老教授，那么设计的活动就要更加成熟稳重，但是不能缺少幽默的点缀，尽量让参与者产生"老夫聊发少年狂"的冲动。当然好玩儿还要考虑环境。一场好玩儿的活动可以成为整场的焦点，但是不能给大家哗众取宠或者与整体环境格格不入的感觉。比如，你参加一场非常安静的展会，现场甚至都没有背景音乐和广播，在这样的环境下做大规模互动，就是不合时宜的。

我们进行营销时，绝不能采用强制灌输的教育方式，我们相信每位读者都会认同这一点。在营销时，我们建议先了解一下客户购买旅程，并根据客户购买旅程制定我们的客户漏斗。一般情况下，无论是 2B 客户还是 2C 客户，在购买一件商品或者服务时，都需要一个过程，而这个过程我们称之为客户购买旅程。从客户角度来看，这个过程被称为客户购买旅程；而从供应商角度来看，就被称为客户漏斗。我们简单地用图 1-2 解释一下客户购买旅程和客户漏斗的关系。

例如，一些行业企业客户会经历信息收集、信息比较和下单购买几个阶段，而我们的客户漏斗就要根据客户购买旅程来制作。客户漏斗需要涵盖客户从信息收集阶段的好奇、信息比较阶段的了解到下单购买阶段的做出承诺的整个过程。"客户漏斗"是最简单、经济和有效的营销策略，也是所有优秀营销计划的基础。现在问题来了，为什么客户会对我们的信息感到好奇并想要了解呢？如今是信息爆炸的时代，每天用户都会主动或被动地接收数以万计的信息。那么，如何让我们的营销信息在这千军万马之中脱颖而出呢？答案仍然是"好玩儿"。但是请注意，仅有趣是不够的。接下来，让我们先看几个案例。

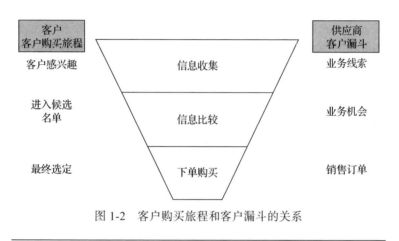

图 1-2　客户购买旅程和客户漏斗的关系

小贴士："客户漏斗"是最简单、经济和有效的营销策略，也是所有优秀营销计划的基础。

案例 1.2　相信大家对一个经常出现在"春晚"或者电视黄金时段的广告会无比熟悉，广告词只有六个字："恒源祥，羊羊羊。"

这则广告真的深入人心，那时候街头巷尾都会传来"羊羊羊"的声音。作为市场人员，让我们想一想，消费者为什么会记住这个广告呢？只是因为它简单吗？只是因为在多个渠道上重复播放吗？可能并不仅如此。它之所以让人印象深刻，是因为它很"好

玩儿"。它给我们增加了茶余饭后的话题，至少让大家记住了这个品牌。可以说，从"品牌知名度"的角度来看，这个案例非常成功。

案例 1.2 是 B2C 的一个经典案例，但是这种类型的"好玩儿"是否符合 B2B（企业对企业）营销人员的期望呢？我们的答案应该是"否"。接下来，让我们看另外一个实际发生在我就职的上一家公司的案例。

案例 1.3　2018 年，我所在的公司参加了一个行业重大展览会。这个展览会持续 3 天，预计会有 1 万人参加。考虑到参加这次大会的投入是我们公司全年最大的，我们需要增加展台的流量，以提高投资回报率。为了吸引更多的人来我们展台，我们策划了一系列有趣而简单的小游戏，包括机智抢答和微信赛马等。此外，两位销售经理主动负责主持游戏。他们手持扩音喇叭，在游戏时间高声呼喊邀请参展者来到我们的展台。当时的场面已经无法用简单的"人山人海"来描述了。与我们展台仅有一个通道之隔的友商展台，在我们与参会者进行互动的时候，他们看到的是所有人的后背。

最终的结果是，我们在 3 天内收集到了 6000 多个客户的联系方式，以及对面展台友商连续 3 天的投诉和很多科学家客户对我们的一些不满——这家公司和"我们"不是一类人。

这次活动确实非常有趣，公司同事们参与的积极性非常高，客户们也表现出了前所未有的热情。然而，我们感觉到，这种好玩儿似乎有些失控，甚至让我们感到后怕。虽然我们的活动有惊无险，但是在活动过程中，随时可能出现让人意想不到的情况，进而引发整个活动完全失控。会出现这种失控，可能是因为活动的影响力超过了预期，或者某些行为或状况让我们感到担忧和紧

张。这就是我们前面提到的尺度问题。可能因为我们活动的尺度过大，最终结果应该说是毁誉参半。

案例 1.4 是另外一个实际案例，我认为是非常成功的，我们充分利用互动调动了客户参与的积极性，取得了非常不错的营销效果。

案例 1.4 我曾经为一家公司服务，该公司拥有一款非常知名的化学结构式绘图软件，该软件对于生物或化学专业的学生和相关工作人员来说是必需的。这款软件的破解版（其实就是盗版）可以轻松下载并使用，功能几乎没有限制，相对于正版软件只是不能进行远程存储和在数据库中搜索其他人创建的结构式。这款软件的知名度甚至超过了公司自身的品牌，很多人也不知道这款软件属于这家公司。

为了提升公司的品牌知名度，我们决定进行一次营销战役。我们向所有人免费提供 30 天的软件正版授权，并发起了一个竞赛。竞赛要求参与者在 30 秒内画出指定的卡通图形，将图形上传到官方数据库，并同时上传一个倒计时 30 秒的短视频以证明是在规定时间内完成的。获胜者将获得 1～5 年的正版软件码。

这个活动取得了巨大的成功。仅我们公司微信公众号上发布的一篇推文，点击量就超过了 20000 次，报名参加比赛的人数超过了 1000，投票的人数更是超过了 10000。当时，我们公司微信公众号上点击量超过 1000 次的文章比例不超过 30%，而达到 20000 次点击量在整个行业中都很少见。

我们通过免费提供正版授权和举办竞赛活动，成功提升了关注度和参与度。这不仅提升了公司品牌知名度，还增加了用户对软件的认知和使用意愿。

　　案例 1.3 和案例 1.4 在提升品牌知名度上都取得了非常不错的成功，但是在客户对品牌印象分方面却大相径庭。这里会涉及"品牌力"的概念，我们将在第 8 章中详细介绍。归根结底，做"好玩儿"的营销活动，还是要有一定之规的。这里我们给出三个"好玩儿的"原则或提示。

- **有价值**。市场人应该将有价值的内容用有趣的方式传播出去，而不是用有趣的方式传递一些没有实际价值的东西。"好东西"一定有好内容，正如我们常说的"内容为王"。在案例 1.1 中，我们邀请了麦肯锡公司高层、行业最大客户的 CEO、当时备受瞩目的新兴公司创始人以及知名大学教授，他们各自进行了 30 分钟的报告。利用当时非常新颖的绿幕技术，我们提前录制了所有的内容。结果表明，这个持续 3.5 小时的活动吸引了 3 万人参加，行业中近 30% 的人都观看了该活动，并且跳出率非常低。曾经有产品经理建议我："可以根据这 20 多年来的老产品制作一些有趣的视频，多花点钱，效果一定很好。"我毫不客气地拒绝了，因为我清楚：好玩儿必须基于价值，不能为了好玩儿而好玩儿。
- **符合品牌形象**。好玩儿的尺度和调性必须与公司整体形象（即品牌形象）相符。在案例 1.3 中，大家确实玩得很高兴，但我们有些后怕，并非只因为不可控问题，还担心这样的活动会对我们品牌的声誉或溢价产生负面影响。我服务的那家公司产品的定位是行业最高端且价格最高的产品，而我们在一个学术展览会上玩得如此疯狂，可能会让一些设备购买决策者对我们的品牌定位产生怀疑。
- **互动性高，简单易懂**。好玩儿的活动必须具有互动性，并且要简单易懂。在案例 1.4 中，我们通过征集 30 秒内的短视频来鼓励科研工作者使用正版软件绘制具有生活气息的图画。一些学校教授和研究员也积极参与了这个活动。甚至一位学者幽默地评价了这个活动："化学家会美术，谁也挡不住。"这个案例通过与客户进行简单互动，吸引了大量用户参与。如果这个活动过于复杂，恐怕最终效果也不会令人满意。

通过遵循上述优化原则，我们可以确保好玩儿的活动不仅趣味性十足，还能达到预期的效果。当客户觉得活动既有趣又具有实际价值时，他们就会有更高积极性参与其中，并对我们的品牌和产品留下深刻印象。这样的活动可以帮助我们与客户建立更紧密的联系，并提升客户对品牌的认知度和忠诚度。

相信很多人对案例涵盖了 B2B 和 B2C 的问题表示担忧。本书会提供一些适用于 B2B 营销人员的实例和思考方式，但这并不意味着我们对 B2C 领域缺乏了解。事实上，在过去 5 年间，我曾因 B2B 和 B2C 问题面临挑战，且被一位法国教授赶出教室，甚至迫使我修改博士论文的研究方向。这个经历听起来确实不是很有趣，但它证明了 B2B 和 B2C 之间的差异及重要性。

下一节将继续讨论 B2B 和 B2C 的话题，以帮助你更好地理解这两个领域的差异以及如何在营销策略中合理对待 B2B 和 B2C。

1.2　打破 B2B 营销和 B2C 营销之间那堵墙

1.2.1　关于 B2B 和 B2C 的第一次深入思考

2018 年 8 月，在我读博期间的一堂课中，一位法国商学院的教授用不太熟练且有些颤抖的英文对我说："你这个离经叛道的人。"起初我以市场营销作为我的论文研究方向，并希望挑战传统的 B2B 营销和 B2C 营销划分方式。因此，我专程从北京赶来学习这门由法国非常著名的市场营销教授讲授的课程，并希望能够当面申请让她成为我的博士论文指导老师。当我在课间与教授进行沟通时，我大胆提出重新划分 B2B 和 B2C 营销的想法，这时教授的情绪突然有些失控了。然而，第二天下午，她冷静下来后很快就与我坐下来喝了一杯咖啡。

那个下午，我整理了自己的思路，并提出了不应简单粗暴地将市场营销划分为 B2B 和 B2C 的观点。我建议从商品金额、购买后的使用行为、决策周期和决策人数量四个方面进行综合考虑，因为商品金额和购买后的使用行为在一定程度上决定了决策周期和决策人数量，也决定了购买过程中的客户购买旅程。教授紧锁的双眉渐渐舒展开来，并开始微笑点头。最终，她建议我"不要选择这个作为博士论文研究方向，因为无法定量，而定性研究非常困难，而且她是传统 B2C 营销的专家，对于 B2B 营销的了解有限"，但她鼓励我继续思考，认为这是一个"非常有意思的话题"。

这段经历确实没有那么好玩儿，但它展示了我对创新思维的挑战和接纳。虽然教授并未成为我的博士论文指导老师，但她的鼓励和认可仍然对我产生了积极的影响。现在，我将继续思考这个有趣的话题，并探索如何将其应用于实际的市场营销实践中。

在那之后，我进一步研读了一些书籍和文献，并对此进行了深入思考，探究这样做的实际意义。我首先质疑了 B2B 营销和 B2C 营销的划分方式，问了自己第一个问题：为什么要对 B2B 营销和 B2C 营销进行划分？我的答案是，购买后的使用行为和商品金额都对购买过程产生重要影响，需要针对二者间的不同制定不同的营销策略。但是，仅关注购买后的使用行为会导致后续营销策略受到误导。其次，我提出了第二个问题：是否所有相对高价值或高价格的产品，即使其被购买后的使用行为属于"消耗型"，决策周期依然会较长且涉及较多决策人？我的结论是，大约 80% 相对高价值的产品的决策周期都会更长，决策人数量都会更多。最后，我又问了第三个问题：是否所有相对低价格或者价值较低的产品，即使其购买后的使用行为会为企业或个人创造二次价值，其决策周期都会较短且涉及较少决策人？我得出的结论是，大约 80% 相对便宜的产品，其决策周期会较短，决策人数量较少。最后一个问题对我来说是灵魂拷问：如果上述结论正确，那么如何将其应用于我们的营销策略中？我花了很长时间思考这个问题，我认为从 B2B 和 B2C 商业模式出发进行讨论是非常有必要的。

1.2.2　由传统 B2C 的客户漏斗引发的一些思考

我们曾在多个讲座中与台下的观众互动："你们知道 B2B 和 B2C 中的 B 和 C 分别代表什么吗？"几乎所有人都能回答出 B 代表 Business，即面向商业公司。这意味着我们销售的产品将作为生产工具或材料，并帮助商业客户创造二次价值。然而，当我问他们 C 的含义时，超过一半的人给出的答案是 Customer（客户）。因此，我们解释了 Consumer（消费者）和 Customer（客户）的区别，并引入了接下来的话题。

很多书籍和文献总结过 B2B 和 B2C 商业模式的区别，它们的本质区别在于，B2C 的购买行为发生后，被购买的物品会被消耗掉，这也就是为什么 B2C 中的 C 代表消费者（Consumer）而不是客户（Customer）；而 B2B 的购买行为发生后，被购买的物品或者服务可以产生二次价值，为购买者创造收益。

事实上，B2C 型商业模式的雏形要远早于 B2B 型市场的出现。人们使用贝壳进行物物交换时就有了最早期的 B2C 型商业模式。很多书籍中都介绍过经典的 B2C 客户漏斗，这就是对 B2C 型商业模式的研究成果之一。B2C 客户漏斗将销售过程大致分为四个阶段：引起注意、互动交流、下单购买和完成交易，如图 1-3 所示。

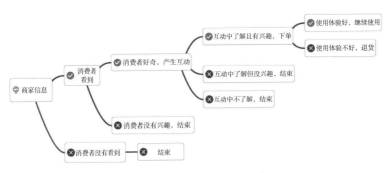

图 1-3　经典 B2C 客户漏斗

下面通过一些 B2C 的应用场景来验证这个过程。

应用场景 1.1　我家中的洗发水用完了，在地铁上恰好看到某品牌的推广广告（消费者注意到）。广告宣传该洗发水具有洗发和沐浴二合一的功效（引起我的好奇心）。我觉得这款产品很适合我，于是我在某电商平台进行了搜索，并花了 20 元进行购买（消费者决策购买）。第二天，我收到货物并开始使用。

应用场景 1.1 几乎完全贴合了教科书中的 B2C 客户漏斗（又称营销漏斗）。现在我们继续看下面的几个应用场景。

应用场景 1.2 我夫人的精华液化妆品快用完了，之前她一直使用某品牌。后来听闺密说另一个品牌的效果很好（消费者注意到并产生好奇心），于是她花了一个晚上的时间在淘宝、抖音和小红书上进行搜索，并与不同的闺密通过电话和微信交流了解（消费者互动并产生兴趣）。两天后，她决定换成另一个品牌的精华液，并开始在全网比价。她发现某海外代购网站上的价格更低，但需要等待7～10天才能收到货，而国内的购物平台的预计到货时间只需3～5天。考虑到目前的精华液还可以使用大约15天，她决定在代购网站下单——这里请注意下一步操作——她将代付款链接发送给我，我仅用3秒扫描指纹完成支付，金额为1200元（消费者或消费者的丈夫完成下单）。10天后，她收到货物并开始使用。

应用场景 1.2 比应用场景 1.1 更复杂，除了使用者不同之外，还存在其他区别。让我们继续看后面两个应用场景，然后一起进行分析。

应用场景 1.3 我之前的手机已经用了三年，内存几乎满了，而且速度越来越慢。尽管我以前看到过很多关于最新折叠屏手机的广告（消费者注意到），但一直觉得它们离自己太遥远。然而，几周前，偶然间看到同事使用了这种新型折叠屏手机，引起了我的兴趣（消费者产生好奇心）。当时恰逢我因病住院，唯一打发时间的方式就是用手机阅读和观看剧集。我意识到自己的手机屏幕太小，需要一个平板电脑来替代，并突然想起那款折叠屏手机可以作为平板电脑的替代品。于是我开始进行各种搜索，比较不同品牌的折叠屏手机。我纠结了近一个月的时间，与家人商量也没有达成共识，还错过了"双 11"的优惠期。

出院后，我专门去了这几个品牌的实体店，从各个方面进行比较，但价格太高，所以我决定暂时不换（消费者互动，但失去了兴趣）。然而，一个偶然的事件改变了我的决定。我左脚的一根韧带断裂，做核磁共振检查时被困在一个封闭的空间里 20 分钟。在这 20 分钟里，我回想着过去几个月的种种不易，忽然觉得应该对自己好一点。在那 20 分钟后，我做的第一件事就是在某电商平台上下单购买了它，9999 元的金额瞬间从我的信用卡上划走（消费者完成下单）。我使用这款手机已经超过 2 个月。我每天花在手机上的时间，包括阅读、工作和写作等的时间，甚至超过了我使用电脑的时间。

应用场景 1.3 中的纠结增加了许多，导致出现这种情况的主要原因可能有以下几个。

- **选择过多**。对于折叠屏手机，市场上有多个品牌和型号可供选择。消费者在众多选项之间徘徊，很难做出最终的决定。
- **信息不对称**。消费者面临大量广告和宣传，但真正帮助其了解产品性能、价格和用户体验的信息相对较少。这导致消费者需要花费大量时间和精力来收集和比较信息，从而加剧了纠结的程度。
- **利益相关方的意见不同**。在购买折叠屏手机的过程中，我与家人进行过商讨，而每个人都有自己的偏好和需求。这些不同意见导致我的拖延和纠结。
- **错过优惠期限**。由于种种原因，消费者错过了购买的优惠期限。这可能增加了他们的后悔感并增加了购买的难度。

应用场景 1.4 是关于购买一辆家用车的。我们将继续分析这一场景，了解其中的复杂性和延迟的原因。

应用场景 1.4 我父母开的车已经超过 10 年了，无论是从安全性还是舒适性、方便性的角度考虑，都该更换了。他们动了换车的想法后，第一时间和我们进行了沟通，很快在这件事上，我们全家五口人——包括我八岁的儿子，达成了高度一致，这是发生在半年前的事情。于是全家上阵进行各种信息收集，在这里就不烦冗表述了（消费者看到和互动）。我们用了 4 个多月时间，将从各种渠道收集来的信息汇总后，我还专门做了一个 Excel 表格，从 10 多个维度进行了分析——虽然最开始我更希望购买大中型 SUV，我夫人更希望购买节能的电动车，我儿子更希望购买可以变形的擎天柱，但是最终我们确定购买某中小型 SUV（消费者互动中了解并产生兴趣）。计划赶不上变化，因为某些原因我们错过了年终的大力度优惠，所以购买计划推迟了，之后我妈又对另一款车产生了兴趣，于是我们第二次收集各种信息并做了第二版的 Excel 表格（消费者互动中了解并产生兴趣）。半年多过去了，车还在 4S 店，钱还在银行账户里。

通过上述四个应用场景我们意识到，尽管这些应用场景都属于 B2C 模式，但做出购买决策的复杂度和用时都比较高。这些情况似乎偏离了经典的 B2C 客户漏斗覆盖的销售流程。针对以上情况，我们可以进一步探索 B2B 商业模式的客户漏斗，从而了解其特点、优势和可能的应用场景。

1.2.3　由传统 B2B 的客户漏斗引发的一些思考

B2B 客户漏斗的确比较复杂，因此我们根据客户购买旅程将其分为 3 个关键阶段，分别是信息收集阶段、比较阶段和决策阶段。

1）**信息收集阶段**。在这一阶段，潜在客户开始寻找相关产品或服务的信息，以满足他们的需求。他们会通过搜索引擎、社交媒体、行业报告和口碑等渠道获取信息，特别是针对特定行业、领域或解决方案的信息。

2）**比较阶段**。一旦潜在客户获得所需的信息，他们会开始比较不同供应商或品牌之间的差异。他们会评估各种因素，如产品功能、价格、服务质量、可靠性和交货时间等。在此阶段，与供应商沟通变得重要，可能需要更多详细信息、报价或解决方案示例。

3）**决策阶段**。在这个阶段，潜在客户已经缩小了选择范围，并准备做出购买决策。他们可能会与供应商进行最后的谈判、签订合同和安排物流等事宜。B2B 销售中的决策通常涉及多个决策者和程序，因此需要时间来获得最终批准。

坦率地说，图 1-4 所示的流程可能并不准确或完整。然而，通过观察该图，可以清晰地做出自己的判断。传统意义上，B2B 和 B2C 的客户漏斗存在许多不同之处，这也是本章所讨论的"鸿沟"的概念。然而，我们回顾应用场景 1.3 和应用场景 1.4 发现，它们与图 1-3 所示的客户漏斗并不完全吻合，而这两个应用场景更接近于图 1-4 所示的客户漏斗。在这里，我们可以假设一种情况，即产品的价格或价值越高，客户或消费者的采购过程越接近传统 B2B 客户漏斗的形式。当然了，本书不是学术专著，也无法通过大量数据来验证这个假设。但是上文的介绍，似乎符合这种假设。下面我们反过来看看这个假设是否也成立，即产品的价格或价值越低，客户或消费者的采购过程越接近传统 B2C 客户漏斗的形式。让我们通过一个 B2B 的应用案例来探讨这个问题。

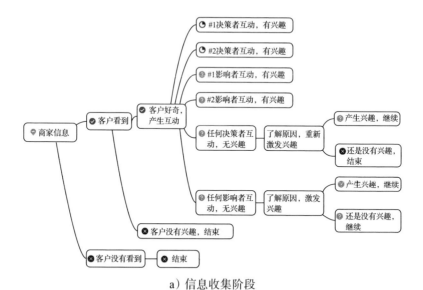

a）信息收集阶段

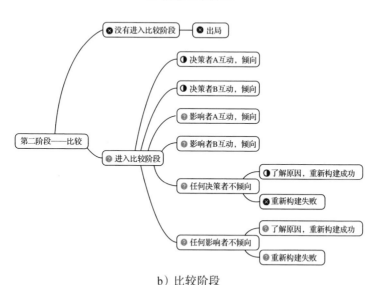

b）比较阶段

图 1-4　B2B 客户漏斗

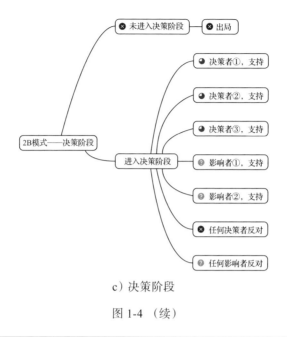

c）决策阶段

图 1-4　（续）

案例 1.5　我表弟在某理工大学的生命科学学院攻读博士学位，需要购买价值大约 500 元的过滤膜，用于他的毕业论文实验。购买过滤膜是一个 B2B 的行为，因为购买过滤膜是为了产生二次收益。根据学校规定，他只需在学校的采购平台上找到合适的产品，并下单购买。于是，表弟在学校采购平台中搜索到了适合他的过滤膜的货号（客户互动）。接着，他将其加入购物车并完成结账（客户下单）。仅一天后，所需的过滤膜就被送至他的实验室，而学校采购部门则在当月月底与供应商结算。

在这个案例中，我表弟作为一个学术研究者，以学校的名义进行了 B2B 的购买行为。他使用学校的采购平台选购所需的过滤膜，这体现了 B2B 销售模式中的客户互动和客户下单环节。整个过程高效快捷，符合学校内部的采购规定，并且通过学校的采购部门与供应商进行结算。这个案例在一定程度上支持了之前的假设，即产品的价格或价值越低，客户或消费者的采购过程越接近传统 B2C 客户漏斗的形式。

上述的应用场景对我们来说可能并不陌生。类似的情况还有专车司机为乘客购买矿泉水等，当然，在这样的场景中还有许多其他例子。在这些场景下，虽然购买后的使用行为是为组织创造价值，但由于产品的价值低和仅有一个决策者，决策流程非常迅速。这与传统意义上经典的 B2C 客户漏斗是相符合的。在这些场景中，产品的价值较低且决策人数量有限，导致购买过程简化且决策速度更快。与传统的 B2B 客户漏斗相比，这更接近 B2C 客户漏斗的特征。

这些例子进一步支持了我之前的假设，即产品的价格或价值越低，客户或消费者的采购旅程越接近传统 B2C 客户漏斗的形式。

1.2.4　B2B 和 B2C 商业模式的异同

我们可以使用一个简单的表（见表 1-1）来对比一下目前为止我们所了解到的 B2B 和 B2C 之间的异同。

表 1-1　B2B 和 B2C 商业模式对比

对比项	B2B	B2C
产品销售后行为	购买者可二次加工或直接销售，产生新的价值	购买者直接消耗，不产生新的价值
受众	一般为小众，以企业为主	一般为大众，以个人消费者为主
获取信息渠道	取决于所处行业市场，一般信息来源较少	一般信息来源较多，信息更容易被获取
商品价值	一般价格较高	一般价格较低

（续）

对比项	B2B	B2C
决策周期	一般决策周期比较长	一般决策周期比较短
决策者	一般有多个决策者	一般是单一决策者
品牌忠诚度	重复购买率较高，品牌忠诚度较高	不同产品重复购买率和品牌忠诚度有所区别

我认为，**决策周期与 B2B 或 B2C 市场类型之间的关系较弱，而与所购买物品的价值相关性更强。一般来说，价值较高的物品通常需要更长的决策周期，而价值较低的物品决策周期较短。**

我认为，**决策者数量与 B2B 或 B2C 市场类型之间的关系相对于物品的价值而言相关度较低。当购买的物品相对价值较低时，决策者数量通常倾向于单一决策者，并且决策者的地位相对较低；而购买的物品价值较高时，决策者数量则倾向于多个。**

B2B 和 B2C 确实存在一些不同，但也有很多相似之处。首先，它们都与人打交道。作为感性和理性结合的动物，人们更容易接受情感化的营销手段。这也是第 4 章介绍如何发掘客户的价值链以及第 5 章讲述如何讲故事的原因。"价值链"这个名词可能有些晦涩，我甚至在 2022 年上半年还没有完全理解它。直到我听了一个世界 500 强企业中国区总裁的分享，才恍然大悟。他说，如果我们能清楚地了解客户的价值链是什么，我们的产品和服务是否与客户成本的比例以及对整个价值链的贡献相吻合或超出客户的期望，那么我们就能更轻松地与客户做生意。接着，我们又读了一本书——《商业至简》，其中强调了"越是解决客户问题，你的产品和服务就越有价值"。通过这些经历，我们渐渐感悟到商业的本质：我们向客户销售产品或服务，就是为了帮助他们解决问题，否则，为什么客户会购买我们的东西呢？

在商业环境中，没有人喜欢被过分灌输知识，尤其是来自商家自吹自擂的信息。然而，大多数人都喜欢听故事，特别是那些有趣且能让自己成为故事主角的故事。如果一个故事可以帮助解决生存、生活或工作中的问题，谁会不喜欢呢？因此，通过讲好故事，我们能够更好地与人们建立联系。这样的故事能够触动人们的情感，并提供解决问题的方案。当我们将自己置于故事的中心时，它能够引起我们的共鸣，并使我们对产品或服务产生兴趣。因此，故事在营销中扮演着重要的角色。

当我们明确了以上两个相同点后，再回过头来看 B2B 市场和 B2C 市场，你会不会觉得实际上它们并没有本质上的区别？我们需要将产品卖给客户，客户也需要我们所销售的产品，而我们应该帮助客户解决他们的问题。

通过这样的思考，我们可以发现 B2B 和 B2C 的根本意义是相似的。无论是 B2B 市场还是 B2C 市场，理解客户的价值链并提供解决方案都是至关重要的。这种思考方式能够帮助我们更好地与客户建立联系，并提供更有价值的产品和服务。

说到这里，这一小节其实也就差不多讲完了。这一节的理论部分稍微有点多，为了避免读者感到困惑，我们做一个总结，帮助大家梳理一下思路。

- 无论是 B2B 还是 B2C，商业本质是一样的：**我们通过提供产品和服务来帮助客户解决问题。**客户购买我们的产品和服务时，期望我们能够满足他们的需求。
- B2B 和 B2C 之间确实存在一堵墙，但并非不可逾越。而且，B2B 和 B2C 对于我们的营销策略影响相对较低，商品价值的大小对营销策略的影响更大。

- "价值链营销"和"故事营销"并不矛盾。B2B 营销同样需要富有情感的好故事，而 B2C 营销中的许多战术完全可以应用到 B2B 营销中。

一般认为，B2B 营销相对保守，而 B2C 营销更具创新性。因此，B2B 营销人员应该大胆借鉴 B2C 营销中的创新方法，不要再做一位苦闷的营销人员了。

1.3　B2B 营销人员的职责和价值

我曾收到客服部门主管的一条微信，内容是："多谢肖哥的慷慨，支持了我们的活动。"这让我感到有些困惑，甚至有些愤怒。他们是不是把我当作"金主"了？如果市场人员的价值只被视为花钱，那么友情之船很容易就会翻沉。亲爱的读者们，你们是否曾经思考过营销人员的职责是什么？价值在何处？

1.3.1　我们心中的和别人眼中的 B2B 营销人员

快消行业的营销人员曾经非常自豪地告诉我，他们就是公司里永远的神，因为他们手中的资金充足，他们几乎可以决定一切。然而，他们也必须对所有事情负责。那么 B2B 营销人员应该做什么呢？最近我们在精读唐纳德·米勒的《商业至简》这本书，书中有一幅图给我们留下了深刻的印象，如图 1-5 所示。

根据唐纳德的观点，一家企业就像一架飞机，机身代表运营费用，虽然它本身没有动力，但却是飞机飞行的基础。左右机翼代表公司的产品和服务，能够确保公司的飞行高度。而左右引擎分别代表销售和营销，为公司提供前进的动力。燃油箱则代表现金流，如果没有足够的燃油，飞机就会陷入危险之中。当我看到这个比喻时，感到眼前一亮，特别是当唐纳德将单引擎飞机的引擎比喻为"营销"时——因为通常情况下，营销的成本更低廉。

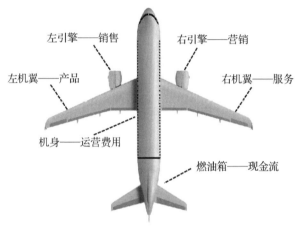

左引擎——销售　　右引擎——营销

左机翼——产品　　右机翼——服务

机身——运营费用

燃油箱——现金流

图 1-5　企业运营示意图

现实很残酷，理想很丰满。唐纳德所谈论的营销很可能受到了快消行业的影响。在快消行业中，许多企业甚至不需要建立自己的销售团队，只依靠线上渠道或超市销售即可。这与前面我们讨论的传统 B2C 行业的客户漏斗密切相关。

我们在不同的演讲和培训中多次分享了关于 B2B 营销意义的心得，每次在现场看到的 B2B 营销人员都面带苦闷的微笑。我们梦想中的 B2B 营销人员，如同唐纳德所展示的飞机图一样，应该是企业增长的引擎，这也是众多 CMO（首席营销官）的共同梦想——成为首席成长官（CGO）。我们更加了解宏观趋势，更加了解客户，可根据宏观趋势制定市场战略，根据客户需求制定执行战术，最终成为公司增长的关键推动力。然而，在现实工作中，大多数像我们和你们一样的人，似乎只是在"办活动""做礼品""印样本""做 PPT"而已。最多被指派去进行一些客户调研，然后拿着经过"优化"的调研数据去满足销售部门的需求，或者拿着真实却缺乏自信的数据与产品团队争论。

有多少人曾被图 1-6 影响变成了市场人员呢？这张图似乎是绝对正确的，它试图回答了 Why（为什么做营销）的问题，也可以看作唐纳德飞机图的一种解释。所有具备战略思维和对公司整体规划有深入了解的总经理和营销人员，都会认为营销非常重要。因此，非营销人员一边口头上高喊着市场部门的重要性，一边却给营销人员分配一些"低附加值"的工作。那么 B2B 营销人员呢？我们也应该自省一下，我们做得是否正确？显然，与正确做法还存在差距。

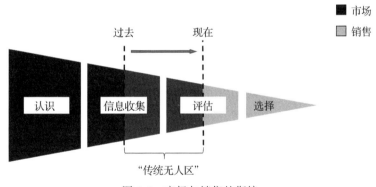

图 1-6 市场与销售的衔接

1.3.2 B2B 营销人员到底应该做什么

我们并不认为"做 B2B 营销"有问题，问题出在如何准确回答——B2B 营销人员到底应该做什么？下面先列举一些我们认为 B2B 营销人员应该承担的任务，并按照其对公司的影响大小以及周期进行分类。通过这个分类，我们可以更好地了解哪些事情是

B2B 营销人员应该更加关注的。

首先，营销部门的工作可以分为四个主要方向，也可以称为市场部门的主要职责，即公司战略、企业增长、客户互动和效率提升。这些都是与企业的生存和发展息息相关的重要事项。但遗憾的是，很多企业内的员工、管理层甚至企业家们都没有清楚地意识到这一点。

接下来，让我们看看在这四个主要职责下，营销人员可以做些什么。图 1-7 非常清晰地展示了在这四个职责下，我们可以采取哪些行动，这也是我们汇总了二十几家 B2B 型企业市场营销团队负责人的经验抽象出来的。

图 1-7 中的 R 代表负责执行的人，A 代表主要责任人，C 代表提供咨询和支持的人，I 代表被告知者。

1.3.3　B2B 营销人员职责的优先度

当我展示图 1-7 时，公司领导都对其非常认可。然而，他们不约而同地提出了一个优先级的问题——我们需要对图 1-7 所示的各项工作进行优先级排序。他们提出了一个非常好的建议，即按照对公司影响的大小和周期性（长期和短期）这两个维度对各项工作进行划分。因此，我们将图 1-7 中所示的内容重新整理了一下，得到了图 1-8 所示的结果。图 1-7 中一共有 26 个可能涉及的事项，我们用 26 个字母代表它们，并将它们放入一个二维四象限的矩阵中。

当然，根据你所在企业的实际情况，你们可以确定要做的事项的优先级，并制定相应的标准来确定优先级。尽管图 1-8 中右上方浅灰色中的高优先级事项有很多（共有 17 个字母），但如果归类起来，可以总结如下。

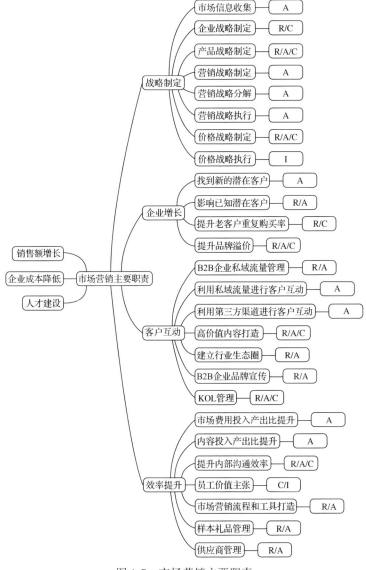

图 1-7　市场营销主要职责

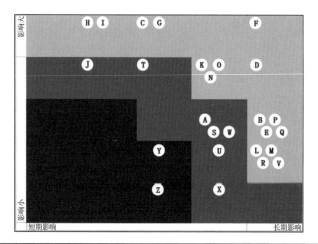

A	市场信息收集	I	找到新的潜在客户	R	B2B 企业品牌宣传
B	企业战略制定	J	影响已知潜在客户	S	KOL 管理
C	产品战略制定	K	提升老客户重复购买率	T	市场费用投入产出比提升
D	营销战略制定	L	提升品牌溢价	U	内容投入产出比提升
E	营销战略分解	M	B2B 企业私域流量管理	V	提升内部沟通效率
F	营销战略执行	N	利用私域流量进行客户互动	W	员工价值主张
G	价格战略制定	O	利用第三方渠道进行客户互动	X	市场营销流程和工具打造
H	价格战略执行	P	高价值内容的打造	Y	样本礼品管理
		Q	建立行业生态圈	Z	供应商管理

图 1-8 B2B 营销人员需要做的事情的优先级

- 参与制定公司战略和产品战略，并根据公司战略制定、分解和执行营销战略（B、C、D、E、F）。
- 通过寻找新的潜在客户和影响现有客户，提升公司的销售额（I、K）。
- 打造高价值的内容，服务于品牌建设和获客（P）。
- 结合私域流量和第三方流量，构建多渠道营销体系（M、N、O）。
- 通过打造生态圈，提高内部沟通效率，传递品牌价值，增加品牌溢价（L、Q、R、V）。

- 制定和执行价格战略（G、H）。

至此，我们基本上明确了 B2B 营销人员应该做什么。后文将详细回答如何做的问题，包括价格战略的制定和执行。

1.4　深爱 B2B 营销的人本主义心理学分析

前文告诉我们，B2B 营销可以借鉴许多 B2C 营销的手段和方法，它可以充满趣味、时尚，并且能够引人注目。在 1.3 节中，我们梳理了 B2B 营销人员应该做的事情。现在，让我们花点时间来谈谈我们为什么热爱营销。

我们为什么热爱营销？相信你们对于马斯洛的需求层次理论都非常熟悉。而我们热爱营销无非是基于以下三个原因。

- **通过营销谋生，满足生理和安全需求。**营销是一种能够提供收入和经济保障的职业。它能够满足我们的物质需求和经济安全需求。通过为公司创造价值，实现个人价值。
- **营销给予我独立的个性，满足尊重和爱的需求。**从事营销工作，我能够展示自己独特的才华和能力，获得他人的认可和尊重。这样的经历和成就感满足了我被尊重和被爱的需要。
- **通过玩乐营销，获得乐趣并实现自我。**对于我来说，营销是一种充满乐趣和创造力的活动。通过创新和创意，我能够享受到在营销领域实现个人目标和梦想的过程。这满足了我追求自我实现和成长的需求。

1.4.1　提升个人价值，满足基本需求

让我们一步一步来，先看看 B2B 营销如何满足我们最基本的谋生需求。既然在企业工作，就会有老板，而老板自然会对我们进行 KPI（关键绩效指标）考核，而这些 KPI 往往是和企业的价值相关联的。如果我们的工作可以与企业的价值相关联，自然也就可以体现 B2B 营销人员自身的价值了。

下面先谈谈 KPI。理性的老板们肯定会关注投入产出比。现在我们来分享一下我们团队的主要 KPI，以及这些 KPI 是如何和 B2B 型企业价值相关联的。

（1）**参与制定公司战略和产品战略，并根据公司战略制定、分解、执行营销战略**。这一条听起来有点抽象，也不太像可以用 KPI 来衡量的内容。我想分享的是，作为营销人员，我们应该参与到公司战略制定中，并为此做出贡献。这些贡献包括市场情报、买家人设画像、MEKKO（市场细分矩阵）分析图、竞争对手信息、行业市场划分和预期增长速度，以及一系列 PPT 等。虽然这些产出物无法用数字衡量，但我们可以设定时间节点和满意度作为 KPI。这部分工作虽然无法用数字衡量对于企业的价值，但是有远见的老板们都会非常认可战略对企业的重要性，B2B 营销人员的工作与战略相结合，并且可以把企业战略分解落地，这自然是可以为所在企业创造价值的。

（2）**通过找到全新潜在客户和影响老客户，提升公司销售额**。这个指标非常重要。大家还记得图 1-5 中的飞机吗？机身代表运营费用，而营销则是右引擎。如果我们能够制定良好的 KPI，就有机会改变财务和老板眼中"市场营销费用是运营费用"的印象。如果大家都认同投入营销费用是可以看到产出的，我们就

能进入良性循环，而不是每次要节约运营费用时都会削减营销费用。

一般情况下，我们会把这部分 KPI 做成一个漏斗，如图 1-9 所示。我们从接触人数开始，也就是我们常提到的 Impression（影响），这个数据和媒体的 Impression 有所不同，主要衡量在不同场景下有多少人看到了我们的内容。然后看有多少人愿意与我们互动，自觉或不自觉地留下联系方式，我们称这些人为线索（Lead）。接下来是考察留下联系方式的人是否有购买意向，若是有购买意向，那么我们称之为 MQL（Marketing Qualified Lead，营销合格线索）。如果销售团队认为这些 MQL 是真实有效的，他们会将其转化为 SQL（Sales Qualified Lead，销售合格线索）和业务机会。最终，通过大家共同努力，这些机会将转化为订单和发货。因此，这部分通常作为第一层 KPI。

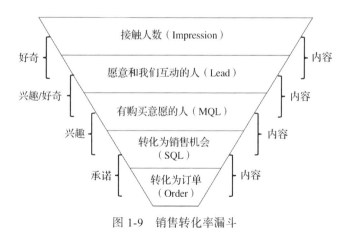

图 1-9　销售转化率漏斗

当然，各个环节之间的转化率非常重要，这构成了第二层 KPI。第一层 KPI 展示结果，第二层 KPI 进行原因分析。另外，投入产出比也是一个重要的 KPI，即我们在市场营销中投入的钱可以给公司带来多少额外收益。这部分是可以体现 B2B 营销团队直接价值的，可以给公司创造直接价值，B2B 营销人员就会更加"安全"，无论是对团队来说还是对我们的市场经费来说。

（3）**打造高价值的内容，服务于品牌和获客**。从图 1-9 所示的漏斗中可以看出，对转化率影响最大的因素是内容。内容的 KPI 实际上比较复杂，主要是要确定什么样的内容才是"有效内容"。在确定这个指标时，我们经过多轮内部沟通，最终确定了分级内容的 KPI 管理方式。内容可以分为封闭的内容（Gated Contents）和开放的内容（Ungated Contents）。

简单来说，封闭的内容就是非全域公开的内容。封闭的内容一般用于与客户交换信息。营销人员通常喜欢用一些小礼品（比如充值卡或实物）来获得客户的邮箱或电话，而好的内容是可以替代这些小礼品的，这些内容可以是白皮书、以工作流程为导向的整体解决方案等有价值的东西，当然也可以是能够帮助客户取得成就的知识。

开放的内容并不是无效的内容，而是可以充分吸引潜在客户，并让客户按照你设计的路径打开封闭的内容的引子。这类内容可以直接提升转化率，也会对最终成单带来直接影响。

（4）**结合私域流量和第三方流量，构建多渠道营销体系**。简单来说，这一项指标衡量了从花钱渠道和不花钱渠道获得结果的比例。我们都知道，利用私域流量进行营销投入会较低，而产出却不低。强烈建议大家特别关注私域流量，将私域流量和第三方流量的产出比例作为一个重要的 KPI，因为它既能体现市场人员的核心价值，又能服务于财务和老板非常看重的"投入产出比"指标。如果我们遇到的是具有长期主义的老板，这一项工作将是

B2B 营销人员的重要价值体现。

（5）通过生态圈的打造，提高内部沟通效率，传递品牌价值，提高品牌溢价。这一项看起来比较虚，因为品牌本身是一个难以衡量的指标，而且这里还涉及了"生态圈"这个更不好具象化的内容。但是相信在阅读完第 3 章和第 8 章之后，你们会对此有更清晰的了解。

简单来说，首先需要确定生态圈中的利益相关者有哪些，然后明确针对这些利益相关者的价值主张我们可以采取什么行动，通过什么指标来衡量这些行动。这些指标包括生态圈中玩家的覆盖率，与这些玩家的互动数量和质量，以及他们间接或直接为我们带来的订单或业务机会。至于衡量品牌的 KPI，这里不再详细说明，我们留待第 8 章深入解读。

明确了上述 KPI，并根据对应指标进行持续输出，就能够体现营销人员的价值。正如《商业至简》第 1 章中所说，价值驱动型人才的第一条就是"**将自己视为市场上的经济产品**"。想象一下，如果你们可以为公司创造五倍甚至十倍以上的价值，我们自然就可以让别人认可我们的工作。

1.4.2　B2B 营销可以满足尊重和爱的需要

我们爱营销的第二个原因是，营销人员不需要过分依赖"阿谀客户"。别人并不会因为你的过度谦卑而更加尊重你，相反，过于低姿态会降低别人对你的尊重水平，甚至会产生对你、你的公司或产品的怀疑。

我曾经在拓展业务时，为了能见到一个职位并不是很高的客户，差点被大厦保安架出去。我也见过许多销售人员为了见某些重要人物，在他们办公室门口等待 12 个小时。

我从事营销工作的第一天就时刻提醒自己三件事：第一，我们和客户在人格上是平等的；第二，我们是给客户带来别人无法提供的价值的人；第三，我们绝对不会欺骗我们的客户。

作为营销人员，我们应该站在一个较远的位置来审视客户，这样更容易找到客户需求的根本，并通过思考找到我们可以为客户提供的独特价值以及我们在客户整个价值链中的重要位置（详见第 4 章）。而第三方的力量可以帮我们与客户建立更稳定的需求关系（详见第 5 章）。如果我们拥有了这些，作为 B2B 营销人员，当与客户、行业利益相关者等进行社交活动时，就更容易获得尊重和爱。

1.4.3　在 B2B 营销中满满的自我满足感

我的第四个硕士学位研究方向是心理学，而通过大量学习和阅读，我认为明确和体现个人的价值非常重要，这也是马斯洛需求层次模型中最高的两个层级。我和我的团队在过去近十年间，明确了目标之后，通过不断创新，用"好玩儿"的方式工作，不仅持续为所在公司创造价值，得到了稳定的工作环境，还在不断提升自我满足感。这里再讲两个小故事吧，看一看通过好玩儿的营销，我们如何愉悦自我。

案例 1.6　我所在的公司在 2017 年通过收购推出了一款全新产品，这是公司首次进入该产品市场，急需打响品牌知名度。然而，行业内的竞争已经非常激烈。为了在新品发布时引起轰动，我们在策划新品发布战役时决定投入大量资金赞助一个重要的学术研讨会。在学术研讨会开始的前五天里，我们同时在各个行业

媒体上发布不同颜色但风格统一的海报。在该产品领域，之前没有人尝试过使用海报进行营销。我们的海报上有二维码直接指向展台，用于注册并参加活动。在产品发布当天的学术研讨会上，我们展台摆放了一个与该产品非常相似的"小黄人"卡通人物，这一举动引爆了整个学术研讨会的氛围。由于我们的展台位置最佳，学术研讨会不得不延长 15 分钟的茶歇时间。一些平时严肃的教授们纷纷与我们的设备以及旁边的"小黄人"合影，并积极地分享到朋友圈和一些学术微信群里。

这次学术研讨会共有 1500 名参会者，我们的展台和线上渠道共收集到 1900 个客户的联系方式，并且产生了 20 多个销售业务机会。

在这个案例中，我们借鉴了当时非常火爆的某快消品牌的海报风格，在学术这样保守的领域进行了一次引人瞩目的宣传活动。通过这一轮突破常规的推广，我们成功地在短短一周内使所有行业相关人士都知道了我们公司的新产品。

案例 1.7　为了进一步促进网站注册，我们推出了名为"我们眼中的你"的活动。参与活动的客户只需要以我们的设备为镜子，拍摄设备映射的人的照片，并通过网站注册后提交给我们，我们将为这些客户免费设计个性化的卡通形象。此外，如果将个人卡通形象与所选设备卡通形象组合后转发到朋友圈，我们还会额外赠送一个印有卡通形象的马克杯。

活动取得了令人瞩目的成效。超过 3000 人注册参加了网站活动，超过 1000 位客户转发了朋友圈。此外，我们还获得了 350 位客户的授权，可以使用他们的卡通形象与设备卡通形象的组合进行后续宣传。这次活动总花费不超过 15 万元，相当于参加一个约 300 人的第三方会议，并做了一个报告的价格。

这个活动引发了客户的极大兴趣和参与度。通过以我们的设备为镜子并设计个性化的卡通形象，我们以非常低的成本获取了大量客户的联系方式，为后续的私域流量营销打下了坚实基础。

这两个案例在快消领域并不罕见，但在被认为相对保守的 B2B 领域，特别是科学家主导的科研领域，却是一种大胆的创新。甚至一位 80 多岁的资深院士在一次专家聚会中提到了我们在案例 1.6 中进行的活动，他评价道："他们的活动非常新颖和有趣。"对于 B2B 营销人员来说，还有什么是比受到行业 KOL 和大专家高度肯定更好的奖赏吗？甚至连平时不苟言笑的资深专家都会乐在其中，这让作为 B2B 营销人员的我们深感欣慰。

战略篇

第2章

从企业战略到营销战役

战略往往给人一种高深莫测的印象，很多人认为战略与我们的日常工作或生活没有直接关系，似乎只与一群企业高管和领导们在会议室中策划的重大计划相关。有时，企业管理层会花费大量资金请来外部战略咨询顾问制作精美的PPT，专门阐述企业战略，这往往会在企业内部引起短暂的轰动，但是最终都会被丢弃到废纸篓中，彻底变成碎纸机里的废纸。更多大企业每年甚至会花近半年时间来做第二年的战略，然后把战略收到抽屉里面，平时该怎么做还怎么做。

坦白讲，很多人对战略还是有很大误解的，根据过往经验教训，我们把这些误解总结了一下，具体如下。

- 很多人视战略为高深莫测的理论，有些人将战略视为一种复杂而晦涩的概念，认为只有专业人士或高级管理层才能理解和应用。

- 不少人将战略与战术或计划混淆，一谈到战略就想"怎么做（How）"，而不是关注做什么（What）和为什么做（Why）。
- 一些人认为战略只适用于大型企业，而对于中小型企业或个人来说并不重要。
- 有些人将战略看作孤立的一次性活动，他们认为战略只是一次性的制定过程，完成后就没有需要或作用了。

所以，我们觉得很有必要花一些时间聊一聊战略，以及 B2B 营销人员为什么要理解企业战略。

2.1　到底什么是好的战略

2.1.1　到底什么是战略

之前做 B2B 营销工作时，我们觉得战略是高高在上、遥不可及的。然而在接触战略工作之后，我们感觉战略实际上是再普通不过的事情。我们在日常工作和生活中其实一直在做着战略，只是没有意识到而已。比如五一假期，对于假期怎么过，大家一定都有多种规划：回爸妈家陪伴家里的长辈；来一次说走就走的旅行，体验祖国山川江河的大好风光；又或者陪伴家人去海岛旅游度假……我们的大脑快速地在各种方式中徘徊，权衡利弊，并最终确定了其中一种方式。随后，我们迅速安排好后续的行程。你在短短几分钟内顺利完成了一项富有挑战性的战略工作——决定如何度过五一假期。

或许有人会认为，五一假期的度过方式选择太过平凡和普通。然而，实际上，战略的核心就是我们在日常工作和生活中所做的事情——做出选择，通过采取某种行动路径来达到预期目标。当然，对于大多数人来说，选择五一假期的度过方式并不复杂，选哪个都没有那么大的影响。因此，我们很少会把这样的选择看作战略性决策。然而，面临更为复杂和不确定的情境，当某个选择会对我们产生重要影响时，如何做出明智决策无疑是一个战略性问题。在我们个人生活中，存在着许多类似的战略问题，比如职业发展、婚姻等。

对于企业而言，无论规模大小，经营相关的选择显然更加复杂和重要。有时，一家企业的某些选择甚至决定了其存亡。因此，在企业层面，战略问题显得尤为重要。战略并不总是高深莫测的概念，它贯穿于我们的日常生活和工作，影响着我们的每个选择。通过认识战略的普遍性和重要性，我们可以更好地思考和决策，并在个人和企业层面上取得更好的成果。

小贴士：战略的核心就是我们在日常工作和生活中所做的事情——做出选择。

2.1.2 战略的类型

一般情况下，我们会把企业战略分为两个类型——增长型战略和创新型战略，选择哪种战略关乎企业生存。试想一下，如果我们的竞争对手都在快速增长，而我们止步不前，我们所在的企业就很难实现可持续发展，这也就是为什么很多企业更关注的是市场占有率的变化，而不仅是销售额和利润本身。有太多书籍已经介绍了创新的重要性，所以这里就不再赘述了。

在增长型战略之下，对于一家 B2B 企业来说，按照先后顺序，战略又可划分为市场选择战略和市场增长战略。其中市场选择战略用于回答 Where to play（在哪里打）的问题，而市场增长战略用于回答 How to win（如何赢）的问题。

对于市场增长战略来说，最经典的工具是安索夫矩阵，如图 2-1 所示。企业可以通过如下 4 种不同的增长型战略实现收入增加的目标。

- **市场渗透**（Market Penetration）：通过促销、提升服务品质、改变使用行为等手段，提高现有产品在现有市场中的渗透率，进一步扩大市场份额。
- **市场开发**（Market Development）：在新的市场中找到具有相同产品需求的客户，向他们提供现有产品，拓展企业的市场范围。
- **产品开发**（Product Development）：开发新的产品来满足现有市场客户的新需求，提高企业在现有客户中的钱包份额。
- **多元化经营**（Diversification）：形成新的业务单元，以满足新市场的需求，进一步拓展企业的业务领域。

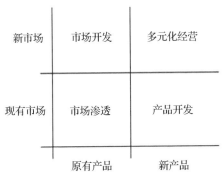

图 2-1　安索夫矩阵

市场选择战略与市场增长战略又可统称为市场战略或营销战略，是企业战略的一部分。市场战略的目标是确保企业的发展与市场需求相匹配。市场战略应该考虑企业的定位、目标市场以及满足客户需求和创造价值的方法。与此同时，市场战略应与企业战略一致，以支持和实现企业的长期目标。市场战略需要考虑企业的核心竞争力和资源配置，以确保在市场竞争中取得优势。

2.1.3　构成战略的三个要素

无论是国家、企业还是个人的战略，都包括三个基本要素——目标、资源和路径。

- **目标**：战略需要明确一个目标，即我们要去哪里。这个目标通常是未来某个时刻我们希望达到的结果。
- **资源**：战略的执行受到资源的限制。资源就是我们现在在哪里、有什么可用的或者我们现在有什么问题。在企业战略中，我们需要清楚地评估企业的优势和劣势，并了解在战略选择中资源的约束情况。古人打仗讲究天时、地利、人和，这是一种判断战略资源的方式。
- **路径**：在资源的约束下，为了达到战略目标，我们需要确定如何行动。我们需要探索可行的方式和路径，以实现目标。在选择路径时，我们需要考虑每条路径背后的风险，以及这些风险是不是可接受的。回答这些问题有助于找到最优的路径来实现目标。

总结起来，战略的核心在于明确目标、评估资源和选择路径。通过综合考虑这三个要素，我们可以制定出更加有效和可行的战略方案，无论是在国家层面还是在个人层面。

战略用于解决现实生活中对企业或个人影响重大的问题，并指引未来数年的前进方向，因此其重要性是不言而喻的。每个人都希望能做出明智的战略选择，避免犯下严重的错误。那么，我们应该如何评判好的战略，并确定自己的判断标准呢？

2.1.4　判断好的战略的标准

在多年的企业实践中，我们总结出判断好的战略的 3 个标准。

1. 赢：导向胜利

一个好的战略必须能够为企业带来胜利，从结果上看具有明显的导向性。在商场这个没有硝烟的战场上，战略与竞争密切相关。无论是在占据终端客户心智、时间利用还是市场份额方面，优秀的战略都能使我们相比竞争对手获得更高的份额和增长。一个好的战略不仅应该引领我们朝着正确的结果前进，同时也要让我们在相对较短的时间内看到里程碑式的胜利。因此，在评估战略时需要密切监控核心指标，经过一段时间的执行后，判断是否取得了阶段性的成功。"拿订单"就是销售战略中的"赢"，而企业的底层逻辑是生存，靠什么生存呢？就是"赢"。如果不能赢得客户就赚不到钱，赚不到钱企业就无法存续下去。因此，"赢"应该作为企业战略的导向。赢一定要具体化，因此最好有明确的数字目标，譬如达到 ×× 市场占有率，或者达成 ××× 销售额，但是具体的数字可以不出现在战略的第一层级中。

2. 精确：简洁明了

一个好的战略必须具备简洁明了的特点，直击问题的关键。

战略应该聚焦于少数几个最重要的事情。企业的资源和个人的精力都是有限的。如果我们试图做好所有事情，最终可能什么都做不好。只有将精力集中在少数几个最重要的事情上，才能获得预期的结果。此外，由于战略需要人来执行，如果不能用精确的语言让所有人对战略的目标和路径形成准确且唯一的认识，战略的执行就会产生偏差。好的战略一定是"精确"的。

案例 2.1 我认识一位企业创始人，最初他们企业的业务主要是代理产品。在巅峰时期，他拥有 200 多个品牌的代理权，几乎覆盖了全国各地。然而，在几次私董会上我们发现，他们企业的利润率正在明显下降。在与创始人的沟通中我们明显感受到他采取了"既要……又要……还要……"的经营风格，甚至提出了自行研发、生产产品和收购小品牌的想法。经过大约一个月的时间，我们帮助他明确了几个重要方向，并得到了企业管理层的认可。随后，我们发现企业在实施工作中，与这几个重要方向无关的项目占据了 60% 以上的工作量。创始人果断地削减了许多与战略方向无关的事务，将主要精力集中在几个重要的方向上。

现在，这家企业已经从 3000 万元的销售额快速增长到近 2 亿元，并且成功获得了 B 轮融资。更令人振奋的是，他们计划进行首次公开募股（IPO）了。

战略归根结底就是回答**"通过什么手段，实现什么目标"**这个问题。

我接触过一些很不错的企业战略，这里列举出一些供大家参考。

- 通过提高准时到货率和产品质量，提升客户满意度。

- 通过提升西区和北区的客户渗透率及赢单率，提升全国市场占有率。
- 通过提升企业品牌知名度和转化率，提高销售额 。

3. 用心：关注情感和非理性

很多时候，我们花费了大量时间进行市场调研、分析和逻辑推断，以求得到相对正确的判断。然而，最终战略可能是无效的，根本无法带领我们取得胜利。其中一个重要原因是过度强调了"脑"的作用，忽视了战略中"心"的重要性。有句名言："用脑，做对事；用心，才能赢。"商业决策不是简单的数理化问题，没有唯一标准的答案。所谓的正确只是在我们有限的认知范围内找到的最优解。商业逻辑是与人相关的，而人具有情感和非理性的一面。一个好的战略应该让每个员工融入其中，激励他们全心全意地执行。只有能够恰如其分地适应企业文化，让员工产生参与感，并通过充分沟通获得员工的理解和认同，才能被称为好的战略。

以上 3 点是判断和制定成功战略方案的关键标准。在长期实践中研究和遵循这些标准，有助于企业取得胜利并实现可持续增长。

2.2　B2B 营销人员为什么要参与企业战略

B2B 营销人员为什么要参与企业战略？我们和很多 B2B 营销人员聊过这个话题，大约有一半的人会一脸茫然地看着我们，问我们"为什么会问这个问题"，因为在他们看来，企业战略和他们距离遥远，和他们完全无关；有三分之一的人告诉我们，他们需要了解企业战略，因为只有了解才能更好地执行；还有六分之一不到的人能够准确表达他们参与制定企业战略的意愿和原因。应该说 B2B 营销人员参与企业战略的制定对个人和组织都具有重要意义。

2.2.1　不了解市场和客户，何谈 B2B 营销

不懂得市场环境和客户需求的 B2B 营销人员很难成为好的营销人员。我们应该尽可能地参与企业战略的制定过程，因为战略的制定过程就是一个对市场环境和客户需求进行深入了解的过程。在 B2B 企业中，经常发现营销人员更多地从事市场传播工作，而对于市场营销的全面理解和参与较少。

战略的制定其实并不复杂，它包括选择目标市场、确定战略类型、制定价值主张以及将战略落地等步骤。在这一系列工作中，了解市场和客户是基本功。B2B 营销人员应该是市场和客户方面的专家，应该深入参与企业战略的制定过程。B2B 营销人员通过帮助企业深入了解市场环境、行业趋势和竞争情况，以及全面了解目标客户的需求和痛点，可以让企业更好地把握市场机会并选择正确的市场。

B2B 营销人员的主要工作之一是在选定的细分市场中制定市场战略，帮助企业获得市场份额和收入。如果我们深入参与最初选择市场的阶段，不仅可以贡献自己的知识和能力，还可以更好地理解为什么要进入这些市场，从而为制定市场战略打下坚实的基础。在制定市场战略时，了解竞争对手是重要的，但更重要的是了解客户。了解客户需求的根本原因对于满足客户需求非常有帮助。在 B2B 企业战略制定过程中，这也是一个关键的组成部分。

此外，在制定战略过程中，B2B 营销人员应该加深对企业产品和服务的认知，并理解其在整体战略中的角色和目标。这有助于我们更好地传达产品或服务的价值主张、特点和优势。通过参与对目标市场的分析和定位决策，B2B 营销人员可以更准确地理解目标市场的特点、客户行为模式以及潜在的机会和挑战，从而制定出更具针对性的市场战略与营销计划。

案例 2.2　B2B 营销人员对把自己定位为 Marcom（市场传播）存在着一种固有的抵触情绪。我们发现尽管 B2B 营销人员的工作涉及信息传播，却很少有人愿意承认自己从事的是市场传播工作，甚至有些人对市场传播工作持有轻视态度。我与 B2B 营销人员共同梳理了工作内容，并迅速帮助他们认识到了真正的市场营销的含义。其中有一位同事长期以来不认同被称为市场营销经理，但她日常的主要工作是选择会议和组织会议。她解释道："正确选择会议也是一种战略。"我们完全赞同这个观点，但它仅代表着市场营销的具体执行策略，相较于整体的市场战略甚至企业战略而言，这显得过于细节化。在一年多的合作中，这位同事逐渐学会站在行业市场、客户和企业的角度看待问题，主动跳出了自己的舒适区域，最终成为一名非常出色的市场总监。

2.2.2　用 B2B 营销战略成就企业战略

有一些观点认为，B2B 营销团队的战略是企业战术的一部分。我部分认同这个观点。我们要意识到，企业战略往往回答的问题是：在哪些细分市场、哪些区域市场和哪些产品的市场进入？要达到什么样的结果？而下一步就是落地战术：如何实现这些被选定的市场目标？进一步，作为 B2B 营销人员可能要和大家一起回答：针对这些市场，如果实现战略目标，是需要所在企业的客户覆盖率充足，还是需要提升客户的渗透率，即影响更多的客户，或者针对已知客户可以卖更多的东西（或者提升赢单率）？只有明确这些问题的答案才能有的放矢地制定这个细分市场的目标和战略，从而为企业战略服务。案例2.3和案例2.4分别针对不同情况应如何制定市场战略给出了建议。

案例2.3　经过企业管理层讨论，确定科研市场是未来3年企业需要发力的重要市场。根据数据分析，在中国共有大约3000所高校，其中约1200所高校拥有具有购买潜力的客户学院。每个学院平均有4.5个相关课题组，全国共有约5400个相关课题组，即约有5400位课题组组长、10000位课题组老师和25000位相关学生。与我们自己的数据库对比发现，在过去5年中，只有约800人下过订单，约2500人进行过询价互动。企业私域数据库中，相关人员数量不到4000人。基于这些数据，可以初步判断我们在该市场上的覆盖率仅约为10%，明显不足。因此，我们的市场战略应更加注重提高市场的覆盖率。针对这一市场，我们将制定2～3年的市场营销目标，即行业覆盖率超过30%。具体目标包括使课题组组长覆盖率达到40%以上，约2250人；将课题组老师的覆盖率提升至40%，约4000人；实现学生的覆盖率达到28%，约7000人。

上面这个案例明显是客户覆盖率不足，因此B2B企业的营销部门首先要制定相应战略和战术，提升客户的覆盖率。

案例2.4　某行业约有1500家企业客户，其中大约有300家具有购买潜力。根据数据分析，过去5年这大约300家企业客户中，约有260家在我们所在企业下过订单，只是订单金额大小不一。最大的客户年订单金额超过3000万美元，而最小客户企业

订单金额不足 5000 美元。从这组数据可以看出，目前主要问题并非覆盖率的问题，而是渗透率的问题，即部分客户的购买份额相对较低。基于此情况，B2B 营销团队应采取相应的行动方案，提升部分客户购买产品时对企业品牌的认可度。为此，可以通过加强与客户企业相关人员的互动，提高关键决策者的购买意愿。

我们可以明显看出，只有明确企业的战略目标后，B2B 营销团队的战略目标才能够制定，否则就会出现 B2B 营销团队做了大量工作，花了很多钱，最终的产出却不被销售团队甚至企业认可。案例 2.5 就是我踩过的另外一个大坑。

案例 2.5　我曾经服务过的一家企业，通过策划一系列成功的市场活动，在制药行业中收集了超过 200 个营销合格线索（MQL），并将其交给销售团队。然而，令人意外的是，销售团队并没有对此表示感谢，反而提出了质疑。销售总监表示，在过去的 8 年中，他们在制药行业只成功完成了 3 个订单，我们企业的产品根本不适合在制药行业应用。最终，尽管市场部投入了大量资源和努力，但对于企业来说几乎没有产生任何效果。

从案例 2.5 不难看出，好的市场战略要来源于企业战略，同时又可赋能企业战略。如果市场战略与企业战略不一致，可能导致资源浪费和效果不佳。这意味着市场部门投入了大量时间、精力和资金，但没有取得预期的结果。这种情况下，企业可能无法实现长期目标，业务增长受到限制，甚至可能面临竞争劣势。

此外，如果市场战略无法实现企业战略的目标，可能导致市场份额的损失和竞争优势的减弱。企业可能无法吸引和保持目标客户，产品或服务的推广和销售受到限制。这可能降低企业在市场中的知名度和竞争力，影响企业的长期可持续发展。

因此，为了确保市场战略能够成就企业战略，企业应该制定一个统一的战略规划，并确保营销团队与其他部门紧密协作。这包括确保企业的核心价值观和目标在整个组织中得到理解和共享，以便所有的决策和行动都能够与企业战略保持一致。

此外，定期审查和评估市场战略的执行效果也非常重要。如果发现市场战略无法实现预期的结果，企业应该及时进行调整和改进，以确保与企业战略的一致性，并实现长期的业务成功。

2.2.3　B2B 营销人员的上升通道

很多 B2B 营销人员问过我们这样的问题：B2B 营销人员的尽头是市场总监或者 CMO 吗？如果不进行纵向发展，还有没有其他发展路径？坦白讲，我们也有这样的困惑，B2B 营销人员的下一站是什么岗位呢？

我们认为这个问题不能一概而论。在我们看来，能做好 B2B 营销工作，你就可以胜任企业内许多职位，甚至包括高管职位。连接高管层和中管层（或基层岗位）的最关键的能力是"战略思维"。而作为 B2B 营销人员，你所接触的工作天然就是战略思维的"训练场"。

正如前面所讨论的，B2B 营销人员至少应该理解企业战略，最好能够参与制定企业战略。通过参与 2～3 个企业战略的制定工作，通常情况下，B2B 营销人员能更容易从更高的视角来看待问题。想象一下，一个人既可以站在 CEO 的角度，甚至董事会的角度来审视问题，又具备将战略转化为行动的能力，这样的人才在企业内外会有怎样广阔的发展空间？

因此，作为一名 B2B 营销人员，你不仅可以朝着市场总监或 CMO 等方向纵向发展，还可以通过发展战略思维和战略执行能力来担任更高级别的职位。你可能成为企业内部的战略规划师、业务发展经理，甚至是企业的高管团队成员。另外，你也可以通过将你的经验和专业知识分享给其他企业，成为咨询顾问或行业专家。总之，B2B 营销人员有许多发展路径可选。不断提升自己的战略思维和执行能力，积累丰富的经验，并与其他领域的专业人士进行交流和学习，将使你在职业生涯中获得更多发展机遇。

2.3　手把手教你做好市场战略

看到这里，作为 B2B 营销人员的你一定开始摩拳擦掌，跃跃欲试，想要制定一份既符合企业战略要求又能支持和实现企业长期目标的市场战略了。那我们要怎么做才能做好市场战略？有什么好的工具可以使用？在制定出一个好的市场战略的时候我们需要注意什么？

2.3.1　制定市场战略的步骤

首先让我们看一下制定市场战略通常有哪几个步骤。

1）**定义目标市场**：了解你的潜在客户是谁，他们的需求和偏好是什么。通过市场细分和目标市场选择来确定你要定位和服务的特定受众。

2）**进行市场调研**：进行市场调研是制定市场战略的关键步骤。了解市场趋势、竞争对手、目标客户的行为和态度等方面的信息，将帮助你确定市场机会和挑战，并为制定市场战略提供数据支持。

3）**设定营销目标**：根据你的业务目标和市场调研结果，设定具体的营销目标。这些目标可能包括增加市场份额、提高品牌知名度、增加销售量等。确保目标是具体、可衡量和可达到的。

4）**制定市场定位策略**：确定你的产品或服务在目标市场中的定位。考虑竞争对手和目标客户的需求，确定你的产品或服务在市场中的差异化和独特性。确定如何在市场中树立你的品牌形象和价值。

5）**确定独特价值主张**：明确你的产品或服务的独特卖点和价值主张。确定为什么客户应该选择你的产品或服务，以区别于竞争对手。这将成为你的市场营销活动的核心信息。

6）**制定市场推广策略**：确定如何推广和宣传你的产品或服务。这可能涉及选择合适的推广渠道，制定广告和促销活动，以吸引目标客户的注意并促使他们采取行动。确保你的推广策略与你的目标市场、目标客户相匹配。

7）**制定销售和分销策略**：确定如何销售和分销你的产品或服务。考虑目标市场的特点和客户购买行为，确定最适合的销售渠道和分销策略。这可能涉及与渠道伙伴合作、建立直销团队或利用电子商务平台等。

8）**制定预算和时间表**：为你的市场营销活动制定预算和时间表。确保有足够的资源来支持你的策略，并设定明确的时间表来衡量和监控你的进展。

9）**实施和评估**：执行你的市场战略，并密切监测其执行情况和效果。根据需要进行调整和优化，以确保战略的有效实施并实现预期的结果。

在整个战略制定的过程中，第 1~4 步属于市场选择战略范围，也就是回答 Where to play（在哪里打）的问题；第 5~9 步属于市场增长战略，也就是要回答 How to win（如何赢）的问题，这部分更加偏战略落地与执行。

本节主要聚焦于如何做好市场选择战略，下面是结合我们的经验得到的做好市场选择战略的几个关键要素。

- 做好市场情报的收集与分析。
- 找到撬动市场增长的杠杆点。
- 结合企业自身的资源选择合适的增长战略与关键成功因素，懂得取舍。
- 持续沟通与完善，取得跨部门、跨层级的战略一致性。

2.3.2　好的情报数据收集与分析是关键

俗话说得好："好的开始是成功的一半。"在制定企业战略之前，我们首先需要对市场和企业进行仔细而深入的分析。当我们准确判断出市场的外部环境和企业内部情况时，就离制定一个"好"的战略就不远了。对于企业内部情况，我们可以通过财务数据、对企业关键决策者的访谈以及在日常工作中的观察来获得。然而，在商业实践中，获取高质量的市场情报信息是极具挑战的，尤其是在 B2B 行业，有时候信息较为隐秘，不容易为外部所获取。有时候，行业产品细分过于分散和特殊，没有现成的市场报告可供参考。另外，也可能缺乏良好的可协助我们收集数据的第三方合作伙伴。那么，在实践中我们应该如何应对这些挑战？

以下几点是我在过往十多年的商业实践中总结的关键要素。

1. 长久持续

获得优质情报不是一蹴而就的事，要通过长期积累形成竞争优势。因此，战略情报的收集工作应该是一个长久持续的过程，而不仅是在制定战略时才考虑。一家企业需要围绕其核心竞争市场，在数年甚至数十年的时间里建立健全的市场情报信息体系，定期或不定期地收集和积累所需的信息，以深入理解市场、客户和竞争对手。

案例 2.6 在我们所处的药物研发行业，对于管线中药物的状态变化有着极高的情报需求。目前市面上的数据库通常能够捕捉和追踪正在研发的药物管线，但仅追踪当前管线的状态还不够。因此，我们几年前就开始对药物管线数据库进行细致收集和统一管理。我们不仅为每个药物管线打上适合我司分析的标签，还记录每个管线状态变化的时间点，以便分析药物管线在不同研发状态停留的时间。为了更精准地追踪，我们要求销售团队定期反馈每个管线中的关键节点情况，包括我司产品和竞争对手产品的使用情况。此外，我们还采购不同的数据库来补充和完善现有内容。这样的数据库能够建立是多年来不断完善和实践的结果，我们是市场上提供最详细药物管线数据的公司之一。这个日常维护的数据库也是我司的核心资产之一。另外，我们还对核心网站和竞争对手网站进行信息收集，并每两周整理市场公开的新闻。尽管每次的新闻数据都没有什么特别之处，但经过多年的整理和对比分析，我们能够从中统计出市场趋势的变化，其中许多变化是不容易察觉到的。

只有通过专人建立可持续的情报收集系统和数据库，并将其作为日常工作的一部分，我们才能在制定战略时有针对性地运用

情报，而不至于在制定战略时才发现情报不足。

2. 想清楚自己要什么

在收集市场情报时，关键在于明确哪些信息能帮助我们准确评估市场环境、竞争格局和客户需求。许多 B2B 市场营销人员在制定战略时往往缺乏一个思维框架来确定需要分析和收集的信息维度，同时也不清楚哪些信息已知，哪些信息未知，哪些情报必不可少，哪些情报只是锦上添花。

我们较为推崇的做法是每年组织跨部门团队会议，共同分析当前市场，并确定情报的缺失点（Gap）。通过建立完善的情报框架（知识地图），如图 2-2 所示，我们可以讨论并协商需要掌握的重要情报。然后，基于这个知识地图制定全年的情报收集计划和预算投入计划，以便在日常工作中持续补充情报，增进我们对市场、竞争和客户需求的了解。

3. 建立假设

在进行情报收集时，我们应该养成先建立假设再进行验证的习惯。这种做法往往能够帮助我们更准确、有效地收集情报，并挖掘出更有价值的信息。例如，当我们决定进入一个新的市场 × 时，在开始收集情报之前，我们可以对我们希望了解的市场作出相关假设。

假设 1：新市场 × 的市场规模将达到 1 亿美元以上。

假设 2：新市场 × 的增长率将保持高双位数的增长。

假设 3：目前整体市场远未饱和，仍存在大量潜在用户可供开发。

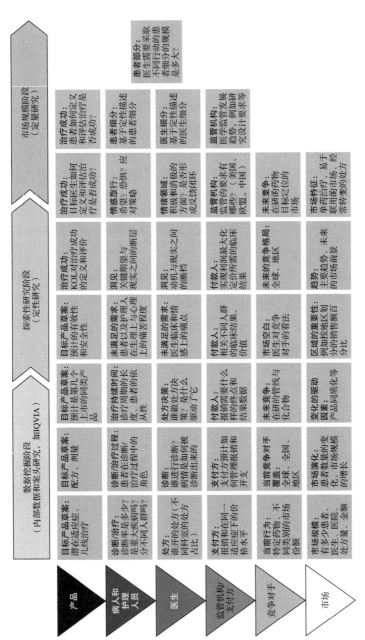

图 2-2　知识地图

假设 4 ：进入该市场需要克服一定的技术壁垒，需具备有技术优势的产品才能赢得竞争。

假设 5 ：现有客户群体对当前解决方案在精度和操作时间方面仍存在未被满足的需求。

假设 6 ：客户的分布较为分散，需要良好的渠道资源覆盖。

在收集情报之前通过假设的方式描述我们对市场的认知和判断，可以快速确定哪些信息对我们来说是关键的。一旦开始收集信息，并发现结果与之前的假设不符，我们更容易在这些差异中挖掘出我们不知道或未意识到的信息，从而更新对市场、竞争和客户的分析。

4. 好的情报像"数独"

你是否玩过数独游戏？玩家需要根据 9×9 盘面上已知的数字，推理出所有剩余空格中的数字，并确保每一行、每一列以及每个 3×3 小宫格内的数字均为 $1 \sim 9$ 且不重复。在 B2B 情报收集中，我们常常感觉自己就像参与了一场数独游戏。通过知识地图建立假设并明确所需信息后，便会进入数据收集环节。然而，获取数据往往并非易事，我们所掌握的只是整体信息的一小部分，就像在 9×9 数独盘面上，我们只能了解到一些已知信息，还有大量市场情报和信息需要通过推算得出。那么如何进行合理的市场信息推理呢？其中一个重要原则就是"三角原理"，我们可以利用不同的渠道、逻辑方式和算法，基于已有的信息推算同一个问题的结果。

举个例子，假设我们需要推算中国每年国内生产的利妥昔单抗（药品）的公斤数。我们可以采用如下方法。

方法一：收集目前中国所有有能力生产利妥昔单抗的厂商数量，并从中选取大、中、小三类厂商以了解特定厂商的年产量，然后根据不同规模的厂商数量和每一类别规模厂商的年产量进行总体推算。

方法二：了解目前利妥昔单抗在国内医院渠道每年的销售金额，通过市场收集到的国产和进口处方比例以及平均每克利妥昔单抗销售价格，来推算每年国产利妥昔单抗的公斤数。

方法三：了解利妥昔单抗的主要适用症，以及该适用症每年的门诊人次数、发病人数、诊断数以及用药人数，结合利妥昔单抗的用法用量和使用天数，计算每年对利妥昔单抗的公斤数需求。

虽然我们无法掌握所有信息或者每种方法所需数据，但通过查询可获得的信息以及合理推测（常来源于行业内部专家的意见和判断），我们可以得到相应的数据预估值。然后，我们可以比较不同方法得出的预估值，如果差异不大且有合理解释，那么基本上可以判断我们得到了一个相对准确的市场情报。类似的例子还有很多。

5. 没有完美的情报，只有有用的情报

最后我想说，没有完美的情报和信息统计。市场从业人员经常需要在有限的市场情报下作出判断和选择。很多时候我们无法收集到完整的情报，也没有时间和金钱去全面收集情报，然后再制定战略。我们收集情报的主要原则是在有限的资源下，以最有效的方式获取足够的信息来作出当前的判断。没有完美的情报，只有有用的情报。当我们要分析和判断的问题的不确定性和复杂

程度较高时，我们需要收集更多的情报；当决策出错会导致较大损失并且难以挽回时，我们需要收集更多、更精准的情报。

2.3.3　找到撬动市场增长的杠杆点

构成战略的三要素包括战略目标的设定、现状的分析以及战略路径的选择。通过良好的信息收集和分析，我们能够更好地设定战略目标，并分析市场动态、竞争格局以及客户需求。通过设定目标和分析现状，我们可以更清晰地认识到目前状态与理想目标之间的差距。那么，我们需要做什么，以及如何找到实现战略目标最有效的路径呢？为了找到有效路径，我们需要找到战略的杠杆点（Leverage Point）。无论是针对现有市场客户还是新的市场客户，在初步评估了增长机会后，我们都需要进一步确定每个增长机会中的战略杠杆点在哪里。

顾名思义，战略杠杆点指的是在推进战略时，通过最小的资源投入获得最大的回报产出的节点。一旦找到战略杠杆点，就能够实现投入产出的最大化，也能够有效缩小与战略目标之间的差距，更好地实现战略目标。那么，应该如何找到战略杠杆点呢？为了寻找战略杠杆点，通常的做法是围绕终端客户的购买旅程进行详细分析。

要绘制客户购买旅程（Customer Buying Journey），我们需要对终端客户有深入了解。试着回答以下几个问题：

- 什么情况下客户会产生新的购买需求？（启动阶段）
- 客户在哪里获取相关信息并明确自身的购买需求？他们会进行什么活动？（学习阶段）
- 在进行比较和选择时，客户如何在不同的解决方案类别中

做出选择？（类别选择阶段）

- 在选择不同产品品牌时，客户如何比较和做出决策？（品牌选择阶段）
- 在品牌选择后，客户如何进行购买？他们在哪里购买？购买过程中是否受到其他因素的影响？（购买阶段）
- 客户如何使用我们的产品？他们的忠诚度如何？是否持续重复购买我们的产品？（使用阶段）
- 忠诚的客户是否愿意分享或推荐他们的选择给更多的客户？（推荐阶段）

我们不仅需要了解客户在不同阶段的行为和考虑因素，还需要通过信息收集来量化市场每个阶段的实际情况。下面是一些例子。

- 每年新增的客户需求有多少？
- 在客户信息收集阶段，由于缺乏信息或没有考虑到我们所提供的产品类型，有多少客户未了解我们公司的解决方案？
- 在品类选择阶段，市场中的产品选择可以分为哪几类？各类别选项的比例如何？
- 在相同产品类别中，我们的市场份额是多少？
- 有多大比例的客户由于渠道原因在采购时选择了其他品牌，尽管他们本来想选择我们的产品？
- 我们的产品复购率如何？现有客户流失率有多高？
- 有多大比例的现有客户愿意推荐我们的产品？

当我们清晰地绘制出客户购买旅程并能够通过市场情报的数据来量化客户购买旅程中每个阶段的转化时，就能够更容易找到战略杠杆点。图 2-3 是基于清晰认知客户购买旅程并进行量化后形成一个购买旅程的示意图，通过该图可以明确如何找到杠杆点。

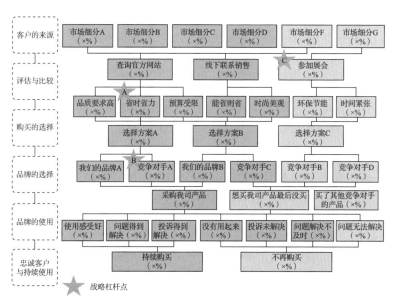

图 2-3　客户购买旅程示意图

对于绘制图 2-3，说明如下。

- 在图 2-3 上应该标注并描述在不同的客户购买旅程中市场的整体情况。在客户的来源阶段，我们应该清晰地看到所有潜在客户来自哪几个细分市场或者应用场景，还要知道占比是多少或者潜在的市场人数有多少。在评估与比较阶段，基于对客户购买旅程的理解，了解不同细分市场的客户通过哪些渠道获取解决问题的方法和信息，在充分了解信息后客户如何选择和评估不同的解决方案，是否基于不同的购买考量因素会有不同的客户分型，进而影响最后方案的选择？不同类别的客户占比是多少？在购买的选择上不同方案选择的比例有多少？品牌选择有多少？在做出品牌选择后，又有哪些情况出现？最终持续并忠实我们的客户有多少？

- 针对图 2-3 中每一层描述都要遵循 MECE（Mutually Exclusive and Collectively Exhaustive，互不重叠且完全穷尽）原则，这样就能完整描述市场情况，不会遗漏市场机会。每一层级应该穷尽所有可能且在逻辑上没有重叠，横向加总为 100%。

- 要注意每一层之间的关系。每个购买旅程可以放 1~2 个层级，这些层级是影响下一层级选择的关键变量，比如对品质要求高的客户更倾向于选择方案 A，而预算受限的客户更倾向选择方案 B，所以我们应该在方案上一层级对客户主要考量因素进行划分。但是，如果会选择不同方案主要是客户对不同方案的知晓度不同、信息壁垒或客户企业的发展阶段不同导致的，那么上一层级的描述就应该选择更合适的维度进行划分。

- 图 2-3 中应该用统一的计量单位进行统计。比如：可以用金额作为计量单位，此时我们可以估算每一层级市场购买力的潜力分布；也可以用人数作为计量单位，此时我们可以评估市场上客户人数的分布。但是在一个客户购买旅程图中我们应该始终在每一个层级用相同的单位进行统计，避免有的层级用人数占比，有的层级用金额占比，这样很难了解层级与层级之间是如何流转和影响的。

如果做到了以上四点，现在你应该已经绘制出一个比较清晰的客户购买旅程图了。在这个客户购买旅程图中，我们还可以将那些短期内（取决于战略的时间维度）无法改变和影响的地方标注为灰色。这张图中剩下的每一个方框都可以成为我们的一个战略杠杆点。

那么我们要如何选择战略杠杆点呢？这时我们就需要评估每一个方框对我们最后的业务销售额的影响有多大，同时需要评估改变该战略杠杆点时我们需要投入的资源有多大。在一个市场战略中我们的战略杠杆点不应该过多，应该将资源集中投放到 2～3个战略杠杆点上以获得最大的回报。所以我们要选择 2～3 个业务影响最大而投入资源最少的方框作为我们的战略杠杆点去做下一步的策略。

由于已经对每一层级业务影响的占比或者市场上的客户数做了量化的计算，所以可以通过对这些数字加总计算得到对业务影响力的评估情况。一般来说，越是处于购买旅程上层对业务影响越大，投入的资源往往也越高。

说到这里，各位可以根据自己业务的实际情况画一画在实际商业场景下的客户购买旅程图了，看看你是否能够通过客户购买旅程图找到业务增长的战略杠杆点。

战略杠杆点不仅能够帮助我们快速发现撬动增长的最佳着力点，也能够帮我们更加清晰地定义市场营销的战略目标。

如图 2-4 所示，围绕每个战略杠杆点可以描述在这一战略杠杆点我们目前的客户群状况，以及我们期望未来通过执行的市场战略，目标客户群的行为目标会是怎么样的。比如，目前在品类 A 中我们的品牌份额为 30%，我们期望未来在品类 A 中我们的品牌份额能够提升到 40%。这就是我们的营销目标。围绕这一目标，基于客户购买旅程图我们能评估出相应的销售额增长潜力，并且评估出要实现这一目标所需要的费用、人力以及能力建设的投入，最后评定这个战略杠杆点所对应的营销目标在整个市场战略中的优先级。

	杠杆点	目前的状态	行为目标	销售额增长潜力	需要的投入和能力建设	优先级
★A	• ...	• ...	• ...	• ...	• ...	1~5
★B	• ...	• ...	• ...	• ...	• ...	1~5
★C	• ...	• ...	• ...	• ...	• ...	1~5
	• ...	• ...	• ...	• ...	• ...	1~5
	• ...	• ...	• ...	• ...	• ...	1~5

（表头第四、五列共同归于"选择的原因"）

1 低　5 高

图 2-4　寻找增长杠杆点

2.3.4　战略就是有舍才有得

战略在于取舍，有舍才能有得。由于资源有限，相比于我们要做什么，不做什么更为重要。在实际操作中，一个较好的工具可以帮助我们进行取舍，它被称为机会地图（Opportunity Map）。机会地图用于对选定的增长点进行市场和客户群的细分，以寻找最容易推动增长的机会点。

如图 2-5 所示，机会地图通常是一个两维四象限图。一个维度（横轴）是基于客户购买行为进行切分。当我们通过客户购买旅程确定了 2~3 个战略杠杆点后，可以参考主要战略杠杆点所在层级的划分方法，根据不同客户的购买行为差异、动机和价值观等来对客户进行区隔细分。另一个维度（纵轴）是基于客户所在领域或市场进行切分。这里的市场可以是我们已经耕耘多年的现有市场，也可以是具有较高增长潜力的潜在增长市场。

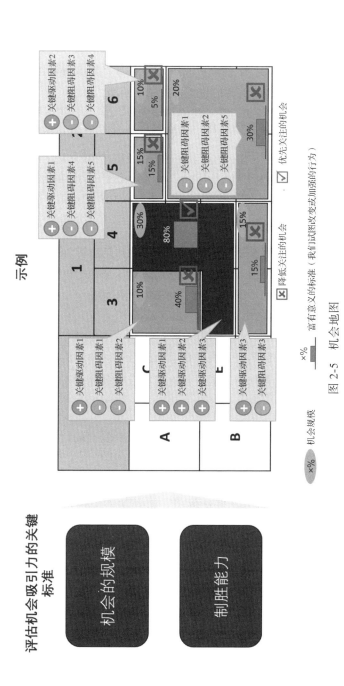

图 2-5　机会地图

当我们拥有两个切分的维度，在根据客户和市场对机会进行细致切分之后，在每个细分区隔中，我们需要尽可能量化几个关键的市场信息，这些关键信息主要有如下两类。

- **机会评估类市场信息**：市场规模、客户数量、过往增长、预期增长等。
- **与市场策略目标**（我们试图改变或加强的行为）相关的标准：市场份额、处方份额、知晓度、忠诚度、产品覆盖率等。

基于对市场与客户的理解，分析驱动和阻碍该细分市场增长的主要因素以及在细分市场中驱动和阻碍该关键指标发生变化的主要因素。

基于以上对市场的分析和总结，我们可以对每个细分市场进行判断，看哪一群客户是我们在市场战略中需要聚焦的重点。那么如何判断哪个客户群体值得投入资源进行细化开发呢？判定标准有以下三个。

- 这类客户相对于其他客户更容易受到我们的行动影响，从而改变采购行为。
- 这类客户相对于其他客户能够为我们提供更好的利润率。
- 这类客户的需求量足够大，能够满足我们对增长需求的预期。

虽然不存在统一的标准，但通过不断讨论和细化，我们可以有效设计战略行动。在此一定要注意的是，我在实践过程中经常发现有人在机会地图上的每一个点都标注了机会，并且期望通过后续战略行动进行改善。我们称这个地图是机会地图，显然每个细分市场都有一定的机会点，但一定要做出判断和取舍，我们应该将资源投放在 2～3 个主要的机会点上，舍弃或者后置其余机会点。在企业管理中取舍会很难，这可能意味着人员的变动，可能意味着某些市场的销售团队无法得到市场资源的匹配，也可能意味着有些产品线或者产品团队无法得到市场资源的支持，但只有这样做企业的资源才能得到有效调动，才能更高效地达成市场营销的目标从而实现企业业绩增长的目标。懂得取舍在企业实践中尤为重要。

当开始制定战略时，只有一个宏观的业务发展战略目标，我们并不知道如何实现这个目标。

随着逐步定位增长点、选择战略杠杆点，最终找到业务增长机会点，我们离成功的战略制定越来越近。此时，我们应该能够将战略目标细化为针对几个具体客户群体 / 市场的小目标，并确保这几个细分客户群体 / 市场具有最大的增长潜力，在有限资源投入下最容易获得回报。

那么，如何形成具体的战略行动呢？我们可以运用常见的 SWOT 分析，围绕我们的机会市场进行分析。最后需要做出取舍的是在细分的机会市场上需要做哪几件事情才能够确保营销目标的实现。我们把这些需要将所有的资源聚焦在一起从而确保战略成功所必须做的事情称为关键成功因素。在一个市场战略中关键成功因素通常不超过 5 个，最好不超过 3 个。图 2-6 给出的是如何选择关键成功因素，我们需要平衡影响能力和影响潜力，二者都高的可以定义为关键成功因素。

需要注意的是，很多人一提到战略就想到 SWOT 分析。SWOT 分析确实是一个很好的思维工具，但在战略初期就使用 SWOT 分析往往会导致分析内容过于泛泛。我在许多市场团队的

SWOT 分析中看到过人口老龄化、经济不景气等宽泛的描述，这样的描述无法与后续行动产生关联。

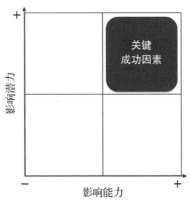

图 2-6 关键成功因素分析图

只有当我们通过逐步分析和讨论得到关键的机会细分市场后，我们的 SWOT 分析才能真正变得有用。将 SWOT 分析与细分市场机会、战略杠杆点上期望的客户采购行为点对接起来，才能使 SWOT 分析与后续行动紧密关联，做出高质量的 SWOT 分析。

最后，我们通过对 SWOT 分析中每个优势、劣势、机会和挑战进行评分，选出对业务影响最大、我们最容易采取行动的几个点，基本上就能够设计出后续的战略行动。

2.3.5 沟通！沟通！沟通！

好的战略能够激发每位员工对战略目标的深入参与和投入，使他们能够朝着共同的方向努力。因此，在制定战略的过程中要确保有足够的透明度，并引导相应的成员参与其中。战略制定出来后，要确保通过充足和有效的沟通，将战略传达给组织中的各个层级和成员，这是企业成功实施战略的重要环节。再出色的战略，若是没有有效沟通，都无法顺利落地并取得预期的效果。

战略制定后沟通的主要意义如下。

- **战略制定后的沟通有助于建立共识和理解**。战略是一个指导企业未来发展方向和决策的蓝图，它可能涉及各种变革和调整。当战略只停留在高管层，而没有向全体员工充分传达和解释时，很容易导致部门之间的信息不对称和误解。通过有效沟通，可以确保每个人都理解战略的核心目标、动机和预期结果，从而在组织内形成共识和一致的行动。

- **针对战略进行沟通可以激励员工参与和投入**。当员工了解战略的价值和意义，并明白他们在实施中的角色和贡献时，他们将更有动力去支持和积极参与战略的实施。通过透明的沟通，可以激发员工的热情和创造力，使他们更愿意为实现战略目标而努力工作。这种参与感和投入度有助于建立高效团队和强大的执行力，从而推动战略顺利落地。

- **战略制定后的沟通还可以帮助识别潜在的挑战和阻力**。当战略开始实施时，可能会遇到各种问题和障碍。通过及时沟通和反馈，管理层可以了解实施过程中的困难和挑战，并及时进行调整和解决。同时，员工也可以向管理层提供实际操作层面的反馈和建议，以便改善战略的执行方式。只有通过开放的沟通渠道，才能及时发现和解决问题，确保战略的成功实施。

- **战略制定后的沟通还可以促进知识共享和学习**。战略的实施过程中，各个部门和团队需要相互协作和合作，共同努力实现战略目标。通过沟通，不仅可以传达关键信息，还可以促进各个部门之间的知识共享和经验交流。这种跨部门和跨团队的合作可以促进组织内部的学习和创新，帮助企业更好地适应变化和应对竞争。

- **战略制定后的沟通有助于建立信任和增强组织文化。**通过开放、透明的沟通方式，管理层能够赢得员工的信任和支持。他们会感受到管理层对战略的真诚关注和倾听，从而建立积极的工作氛围和组织文化。这种基于信任和合作的文化将有助于推动战略的顺利实施，并保持组织的长期发展。

案例 2.7 我曾经帮助一家年销售额超过 50 亿元的企业进行诊断。在这个过程中，我们发现企业的创始人和管理团队对于企业的战略定位非常清晰明确。然而，当我们与企业中层和基层员工进行沟通时发现，他们对企业战略根本不了解。也就是说，这家企业的战略只限于少数高管之间的讨论，并没有良好地传递到所有的一线团队。这导致的一个问题是，企业员工超过 70% 的日常工作与企业战略没有直接关联。各个部门都有着自己独立的工作重点，导致大量资源被浪费。

这种情况的出现可能是沟通不畅造成的。由于企业的战略没有有效传达给中层和基层员工，导致他们对于企业的战略目标和优先事项缺乏清晰理解。这种信息断层使得员工们无法正确地将自己的工作与企业战略相对应，从而导致了实际工作与企业战略偏离甚至脱离。

从案例 2.7 中不难看出，沟通对于企业战略的落地是多么重要。

2.4　从市场选择战略到市场营销战役

当确定了市场选择战略之后，我们需要建立不同的市场营销战役（Marketing Campaign），以确保战略落实到位。市场营销战役通过策略性投资和运作来触达目标消费群体，以实现特定营销目标。在这个定义中有两个关键词需要注意：**目标消费群体和特定营销目标**。

首先，**市场营销战役的目标消费群体应来源于战略分析中的机会地图分析**。这意味着每个市场营销战役都应该针对在战略讨论中确定的细分市场客户群体展开。通过深入了解目标消费群体的需求、喜好、购买行为等方面的特征，企业可以更精准地制定营销策略和推广活动，以满足他们的需求并获得竞争优势。

其次，**市场营销战役的营销目标应来源于战略分析中的杠杆点分析**。这意味着战役的设计应针对特定人群在某些采购环节中的行为改变。例如，战略分析可能揭示了一个产品在特定客户群体中具有巨大的潜力，如果能够通过一系列精准的市场营销行动来影响客户在购买决策中的行为，就可以实现销售增长和市场份额提升的目标。

制定和策划市场营销战役属于整个市场战略落地和执行的部分，用于回答在目标市场下我们如何实现市场营销目标的问题，也就是 How to win（如何赢）。通过针对特定的细分市场和客户群体进行精准的市场营销活动，企业能够更好地实现战略目标，提高市场竞争力，并最终获得商业成功。

本节将主要介绍市场营销战役制定的几个关键点。

- 制定清晰的目标客户画像。
- 围绕客户群体的态度与行为建立价值主张。
- 通过渠道和内容与目标客户产生互动。
- 追踪客户互动是否推动了营销目标的实现和达成。

2.4.1 制定清晰的目标客户画像

每一个市场营销战役都应该明确定位于特定的细分市场和客户群体，这些客户群体具有相似的态度和购买行为。在 B2B 的营销场景下，想要清晰地制定目标客户画像，我们需要清晰地描述如下两类画像。

- 目标客户所在的企业或组织类型画像。
- 目标客户的个人画像。

由于 B2B 营销的特殊性，我们的营销目标客户群体往往是某类企业中的某一类客户群体。因此，在了解我们的客户时，首先需要了解的就是这类企业的特征。描绘一个企业或组织类型画像时我们需要明确的信息包括所属的行业、企业的类型、财务状况、区域分布、企业规模、营收状况、这类企业会采购的产品和每年采购金额的量级等。这些信息可以根据实际情况进行调整，但重要的是我们可以清晰地刻画出在这个营销战役中我们聚焦的企业画像是什么样子的。在 B2B 的场景下，很多时候客户数量是有限的，根据这些对于目标企业的描述，我们甚至可以找到所有目标企业的名录。在有了对于企业或组织类型的画像之后，我们应该再选取 2~3 家典型的目标企业进一步以实例举例，让所有参与策划以及未来需要执行这个营销战役的人员理解我们的目标企业或组织类型的实际情况，有更生动的印像。

其次，我们需要确定在这一类型的企业中，如果需要实现我们的营销目标，谁是影响营销目标达成的关键决策人。这些关键决策人就是我们在这个营销战役中要聚焦的目标客户。我们需要把这群关键决策人给清晰地刻画出来。

制作关键决策人画像时需要注意以下几个关键点。

- **目标企业或组织中的职位名称。**这些不同的职位名称可以帮助我们在活动执行时更好地筛选出目标客户群体。注意在不同的企业或组织中，可能有不同的职位名称承担相同的工作，有时候名称并不统一，这时候我们需要尽可能列出几个主要的职位名称。
- **关键决策人的职级。**不同的问题解决或者产品采购决策人的职级是不同的。
- **关键决策人的需求、痛点以及挑战。**在 B2B 的环境下，我们的产品和解决方案往往是帮助关键决策人应对工作中的需求、痛点和挑战。这里我们需要明确描述我们的业务能具体满足关键决策人的哪些需求，解决关键决策人的哪些痛点与挑战。
- **关键决策人使用的衡量工作成果的指标。**B2B 商业环境下，客户的成功以及客户的问题得到解决才是我们的成功。我们需要理解客户用哪些指标衡量他们的问题和挑战是否得到有效解决。通过确定这些指标，我们更容易将产品或解决方案以量化的形式和客户关注的成果指标关联在一起，从而影响客户的采购行为。需要注意的是衡量工作成果的指标往往不是一个，比如一个临床医生关注的指标可能就包括患者的治疗率或症状缓解率、患者的依从性、患者的副反应发生率、医保经费的合理可控等，我们需要将这些指标都列出来。

在 B2B 营销中，影响最后采购决策的人往往有很多，在实际执行中，我们需要根据主要的产品解决方案，判断谁是采购这类产品的关键决策人。怎么判断关键决策人呢？一般有三个方面可供参考：关键决策人一般能够直接进行预算的分配；关键决策人对结果直接负责；我们产品或解决方案所针对的问题是这个关键决策人最为关心的问题，如果问题得不到解决，关键决策人的不适感最为强烈，关键决策人是这个问题的主要负责人。

市场营销战役应当围绕关键决策人展开。这是因为，首先，关键决策人在产品选择上具有最大的话语权。其次，产品能解决的问题和决策人密切相关。一旦决策人受到营销战役的影响，改变了购买选择，他们也最有可能游说其他决策人获得支持，从而成为影响决策的最强力量。

通过清晰描绘关键决策人的客户画像，我们能更好地了解他们的需求和挑战，并制定相应的市场策略。同时，对于客户画像的制作，也可以指引我们在活动执行过程中更精准地定位目标客户群体，提高我们的市场营销效果。

2.4.2　围绕客户群体的态度与行为建立价值主张

每个营销战役都应该具备独立的价值主张。当我们了解目标客户及其迫切想要解决但尚未得到很好解决的问题时，我们可以相应地开发自己的价值主张。传统的价值主张见表 2-1，通常包含 6 个要素。

表 2-1　传统价值主张 6 个要素

价值主张描述框架	内容
对于	特定的目标客户群体
他们需要	客户想要达成的目标或解决的问题
但是	面临着怎样的挑战 / 困难 / 痛点
只有我们能独一无二地	相对于竞争对手，提供怎样的解决方案
这样就能够	客户可以获得怎样的利益
因为我们	列出能够让客户相信我们能做到的原因

通过明确这些要素，我们能够为每个营销战役定义独特的价值主张。这将有助于我们更好地与目标客户进行沟通，并使他们意识到我们能够满足他们的需求，提供更优质的解决方案，从而增加市场竞争力并吸引更多的潜在客户。

一个有效的营销战役的价值主张还应该具备以下几个特点。

- **强调目标客户群体的关键需求**。我们必须深入了解目标客户群体所面临的核心问题和追求的关键目标。通过突出这些需求，我们可以展示对客户的理解程度并提供切实可行的解决方案。

- **突出独特的差异化**。我们的价值主张应该强调与竞争对手的区别。我们需要明确说明我们的产品或服务相比其他选择具有何种独一无二的优势。这可以是技术上的创新、更高的品质、更优质的客户支持或更具成本效益的解决方案等。

- **提供具体的好处和价值**。我们的价值主张应该清晰地阐述如何将这些差异化特点转化为客户的实际好处和价值。我们需要告诉客户，通过采用我们的解决方案，他们能够获得哪些具体的结果和回报，如节省成本、提高效率、增加收益或改善用户体验等。

- **以数据和证据为支持**。为了增加信服力，我们的价值主张应该基于可量化的数据和有力的证据。这可以包括案例研究、客户成功故事、行业数据或市场调研结果等。通过提供可信的信息支持，我们能够加强客户对我们价值主张的信任和认可。

- **简明扼要且易于理解**。一个有效的价值主张应该简洁明了，能够在短时间内引起客户的兴趣和理解。避免使用过于复杂的行业术语或技术性语言，而是采用清晰简洁的语言来传达我们的核心信息。此外，图表、图像或视觉元素也可以有助于更直观地展示我们的价值主张。

通过确立独特的价值主张，并注意上述特点，我们能够有效地将产品或服务与目标客户的需求相匹配，并创造出有吸引力且具有竞争优势的营销战役。这样的价值主张将为市场推广活动提供方向，并增加潜在客户对我们的品牌和解决方案的认可度，从而推动销售增长和市场份额的提升。

2.4.3　通过渠道和内容与目标客户产生互动

从客户接触我们到最终决定采购我们的产品，目标客户往往需要经历一个采购历程（Buying Journey）。为了更好地影响客户和给客户传达我们的价值主张，我们需要通过不同的营销内容和工具与处于不同采购历程阶段的客户产生互动，从而改变客户的购买行为。

B2B 采购历程通常可以分为以下几个阶段。

1）**需求识别阶段**：客户在这个阶段识别和确认其采购需求。

这可能是由于现有产品或服务的需求增加、新项目的启动、技术升级等。在此阶段，市场营销可以通过市场调研、行业洞察和与潜在客户的交流来识别并理解客户的需求。

2）**供应商筛选和评估阶段**：客户在这个阶段会搜寻各种供应商，并对其进行筛选和评估，以确定最值得信赖的合作伙伴。市场营销可以通过广告、宣传、参加展会、推荐和引荐等方式提升企业的知名度和形象，与潜在客户建立联系，并提供信息和解决方案以满足他们的需求。

3）**采购决策阶段**：客户在这个阶段会对不同供应商的报价、产品或服务的特点、交货能力、质量控制等进行详细评估，并做出最终的采购决策。市场营销可以通过提供详细的产品或服务信息、演示、试用等方式，支持客户的决策过程，并回答他们的疑问和解决他们的顾虑。

4）**采购执行和交付阶段**：在这个阶段，客户与选定的供应商进行合同签订、订单下达、产品制造或服务交付等工作。市场营销可以通过与客户保持沟通，提供订单跟踪、交付状态更新、售后服务等，确保采购执行和交付的顺利进行。

5）**供应商关系管理阶段**：采购完成后，客户会与供应商建立长期的合作关系，并进行供应商关系管理。市场营销可以通过定期的沟通、反馈收集、合作项目、客户活动等方式，维护和加强与客户的关系，以促进未来的合作和业务增长。

我们对客户采购历程的了解越充分，就越能够设计出恰当的活动、内容来与目标客户进行接触。在采购历程的不同阶段与客户形成互动的目标是帮助客户做出明智的决策，并建立长期的合作关系。

关于内容和活动开发部分，本书后文有更详细介绍。

2.4.4　追踪客户互动是否推动了营销目标的实现和达成

一个好的市场战略一定要能够监测其执行情况和效果并且根据需要进行调整和优化，以确保战略的有效实施并实现预期的结果。所以在制定营销战役的最后需要明确我们的营销战役可以通过何种方式进行监测，通过哪些指标来评估活动的效果。

一个市场营销战役一般可以从两个维度来衡量效果。

1. 对于客户心智份额的影响

客户心智份额（Customer Mindshare）是指在客户心智中所占据的地位或重要性。它反映了客户对特定品牌、产品或服务的认知和偏好程度。

客户心智份额的重要性在于，它能够影响客户的购买决策和忠诚度。拥有较高的客户心智份额意味着品牌或产品在客户心智中位置更加显著和更有影响力，客户在购买时更有可能选择该品牌或产品。

衡量客户心智份额的指标如下。

- **品牌认知度**：衡量品牌的知名度和客户对品牌的熟悉程度。
- **偏好度**：衡量客户对品牌或产品的偏好程度。
- **品牌关联度**：衡量客户将品牌与特定产品、服务或领域联系在一起的程度。
- **品牌忠诚度**：衡量客户对品牌的忠诚程度和重复购买意愿。

- **口碑和推荐度**：衡量客户对品牌的口碑和推荐意愿。
- **市场份额**：衡量品牌在目标市场中的市场占有率。
- **竞争对比**：将品牌的客户心智份额与竞争对手进行比较，评估品牌在客户心智中的相对地位。

这些指标可以通过市场调研、数据分析、消费者调查等方式进行评估。通过定期监测和评估这些指标，可以了解品牌在客户心智中的地位，并采取相应的市场策略来增强品牌的客户心智份额。市场战略制定以及策划营销战役时都应该预留时间讨论以何种方式追踪营销战役对客户心智份额的影响，追踪的周期和频率是怎样的。

2. 对企业销售额的影响

在 B2B 营销中市场营销战役对企业销售额的影响一般用销售线索的数量、销售线索到销售机会的转化率等指标进行追踪和衡量。

销售线索（Sales Leads）是指潜在的客户或有购买意向的个人或组织，他们可能对产品或服务感兴趣并有可能成为实际的销售机会。销售线索是市场营销战役的直接产出。

销售机会（即销售合格线索，Sales Qualified Lead，简称 SQL）是指已经经过初步筛选和评估，有较高概率成交的潜在客户。与销售线索相比，销售机会更具体地指明了潜在客户对产品或服务的兴趣和购买意向。

可以通过表 2-2 预测每个市场营销战役对企业销售额的影响。

表 2-2 市场营销战役计算器

营销战役名称	产出
营业额目标	CNY 500,000
平均每单销售机会的销售额	CNY 50,000
赢下的销售机会数量	10
赢单率	10%
销售机会的数量	100
销售线索向销售机会的转化率	40%
市场战役产生的销售线索数量	250

通过上述两个维度的指标我们可以有效评估一个市场营销战役的产出，最后我们在制定市场营销战役时应该与主要参与方约定未来的日常管理方式以及追踪机制。设定周会、月会，在周会和月会上追踪市场营销战役的产出，并衡量实际执行的效果与之前预期的效果是否有差距，调整或制定新的行动方案，不断完善市场营销战役，确保实现最终市场营销目标。

第 3 章

打造以企业客户为核心的生态圈

作为 B2B 营销人员，你在刚开始工作或进入新行业时，常常会感到无从下手。于是，你四处奔走，忙碌了一通之后，发现还停留在原地或者进展不明显，尽管你已经非常努力。你或许会觉得自己仍然不够了解客户，或者客户不了解你，或者缺乏一个优秀的合作伙伴来帮助你，与你一同推进市场竞争。竞争对手的营销伙伴和你所做的事越来越像。

我们也曾经遇到过和你类似的困境。但当我们理清一件事情时，豁然开朗：客户选择你，是因为你能给他们带来价值，而仅依靠自己的努力很难提供足够高的价值。因此，本章将教会你如何找到"撬动"客户的杠杆，即生态圈中的合作伙伴，来为你的客户提供更多价值。

本章将从如何了解客户说起。很多情况下，我们并不了解我们的客户，不仅是因为客户没有告诉我们他们的真实需求，还有可能就是客户也对自己的真实需求不够了解，而如果我们可以站在更加宏观的角度，即站在生态圈正上方来看这个生态圈，可以更好地从另外一个视角去了解整个行业的痛点，从而分析出客户的痛点，再在日常与客户的交往中进行验证，从而真正了解客户的需求。

勾勒出以企业客户为核心的生态圈之后，我们会发现这个生态圈不仅可以帮助我们懂客户，还有更加神奇的效力。我们作为供应链企业，也就是常说的乙方，往往和客户是"供求关系"或者"买卖关系"，二者之间很难达成完美的平衡。如果我们在生态圈中可以找到一个第三方，这个第三方对客户具有一定影响力，我们通过促进第三方与客户形成更加紧密的关系，就会有很大可能帮助我们与客户建立更加紧密的联系。本章将着重介绍如何在生态圈所有利益相关者中找到那些"第三方"，以及用实际案例向大家介绍我们如何通过与第三方建立联系，"撬动"资源赢得客户的信任和青睐。最后会针对不同类型的供应商企业，给出玩转生态圈的一些中肯建议。

3.1　打造以企业客户为核心的生态圈的重要性

生态圈是什么？本书中所说的生态圈是指以企业客户为核心的，围绕企业客户的所有利益相关者组成的一个社群。这个生态圈可以为企业客户和我们带来什么呢？这一节尝试来回答打造一个以企业客户为核心的生态圈的重要性。

从宏观层面来看，打造生态圈可以为企业带来如下好处。

- 生态圈中的利益相关者通过竞争合作，可以实现资源共享

和产品互补，为企业客户带来更加完整的解决方案。与此
同时，也为作为上游企业的我们构建更好的竞争壁垒，降
低我们的风险。

- 通过与生态圈中的企业合作，共享研发、生产和分销等资
源，可以提高效率并降低整体成本。与此同时，通过生态
圈竞争合作，可以加速产品和服务的创新过程。
- 通过生态圈可以让企业进入新的市场或扩大现有市场的机
会。通过合作伙伴的渠道和客户基础，企业可以获得更多
销售机会，提高市场覆盖率。
- 通过生态圈的竞争合作，企业可以在行业内建立更广泛的
合作网络，增强自身的影响力和地位。这种合作可以加强
企业的声誉和品牌形象，进一步巩固市场地位。

从微观层面来看，打造一个以企业客户为核心的生态圈可
以填平 B2B 营销人员与企业客户（下文除要特别强调"企业"，
其余情况都简称客户，不再与个人客户区分）之间的沟通鸿沟。
B2B 营销人员的一个巨大痛点就是没有办法把客户的真实需求带
给销售团队，从而诱发了一些深入思考：是我们的方法错了，还
是客户变了？最终发现是因为我们没有真正懂客户，而通过与跟
客户打交道的第三方多沟通，可以让我们更懂客户。这进一步引
发了我们的思考：到底谁才能帮我们真正懂客户？经过多年的探
索，我们发现，生态圈中的合作伙伴可以帮助我们更加了解客户
的真实需求。这些合作伙伴不仅可以告诉我们关于客户的更多信
息，还能帮我们直接赢得客户。

3.1.1　你真的懂你的客户吗

我们曾问一位资深管理者：在职场取得成功的关键因素是什

么？他给出的答案是智商、情商和努力。智商和努力这两个因素相信所有人都认同。然而，在职场中，情商常常被忽视。这位资深管理者给出了一个简洁的情商定义——同理心。

这个定义在我们内心中萦绕了很久。我们思考着，如果将同理心应用于营销领域，我们是否可以简单地将其理解为"了解客户"呢？我们的答案是肯定的。然而，你真的了解客户吗？除完全不了解客户外，我们可以把对客户了解的程度分为三层：第一层是了解客户想要什么；第二层是知道客户为什么想要；第三层是了解客户是否真正清楚自己想要什么，但是很少有人思考到这个层面。现在我们通过表 3-1 来看看一般情况下，根据对客户了解程度的不同，我们会采取的应对方案。

表 3-1　懂客户的层级

懂客户的 4 个层级	一般会采取的应对方案
0——不了解客户想要什么	给客户自己有的东西
1——了解客户想要什么	给客户想要的东西
2——知道客户为什么想要	相对于竞争对手，给客户更多想要的东西
3——知道客户是否真的想要什么	帮助和引导客户思考，让客户想要"我"有的东西

显然，你对客户的了解程度越高，或者说你的同理心水平越高，客户就越需要你，你所在组织的业绩也会越好。作为 B2B 营销人员，你应该如何更好地了解你的客户呢？经常会出现这样的场景：在讨论中，营销人员自豪地展示了客户调查报告，并总结出客户优先级最高的三个需求。此时，销售人员摇着头说："我的×× 客户并不是这样的，因为……"于是营销人员红着脸说："那只是个别情况，我们不能以偏概全。"然后又有一个销售人员插话道："我的客户也不是这样的。"营销人员只能说："我们回去再研

究一下数据。"

3.1.2　你的客户为什么不告诉你

谈到懂客户，天天与客户打交道的销售人员无疑更能在微观层面了解他们的需求。那么作为营销人员，我们的价值是什么呢？仅是收集信息吗？在我们企业，我们进行过多次定性和定量调查，同时我也亲自参与了许多客户的定性访谈。然而，直觉告诉我们，在某些事情上客户并不总是"说实话"。在设计问题时，我们会有很多验证和重复性问题，而这些问题的答案常常相互矛盾，这进一步证实了我的直觉。从心理学的角度来看，客户之所以"不说实话"，原因有很多，但归根结底都是"人性"导致的。他们可能因为没有耐心回答太多问题，或者担心丢脸而故意夸大或缩小问题，或者出于对你的尊重而刻意隐瞒一些信息。

你有没有想过，客户之所以没有告诉你真相，也可能是因为他们自己都不清楚自己的真实需求？即使我们采用统计学手段剔除了大量无效问卷，即使我们是销售人员，对一些调查结果也抱有怀疑态度，我们仍然很难从成百上千份的定量报告中得到完全真实的情况。

我们认为，通过科学的定性访谈和定量调查，可以在 95% 以上的可信度上了解客户"想要什么"，在约 80% 的可信度上知道客户"为什么想要"，但是我们对客户是否真正想要某件事情的理解，最多只能达到 60% 的可信度。当然，我们的战略市场团队会从另一个维度来提高可信度，他们会通过分析宏观政策，探讨政策和法规对行业的影响，推测客户将如何应对宏观环境，验证客户"想要什么"和"为什么想要"，然后试探客户是否真的想要。借助这些方法，我们认为我们的市场团队已经达到了很高的水平，至少在可信度方面远高于只进行客户调查的基础水平，这也使得在企业内部的辩论中，销售人员不再占据优势地位。然而客户是会变化的，因为政策和法规不断推陈出新。一旦我们根据市场信息制定了企业战略，如果出现方向性问题，那将是非常可怕的，对于大型企业来说更是如此。

因此，对于企业而言，准确预测和捕捉客户的变化，并迅速做出对应的调整和改变非常重要。每个月都进行一次客户访谈是不现实的，甚至每个季度也难以做到，通常只有一年一次，并在中间进行一些小规模的补充和修订。在几乎所有行业中，都存在一些案例，大型领军企业由于无法跟上行业和客户的变化而被一些中小企业淘汰。家乐福超市不断减少分店数量就是一个活生生的例子，还有柯达胶卷、诺基亚手机，当时代想要抛弃它们时，甚至连打个招呼的时间都不给——尽管被抛弃的原因是多方面的，但是市场情报收集肯定是第一个方面。当然，快消品行业的变化比传统 B2B 行业更快，但我们必须明白，如果我们客户的产品属于快消品，或者下一级供应链是快消品，我们的客户也必须迅速适应变化。因此，作为 B2B 市场人员，我们所面对的行业也必须做好快速应对的准备。

为了应对上述问题，我们推出一个全新的客户信息获取流程，在原有定性调查和定量调查之前增加一个生态圈合作伙伴的分析，尝试通过宏观和介于宏观与微观之间的生态圈来作出一些假设，然后带着这些假设对少量客户进行定性访谈，从而优化我们的假设。有了这些假设，再进行定性访谈时可以增加与客户更多的互动，而不是简单地听取客户的意见，这样在一定程度上就可以在访谈中修订一些错误，为后续定量调查的准确度打下更好的基础。案例 3.1 就是我们发现对制药客户影响最大的第三方之一是投资公司，而通过与大量的投资人沟通后，我们了解到更多生物制药企业客户的痛点，从而在设计定性问题时更加有的放矢。

案例 3.1 通过日常交流，我们发现投资方对于生物制药行业的影响力是非常大的，于是在日常工作中开始接触各种各样的投资人。在与投资人接触过程中，我们发现他们在 2020—2021 年前后，投资开始趋于谨慎，因为更多的投资人越来越懂这个行业，在选择被投企业的时候会有更多新的考量。2020 年前更多考量的是创始人团队的背景和所处赛道的前景，确保被投企业的药物产品可以"抢赛道"，更快上市。而 2021 年之后，投资人更多考量的则是"稳"，因为大家发现，跑得快的药物在后期会遇到更多延误，甚至因为之前所谓的弯道超车而造成基础不牢，失败率激增，造成投资方的重大损失。这与我们之前做过的一些客户访谈，尤其是科研创业客户的认知不太一样，他们依然认为效率是第一位的，从而更多追求的是速度。而通过与投资人的沟通后，我们刻意在针对客户的定性访谈中增加了两个问题，关于如何平衡效率和质量的问题。而通过定性和定量结果的分析及一年后对调查结果的验证，我们认为了解生态圈中主要利益相关者的需求，将让客户调查结果更加接近真实。

很多企业获取客户需求的方法是在情报部门、战略市场和政府事务部门投入大量资源，购买昂贵的报告并进行大量的客户访谈，希望随时获取信息，然后管理层可以通过这些信息进行思考、预判，并转变战略方向。这种做法确实是有必要的，但是否存在更简单的方式来达到同样甚至更好的效果呢？

我们在进行客户访谈时，是否会询问客户最看重的三类合作伙伴是谁？例如政府、投资机构、供应商、协会和媒体等。当然，客户会关注他们的客户，因为这直接关系到企业的生存。但有谁能帮助他们找到客户并从客户那里获利呢？更重要的是，你们的客户有没有发现你们是真正可以帮助他们的机构或个人？在案例 3.1 中我们发现投资方是生物制药生态圈的重要组成部分，但是这样的发现可能存在一定偶然性。如何系统地发现行业中对客户有影响力的第三方，以及如何从这些第三方获取和验证客户的真实需求都是本章后面要着重探讨的问题。首先我们要找到这些第三方是谁，以及哪些第三方可以更多帮助我们了解客户的需求。传统的做法是，通过行业政策和法规的分析获取宏观信息，但是这远远不够。在这里，我们要勇敢地提出一个观点，在"宏观经济学"和"微观经济学"之间搭建一个小桥梁——客户企业生态圈。在宏观经济政策的指导下，我们可以清晰地看到客户企业的微观生态环境。我们要与生态圈中的利益相关者共同赋能客户企业，实现生态圈的可持续健康发展。

这听起来可能有些高深和晦涩，但这里只想阐明，生态圈对于市场信息收集的重要性不容忽视。而且生态圈还可以帮助我们做很多事情，譬如帮我们梳理清楚企业客户最重要的合作伙伴有哪些，他们的钱从哪里来和花到哪里去了，谁可以和我们一起来解决客户企业的诸多问题。作为供应商之一的我们，很难有能力满足企业客户所有的需求，我们只需要帮助企业客户完成胜利拼图中的一部分即足够赢得客户，而与很多志同道合的合作方一起，尽可能地拼出更多板块，也会把我们在客户心中的重要性大幅提升。在接下来的几节中，我们将分别讨论如何建立或发现一个生态圈，如何在生态圈中找到朋友，并探讨企业在生态圈中扮演的角色。你会发现，生态圈不仅会向你"透露"真相，还会给予更多帮助。

3.2　用"想象村庄"勾勒出一个以企业客户为核心的生态圈

想象村庄是一个概念，指的是人们在思考、创造和表达过程中构建的虚构社区或环境。它可以是一个艺术家头脑中的理想城市或乡村，也可以是作家笔下的虚构世界。想象村庄代表了人类的创造力和想象力，它可以用来探索和表达各种观点、情感和想法。这个概念常常被用于文学、艺术和哲学领域，以帮助人们思考和探讨现实世界中的问题。而在 B2B 生态圈的勾勒中，我们借助了"想象村庄"的方法，更准确地勾勒出这样一个生态圈。

"生态圈"这个词在近五年来变得越来越熟悉，但是能够准确描绘所在行业生态圈的营销人员却是罕见的。在本节中，将分享一个我们曾经绘制过的生态圈，并与你们一起尝试绘制属于你们自己的生态圈。我们曾多次在演讲中提到图 3-1，这幅图引起了一些崇拜的目光，但似乎 B2B 营销人员对此并不太感兴趣。现在，我们希望正在阅读本书的你们，与我们一起拿起笔，在一张白纸上按照我们的建议步骤，逐步进行绘制吧。

3.2.1　锚定你的主要企业客户群体

像图 3-2 一样，画出你的主要客户群体。这个客户群体可以来自你们企业所在的主要行业，也可以来自你们需要深耕的一个细分市场行业。对于客户群体的选择我们建议可以从几个不同维度展开。

- 所处行业，如半导体行业、食品行业、科研行业、生物制药行业等。
- 所处地域，譬如一线城市、大中华区、省会城市等。

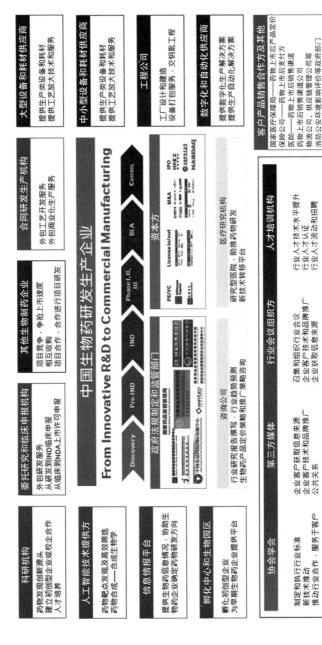

图 3-1　中国生物制药生态圈

- 企业规模或者企业所处阶段，譬如初创型企业、准上市公司、超大型企业等。

我们建议可以锚定一个主要目标客户群体，譬如对于即将举例的生物制药客户群体，我们按照其企业融资情况和药物研发周期来划分阶段，因为在不同药物研发周期中涉及的生态圈合作伙伴可能不同；对于同一合作伙伴群体，需求也会有所差异。对于生物制药行业，绝大多数企业都是初创型企业，自身不具备造血能力，需要投资方来供血才得以生存。我们建议以某一家有代表性的客户企业为例进行研究，然后寻找行业企业的共性。

图 3-2　中国生物制药生态圈客户群体

图 3-2 中的阶段分别为分子发现阶段（Discovery），临床申报前（Pre-IND），临床申报（IND），临床一、二、三期试验（Phase I，II，III），药物上市申报（BLA），商业化（Comm.）。

3.2.2　找到生态圈中的所有利益相关者

拉上你们企业和客户接触的所有人来一次头脑风暴。在你们的企业客户全生命周期中，有哪些利益相关者群体？当然，作为供应商，你们肯定是主要的利益相关者之一。这里就用到想象村庄的方法了，我们把客户当作一个村庄中的村民，然后想象一个村民每天会和什么人接触，譬如他们从哪里挣钱，大钱花在哪里——譬如房子、家具、汽车，小钱花在哪里——譬如吃、穿、用，他们的家人有什么需求——譬如上学、上课外班，他们受到哪些政府部门管理，他们会被谁"欺负"，他们喜欢"欺负"谁……所有与他相关的人或组织都算是利益相关者。根据我们的经验，这些群体可以包括如下几种。

- **政府部门**：包括政策制定机构、监管部门、地方政府部门（希望吸引投资的地方政府）、园区等。
- **协会和学会。**
- **供应商群体**：包括生产设备供应商、生产原料供应商、工程供应商、提供外包服务的供应商，以及供应商所采用的渠道。一般情况下，我们所在企业应该属于供应链企业。
- **企业的创新源头**：科研机构和新技术提供者。
- **资本方。**
- **培训机构。**
- **行业媒体。**
- **客户企业的销售合作伙伴。**
- **海外机构。**

请注意，尽可能详尽地列出这些群体，甚至不要忽略税务部门、消防部门、环保部门，以及一些常被忽视的机构，如商会和行业会议组织者等。然后，将这些群体进行分类，根据你们行业的特点将其归类为一些大的生态圈中的参与者群体。

案例 3.2　在以生物制药企业为核心的生态圈中，除了作为生态圈核心的生物制药生产企业以外，共有以下 24 个参与者组成的群体：①其他生物制药企业；②资本方；③科研机构；④委托研究和临床申报机构；⑤合同研发生产机构；⑥大型设备和耗材

供应商；⑦中小型设备和耗材供应商；⑧工程公司；⑨数字化和自动化供应商；⑩人工智能技术提供方；⑪孵化中心和生物园区；⑫信息情报平台；⑬政府法规制定和监管部门；⑭医疗保障局；⑮协会学会；⑯第三方媒体；⑰医疗研究机构；⑱行业会议组织方；⑲人才培训机构；⑳医院；㉑保险公司；㉒咨询公司；㉓客户产品销售合作方；㉔消防公安环境影响评价等政府部门。这些参与者是生物制药企业生态圈的重要成员。

用"想象村庄"的方式来介绍 B2B 的营销人员可以参考如下几点。

- **确定清楚你们的客户群体**。想象住在同一个村庄里的人都有哪些相似之处，这些村民就代表着你们的客户。他们应该拥有共同的行为模式和特点。
- **尽可能详尽地列出生态圈中的玩家**。想象这个村庄中的居民们住在什么样的房子里，房子的结构是怎样的，他们会去哪里购物、娱乐，以及他们所需的资源是什么。
- **明确最不平衡的关系**。了解村民们与谁存在最深的矛盾，他们与谁经常争吵，被谁欺负，或者经常欺负谁。
- **确定客户最重要的合作伙伴是谁**。观察村民们平时与谁在一起最多，他们花费更多金钱的对象是谁，他们最害怕谁，又最喜欢谁。找出那些与村民们关系最不平衡且接触最频繁的人，将其视为潜在的朋友对象。

3.2.3　分析企业客户群体与利益相关者关系的平衡度

找到这些参与者群体和我们企业客户之间的关联关系，并确定双方的价值主张，即双方之间的权利和义务（或收益和投入）。我们会发现，在多数情况下，双方之间存在不对等的关系，而这种关系不对等程度越大，我们的机会就越大。让我们按照图 3-3 所示的模板尝试把双方的关系梳理清楚。在图 3-3 中最左边的框中填好生态圈中的第三方代表；最右边框中填好企业客户；上面两个框分别填写第三方在与企业客户打交道时，需要付出和投入的东西，以及它们的收益和回报；下面两个框则填写企业客户在与第三方打交道时需要投入和付出的东西，以及它们的收益和回报。图 3-4 和图 3-5 作为案例供大家参考。

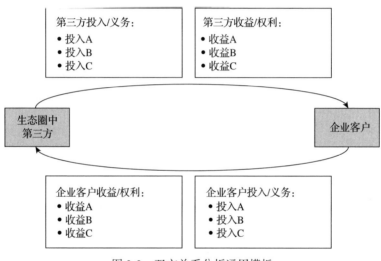

图 3-3　双方关系分析通用模板

从图 3-4 中可以明显看出生物制药生产企业和投资方之间的关系。在企业早期阶段，企业需要大量资金支持，因此需要及早引入优质的投资方。随着企业规模的增大，投资方继续提供支持，推动企业上市或者其他方式变现。同时，良好的投资方会积极为被投企业寻找各类资源，助力企业发展。投资方的需求是将资金投入到企业中，并希望通过快速的药物研发和生产获得进一步的投资回报，从而获得丰厚的利润。为了实现这一目标，当投资方持有一定比例的股权后，会对被投企业的战略和发展产生影响。当然，双方都需要承担一定的风险。

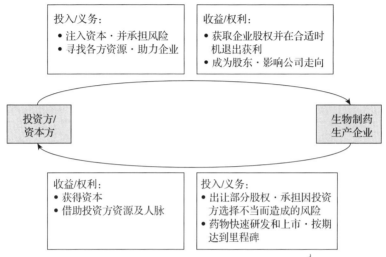

投入/义务：
- 注入资本·并承担风险
- 寻找各方资源·助力企业

收益/权利：
- 获取企业股权并在合适时机退出获利
- 成为股东·影响公司走向

投资方/资本方

生物制药生产企业

收益/权利：
- 获得资本
- 借助投资方资源及人脉

投入/义务：
- 出让部分股权·承担因投资方选择不当而造成的风险
- 药物快速研发和上市·按期达到里程碑

图 3-4　生物制药生产企业与投资方之间的关系图

下面我们将继续分析生态圈中另外一对合作伙伴的关系，即作为甲方的生物制药生产企业和中小规模供应商之间的关系。从图 3-5 中不难看出，中小规模供应商处于相对劣势地位，与企业客户的议价权很弱，因此在某些情况下，它们可能需要以非常低的利润或者负利润提供产品和服务给企业客户，以换取进入市场的机会，并获得更多客户反馈，不断改进产品，以期赚取更大利润。

在生态圈中寻找合作伙伴时，找到那些不平衡的点是最关键的。若是没有你的存在，双方关系也可能长期和谐稳定，那么你的存在就变得没有必要了。

图 3-6 就是生物制药行业客户与利益相关者之间的平衡度关

系分析图。

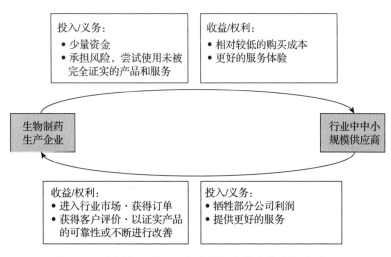

图 3-5 生物制药生产企业与中小规模供应商之间的关系图

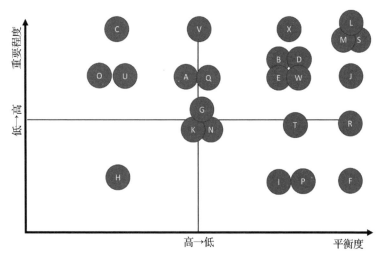

图 3-6 生物制药客户与生态圈利益相关者关系分析图

代码	主要玩家	代码	主要玩家	代码	主要玩家
A	其他生物制药企业	I	人工智能技术提供方	Q	医疗研究机构
B	科研机构	J	孵化中心和生物园区	R	人才培训机构
C	委托研究和临床申报机构	K	信息情报平台	S	医院
D	合同研发生产机构	L	政府法规制定和监管部门	T	保险公司
E	大型设备和耗材供应商	M	医疗保障局	U	咨询公司
F	中小型设备和耗材供应商	N	协会学会	V	客户产品销售合作方
G	工程公司	O	第三方媒体	W	消防公安环境影响评价等政府部门
H	数字化和自动化供应商	P	行业会议组织方	X	资本方

图 3-6 （续）

图 3-6 中每个字母代表一个利益相关方。我们可以从图中看出，右上象限的利益相关者是政府法规制定和监管部门、资本方、医疗保障局等。这意味着这些利益相关者对我们客户的影响力很大，但是我们客户对它们的影响非常有限，这就会导致我们的客户可能因它们而痛，也就是说，这部分很有可能是我们客户痛点的根源。左上象限是对客户非常重要，同时客户具有一定掌控力的利益相关者，这部分同样需要我们关注。

3.2.4　完成你的以企业客户为核心的生态圈

完成上述工作后，我们就找到了生态圈中的主要玩家，也分析了各个玩家与我们所关注的企业客户之间的关系，这样我们的生态圈勾勒就已经完成 80% 了。下面要将对企业客户影响最大的一两个玩家画在企业客户上方和下方，并将它们作为生态圈中次重要的对象对待。一般情况下，这一两个重要玩家，应该是想象村庄中"村民"资金的主要来源，或者是花钱最多的地方，或者是受到监管最多的部门。举例来说，在生物药行业的生态圈中，我们发现资本方还有政府法规制定和监管部门是最重要的两个玩家，它们始终在企业客户的周围，如图 3-7 所示。

图 3-7　中国生物药企业及生态圈中两个重要利益相关者

接下来，我们只需将其他玩家围绕在企业客户、资本方、政府法规制定和监管部门的周围即可完成生态圈图。这个过程很简单，完成效果如图 3-1 所示。

完成上述步骤后，生态圈就绘制好了。接下来，就可以开始在生态圈中寻找朋友了。那么什么样的人可以成为你们的朋友呢？这是下一步需要考虑的问题。

3.3　用"三角关系"解决企业客户的不平衡问题

3.3.1　找到生态圈中的重要关系组

上一节已经按照生态圈玩家与企业客户的关系平衡度和对企

业客户的重要性进行了第一轮筛选。然而，你可能会发现只有不到 20% 的玩家被认为重要程度不够高，可以被排除在外，其余 80% 仍然在"重要"的清单中。因此，下一步我们将进行第二轮筛选，根据这些玩家对企业客户的影响力（重要程度）、与企业客户的关系平衡度以及我们与这些玩家的关系远近，来绘制一个稍微复杂一点的二维四象限图，如图 3-8 所示。建议横坐标依然表示企业客户与这些玩家关系的平衡度，纵坐标表示对于企业客户的重要程度。而球的大小代表我们与这些利益相关方的相关度，球越大，我们和这些利益相关方的关系越紧密；球越小，说明这些利益相关方与我们的关系越小。我建议忽略那些小球，专注于大球，这样做可以更清楚地展示谁是真正重要的合作伙伴。

至于如何选择合作伙伴，这由你们组织自己决定，但我们建议遵循如下几个原则。

- **少即是多**：一次选择最好不超过三个，最多不超过五个玩家，并定期更新选择。这样可以确保关注的焦点集中，避免跟太多合作伙伴产生复杂的关系。
- **看长远未来**：作为一个有远大抱负的企业，不仅要考虑眼前利益，还要考虑长远发展。选择合作伙伴时，要考虑它们与你们的企业愿景和战略是否相符，以及它们对未来发展的贡献和支持。
- **优先考虑与客户相关的玩家**：如果玩家中包含你们的客户，并且这些玩家中的客户与你们的核心客户存在交易或其他利益关系，那么应该将其视为优先考虑的对象。这样可以加强与核心客户的合作关系，并扩大业务范围。

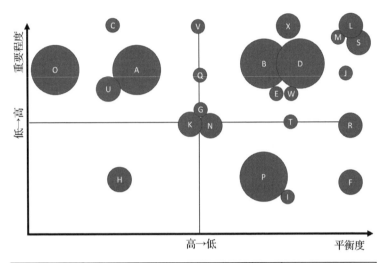

代码	主要玩家	代码	主要玩家	代码	主要玩家
A	其他生物制药企业	I	人工智能技术提供方	Q	医疗研究机构
B	科研机构	J	孵化中心和生物园区	R	人才培训机构
C	委托研究和临床申报机构	K	信息情报平台	S	医院
D	合同研发生产机构	L	政府法规制定和监管部门	T	保险公司
E	大型设备和耗材供应商	M	医疗保障局	U	咨询公司
F	中小型设备和耗材供应商	N	协会学会	V	客户产品销售合作方
G	工程公司	O	第三方媒体	W	消防公安环境影响评价等政府部门
H	数字化和自动化供应商	P	行业会议组织方	X	资本方

图 3-8　生态圈利益相关者选择图

请记住，在选择合作伙伴时，要根据你们的组织需求和目标综合考虑，以确保与合作伙伴的关系能够为我们的企业带来最大的益处。

3.3.2　把生态圈分解成多个三角关系

下面我们将通过巧妙的手段，将你们所在的企业植入之前看到的生态圈玩家和客户的双方关系中，形成一个个三方关系图。你可能会问，为什么选择三方关系而不是更多方的关系？我们的答案很简单：因为我们的能力有限。如果是三方关系，会出现三组双方关系。但如果是四方及以上，增加的不只是一个方，而是呈几何级的增长，会大大混乱我们的思路，不利于集中精力。因此，我们建议在需要涉及多方时，将其转化为一个个独立的三方关系图，这样更有利于管理你的"朋友"。

这一节中，我们首先选取某生态圈中利益相关者与企业客户进行关系分析，这个作为第一组关系；其次分析我们——作为供应商企业——与企业客户的关系，这个作为第二组关系；最后分析我们和这个利益相关者之间的关系，作为第三组关系。之后把这三组关系放在一张图中，作为打造三角关系的起点。通过我们投入更多，改变第三组关系，从而让另外两组关系更加紧密，这个类似于化学反应中的"催化剂"。

让我们先深入分析上一小节中使用的案例，即投资方与我们的客户之间关系的机遇和挑战。这个双方关系已经构成了第一组双方关系，如图 3-9 所示。现在我们将更深入地探讨这个关系。

案例 3.3　投资方 A 与生产制药企业 B 的双方关系分析。通过对 A 与 B 的双方关系进行分析我们可以发现，尽管二者的关系看似稳定，但实际上暗流涌动。在行业迅速发展的情况下，大量资本涌入生物药领域，导致 A 早期无差异化地进行大规模投资。这样的情况会因资源分散和选择不当而造成不必要的损失。同时，B 为了能够快速获取投资，在选择投资方时也不够谨慎，导致签订了许多不合理的协议，最终无法获得他们期望的资源。此外，B 的创始人是企业家，并没有准备好转型为职业经理人的角色。在这种关系中，早期阶段 B 面临着较大的资金压力，处于相对弱势的位置。随着 B 的发展，资金压力逐渐转移到其他方面，创始人会发现自己在企业中的决策权被严重削弱。所有这些都表明，A 和 B 双方关系存在着相当程度的不平衡。

通过这个案例我们可以更好地理解投资方与生产制药企业之间的关系。这样的分析有助于我们深入了解双方的利益冲突，并提出相应的策略来平衡双方关系，以实现更加良好和可持续的合作。

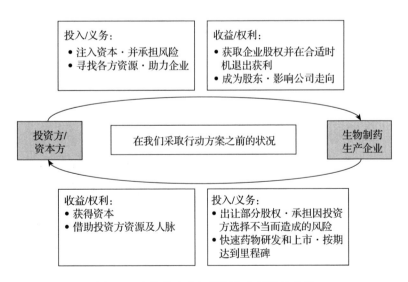

图 3-9　生物药企业与投资方之间的关系图

下面将我们（作为行业供应商的角色）与这两方之间的两组关系列出来，如图 3-10 和图 3-11 所示，形成另外两组双方关系。其中第一个关系是我们与客户之间的双方关系。你会发现，供应商与客户的关系在绝大多数情况下都是不平衡的。因为客户是甲方，供应商是乙方，二者的关系是建立在乙方将产品和服务销售给甲方、甲方付款购买乙方产品和服务的基础上。因此，要建立一个稳定的平衡是很困难的。无论甲方是否强势，都会有各种担忧。例如：它们担心乙方的产品质量或交货期会出现问题——内在问题是乙方的产品会影响它们自身产品的质量和生产；它们担心乙方的价格会进一步上涨——内在问题是这会导致它们成本的进一步增加；它们担心乙方的企业明年不会存在——内在问题是它们需要随时准备做烦琐甚至是致命的更换供应商的决策等。

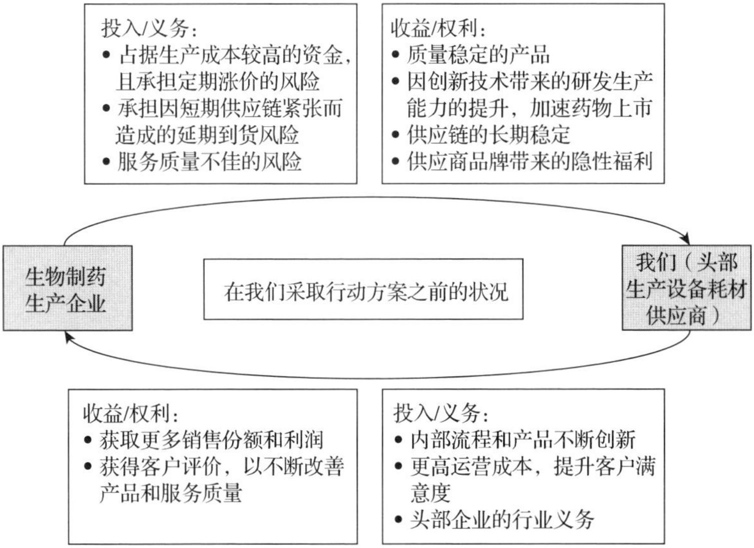

图 3-10　生物药企业与大型供应商之间的关系图

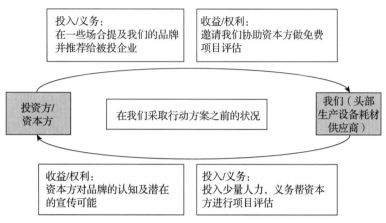

图 3-11   投资方与大型供应商之间的关系图

与此同时，作为乙方也存在持续担忧，例如：它们担心甲方因各种原因不再购买它们的产品和服务——内在问题是它们难以完成销售业绩；它们担心甲方下了订单后又取消订单——内在问题是它们生产的产品会积压；它们担心甲方不愿意为新技术付费——内在问题是乙方的新技术难以快速占据市场等。

甲方与乙方之间的信任需要很长的时间才能建立起来，而且很容易因为一些内在或外在的小问题被打破。正因为如此，作为 B2B 营销人员，我们一直关注着客户所面临的这些问题，并因此对自己所在组织的未来进行思考。

接下来需要对我们与这个第三方玩家的关系进行分析。同样，使用相同的模板，列出我们和这个玩家组之间的权利和义务（或投入和产出）关系，如图 3-11 所示。在我们的案例中，我们与投资方之间的关系是怎样的呢？

在我们采取行动方案之前，我们和投资方的关系并不是很紧密。投资方偶尔会通过一些关系找到我们的员工，免费或私下付费帮助它们评估潜在的被投项目。而在一些行业会议或其他场合上，它们也会随机地推荐我们的品牌和产品，但并没有表现出强烈的推动力。

这样的关系可能反映了我们与投资方之间的合作尚未进入更深层次的阶段。目前，投资方在与我们的互动中主要还是处于提供有限支持和信息交流的阶段。然而，这也为我们提供了一个改善和加强双方关系的机会。通过进一步的沟通、合作和共享资源，我们可以努力建立起更紧密、更有利可图的合作伙伴关系，并实现双方的共同目标。

3.3.3　用催化剂激发更猛烈的化学反应

在罗列出了三者之间的相互关系之后，我们需要将上述三组双方关系绘制在一个三角关系的模板中，以展示大家在化学反应发生之前的样貌。

生物制药企业（简称客户，下同）、我们（头部供应商）和投资方的三方基本诉求是什么呢？我们看到，投资方的根本诉求是盈利；客户方的根本诉求是药物上市，需要大量的资金支持；我们作为供应商，根本诉求是更高的销售份额和利润。我们不妨先简单把三个双方关系罗列到一张图中，如图 3-12 所示。

图 3-12 只是简单地罗列了三方的关系，类似于化学反应式的稳定状态，而在初中化学中我们学过，如果可以在化学反应式中增加催化剂，会加快化学反应的速度。我们与第三方利益相关者之间的关系，就可以作为促使客户、我们和第三方之间更加紧密连接的催化剂。

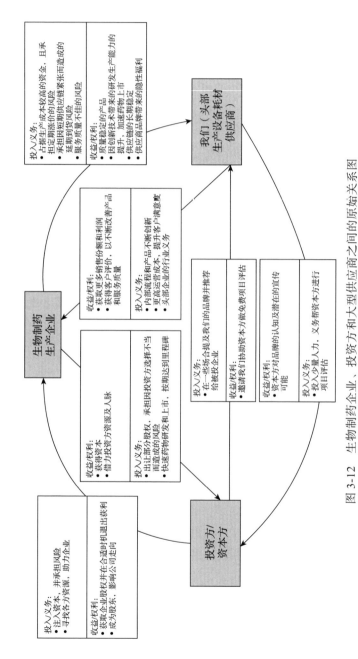

图 3-12 生物制药企业、投资方和大型供应商之间的原始关系图

见证奇迹的时刻到来了。让我们再来看一看，如果我们能够与第三方建立更加紧密的关系，三方关系会发生什么变化呢？我们会发现，为第三方增加一些投入，我们不仅可以从第三方获得更多产出，而且能够从客户那里获得更多产出。这种现象可以归结为三方之间的信息不对称和对价值认知的偏差。简单地说，尽管客户可能没有意识到我们现有的一些资源和信息对他们的价值，但对于第三方来说，这些资源和信息价值较高。我们通过帮助第三方为客户创造更大的价值，能够获取第三方提供的更多资源和信息。同样，第三方可能拥有的一些资源和信息，对于客户而言并没有很大的价值，但是对于我们来说，却可以为客户创造更大的价值。因此，通过信息和价值的交换，我们与第三方共同为客户创造更大的价值，并在此过程中获得更多的价值回报。

最终的结果就是，我们与第三方之间通过信息和价值的交流与共享，共同为客户提供更大的价值，同时也能够获得更大的价值回报。这种紧密的三方关系有助于提升合作效果，实现共赢的局面。

可以观察到，在图 3-13 中，我们新增的收益和投入相比之前得到了明显提升。通过与第三方（即资本方）进行更多的价值交换，我们不仅为彼此带来了更多的收益，还能够为客户带来更大的收益，而这些收益是我们和资本方无法独自为客户创造的。客户得到了更多的投资机会，降低了融资风险，并因为获得了供应商更优质的服务，因此加速实现里程碑目标，但他们并没有为此付出更多，甚至减少了投入。显然，我们和投资方都投入了更多资源，但经细致分析发现，对于我们双方而言，这些投入并不算巨大，却能获得更多产出。显然，如果这些投入只单纯地在客户身上发生，不会有如此高的产出。

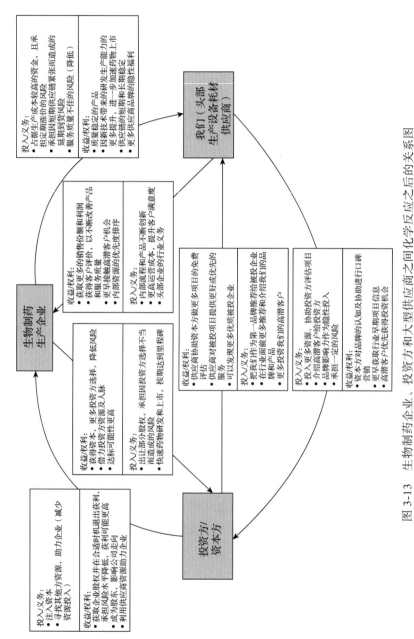

图 3-13　生物制药企业、投资方和大型供应商之间化学反应之后的关系图

在上述案例中，我们通过帮助资本方免费体系化评估项目，为合作的投资方投资项目提供更好的服务，介绍高潜客户给投资方，与投资方建立更紧密的合作关系，实现了共同的利益最大化。由于与投资方的价值交换，我们获得了更多的资源和支持，使得我们能够和投资方一起为客户提供更好的服务和更多的投资机会。客户由此获得了更大的收益，同时降低了融资风险，因为获取到更多资源，客户可以更快达到里程碑，从投资方手中拿到下一轮融资，更多地购置我们的设备和服务。在化学反应发生之前，这种三方合作关系中的投入与产出存在不平衡现象，这可归因于信息不对称和对价值认知的差异。通过我们与投资方之间的交流和合作（即引入了催化剂），我们能够为客户创造更多的价值，而客户并未为此增加投入。这种情况下，我们与投资方共同投入了更多的资源，但这些投入对我们双方来说并不是很大，却能够获得更多的产出。

总的来说，这种三方合作关系展示了通过投入和价值交流来共同为客户创造更大价值的潜力。我们与投资方的合作使得我们能够更好地满足客户需求，共同实现利益最大化。

3.3.4　维系生态关系的四个要点

至此，生态伙伴就基本确定了，接下来就要画出我们与生态伙伴的关系图或网络，这样可以更容易梳理出我们需要哪些生态伙伴，以及我们现有的资源如何与这些参与者建立持久而稳定的合作关系，从而更好地为客户创造更多的价值。以下是一些小的提示。

- **建立更多的三方关系，为主要三方关系提供服务。**当我们在建立除了我们和客户之外的第三方双方关系时，可能需要引入一个新的第三方（我们称之为第四方）。这时候，我们需要搭建一个新的三方关系，而不是将第四方引入到之前的三方关系中。

- **充分利用自己现有的资源**。厘清自己手中的资源，看看有哪些资源是第三方所不具备但需要的。通过将这些我们手中现成的资源与他们手中我们急需的资源进行交换，实现互利共赢。

- **没有必要投入过多去创造新的资源，除非能够获得巨大回报**。务必明确主次，将自己的优势力量集中在重要的事情上，例如为客户提供服务、提升自身实力。三方关系只是一个杠杆，通过小的投入来换取更大的成功。

- **不要试图成为主角**。请记住，催化剂不应该成为化学反应的主角，而应成为配角、向导，或者其他什么角色。无论如何，请记住，你的客户永远是故事的主角。

我们已经找到了我们的朋友，并知道这些朋友需要什么，以及我们可以借助什么与这些朋友建立更好的联系，也就是打造一个个三方关系，这些三方关系构建了整个生态圈。那么这种方法是否对所有人都适用呢？接下来，我们将尝试帮助所有人找到自己在生态圈中的定位，无论是行业头部供应商还是中小型供应商，都能够玩转生态圈。

3.4 你也可以玩转生态圈

在构建生态圈的过程中，企业最容易出现的错误就是迷失自己。所以这里需要重点提醒大家，无论在什么时间、阶段和组织中，都要记住四个字——不忘初心！

在过去的工作和访谈中，我们发现有三种情况可能导致我们忘记"初心"。

- 作为 B2B 企业，我们的初心是"做生意"。与行业合作伙伴关系过于紧密时，可能会牺牲客户的利益。当与合作伙伴关系过于紧密时，我们必须保持警惕，确保始终站在客户的角度思考，并坚守客户的利益。不论与合作伙伴如何紧密合作，我们都不能忽视自己的核心价值观和承诺。
- 作为中小型企业，没有能力打造自己的生态圈而加入其他人的生态圈时，可能会放弃自己的核心竞争力。在这种情况下，我们应该慎重考虑参与他人的生态圈，并确保我们仍然能够保持自己的核心竞争力。即使加入了别人的生态圈，我们也应该寻找机会发展自己的特色和优势，以便在合作中保持独立性和竞争力。
- 头部企业建立生态圈后，若在自己不擅长的领域有新的玩家或玩家组进入，且它们在我们不擅长的领域展现出强大的实力。在这种情况下，我们必须坦诚地面对自己的局限性，并适时做出退出的决策，做我们擅长的事情和应该做的事情——生意，避免对自己的资源和声誉造成无谓的损失。

3.4.1　确保企业客户的核心利益

确保时刻记得我们打造生态圈的初衷：为企业客户创造更高的价值，并让它们选择我们的产品和服务。这个初衷驱使着我们寻找合适的帮手，与它们建立稳固的合作关系。在打造和维系生态圈中的朋友关系时，应始终以自身需求为导向。不断问自己："我们到底想要什么？"这个问题将帮助我们在前进中始终正对目标。

不要忘记，我们的目标是为客户提供更高的价值。因此，与潜在伙伴建立合作关系时，务必确保它们能够帮助我们实现这一目标。我们需要寻找那些能够满足我们需求、补充我们短板的合作伙伴，并与它们建立互惠互利的关系。每一次与潜在合作伙伴接触时，都应对这个问题有清晰认识。谨记，我们不仅是为了积累合作伙伴关系而构建生态的。

案例 3.4 在刚开始时，我们的运作非常激进，甚至有些本末倒置。市场团队在一些营销活动中，为了获取生态圈中合作伙伴的资源，有时不惜牺牲客户利益。尤其是为了能够更多获得几家大的投资机构的信任，我们频繁为它们站台，这让很多没有获得这些大型投资机构投资的企业客户感到不满。而为了可以获得监管部门更多的信任，我们在宣传中制造了一些焦虑，让这些处于被监管位置的企业客户更加恐慌。这引发了销售团队的愤怒，甚至几乎导致一些可能马上成功的订单夭折。幸好，我们很快意识到了错误，并及时调整了方向。

我们强烈建议，在与生态圈中的参与者建立联系时，要先问自己三个问题。

- "和它们合作，能给我们的企业客户带来哪些附加价值？"我们需要审视合作伙伴是否能够为企业客户提供额外的价值。这包括优质产品或服务、更好的用户体验或增强的解决方案等。确保合作能够对企业客户产生积极影响，满足它们的需求和期望。
- "和它们合作，是否会让企业客户受到损害？"我们必须慎重考虑合作对企业客户利益的影响，确保合作不会对企业客户造成任何负面影响，如降低产品质量、减少服务水平或提高价格等。企业客户的利益应该始终放在第一位，我们不能为了合作而牺牲它们的利益。

- "和它们合作，是否符合我们的核心价值观？"合作伙伴的价值观和理念应与我们的核心价值观相符。我们需要确保合作伙伴与我们有着共同的目标和愿景，以便实现协调一致的合作。这样可以保持品牌形象的一致性，并避免与不符合我们价值观的组织合作。

我们应该时刻提醒自己，关注企业客户真正需要的是什么，以及我们自己想要达到的目标，而不是盲目迎合生态圈中其他参与者的需求。每个人都应该牢记这一点，并始终保持对自身角色和使命的清晰认知——做自己！通过不断提醒自己并坚持这些原则，我们将能够建立起真正有价值、稳固而完善的生态圈，为企业客户提供卓越的产品和服务。

3.4.2　在别人的生态圈中做独特的自己

前文介绍了如何构建生态圈以及在其中寻找合适的玩家。然而，这种方法是否适用于所有企业？我们的回答是：并不是每个企业都适合采用这种方法。这种方法更适用于目前产业链尚未完全成熟的行业中的头部企业，或有志成为头部且具备一定影响力的企业。

作为生态圈中的一员，我们需要依靠自身的实力来获取更多资源以服务客户。打造一个生态圈确实需要企业具备较强实力、长期主义和利他主义精神。那么若我们是一家中小型企业，无法自己构建一个生态圈，此时应该做些什么呢？我们依然向你们提供以下建议，这些建议是通过与 100 多位成功中小企业高管进行沟通总结得到的。

- 加入别人的生态圈，成为某个玩家组中最具特色的企业，然后努力将该玩家组变成别人生态圈中重要的一部分。例如，在前文勾勒的生态圈中，我们与许多中小规模供应商有着合作和沟通。虽然我们在某些技术和产品方面存在竞争关系，但更多还是相互补充。通过强大的销售和营销渠道，各方资源可以实现良好互补，为客户提供更有价值的解决方案。一些中小规模供应商加入由投资公司领导或行业最大客户领导的生态圈，并成为该玩家组中最强大的企业之一，也取得了很好的发展。只有这样，才有利于我们去赢得客户的信任，得到更多生意机会。

- 与头部供应商企业建立简单的 1～2 个三角关系，从目前头部供应商企业尚未覆盖的几个玩家组开始。例如，在我们的行业中，一些中小规模供应商积极与外包 CRO（临床研究外包）企业合作。虽然 CRO 在我们生态圈中的重要程度相对较低，但作为中小型供应商企业，在规模较小的情况下，通过与次重要玩家组及客户建立三角关系，可以取得不错的成就。

- 与重要玩家组中不那么重要的玩家合作。大型头部企业在选择主要玩家组后，通常会寻找最重要的玩家作为合作伙伴。因此，在生态圈中仍有许多玩家需要"朋友"，这对于中小型企业来说是一个机会。当然，在选择合作伙伴时也需要谨慎评估其稳定性和发展性。一味去争抢"重要玩家组"的资源，有可能"竹篮打水一场空"，因为重要资源是众多竞争对手都在争抢的资源，除非我们有独特优势可以吸引重要资源方和我们合作。因此，退而求其次对中小供应商企业来说不失为一个明智之选。

需要注意的是，上述建议只是根据我们与 100 多位成功中小企业高管的沟通总结得出的，并没有经过实际验证，所以仅供参考。

3.4.3　及时退出

在不同的生态圈和行业发展阶段，总会有新的玩家加入。一些有行业担当的企业在生态圈产业链尚不完善时会主动承担起本不应该承担的责任，例如大量从事行业人才培养的工作，以期推动产业的健康可持续发展。然而，当一些相对成熟的玩家出现或进入时，我们应该选择合适的时机退出，并将专业事务交给专业机构处理。同时，我们需要迅速与新的玩家、客户建立共同的三方关系。如果坚持做自己不擅长的事情，甚至与新进入者竞争，将分散我们的注意力，并造成资源的不必要浪费。在这种情况下，我们也需要提醒自己——不忘初心。没有任何一家企业可以做到全产业链覆盖，即使是我曾经服务过的世界 500 强企业。在行业不完善的时候，作为头部企业有义务多提供一些资源帮助行业尽快完善，因为头部企业往往是受益最多的一方，但还是要把专业的事情交给专业的人来做。例如，我曾经服务过的企业发现行业人才非常匮乏，因此花了五年时间打造行业人才培训课程体系，随着行业的健全，很多培训机构纷纷介入，我们就应该把相应的能力通过某种方式转移给专业培训机构，通过建立与专业培训机构、客户方和我们之间的三角关系来继续保持客户对我们的信任，而不是与专业培训机构进行无谓的竞争。这点也是我们过去两年中通过不断学习而总结的经验和教训。

第4章

找到我们在企业客户价值链中的定位

有人曾经把 B2B 供应商和客户的关系比作"恋爱和结婚"，我们觉得这种比喻有一些道理，因为这两个过程都会经历信息收集、比较和决定三个重要阶段。俗话说"情人眼里出西施"，之所以会出现这种情况，是因为这个"西施"一定有可以吸引对方的地方。那么如何才能成为客户眼中的"西施"呢？仅凭自己的出色是否就足够了呢？让我们一起来探讨一下。

很多时候，产品经理会自信地告诉我们"我们的产品是最好的"，但是客户却不这么认为。销售经理则常常无奈地告诉我们"我们的产品存在问题"，然后摊开双手表示不知如何完成任务。还有许多营销人员也会困惑地问我们："明明客户告诉我们，他们有这些需求，为什么产品经理和销售经理却不接受呢？"

你研究过客户企业的网站吗？你研究过客户企业的损益表

吗？你知道你的客户卖什么产品，卖给谁吗？你知道客户的钱是怎么花掉，又是怎么赚来的吗？如果没有，我们敢说，你不是一个完美的 B2B 营销人员——当然我们也不是。优秀的 B2B 营销人员不仅要了解自己，还要了解客户，否则我们就会拿着产品经理提供的资料对客户进行盲目轰炸，花费大量的资源和金钱却收效甚微。

我们认识一位世界 500 强企业在中国的总裁，他对营销人员说得最多的一句话是："先动脑袋，再动钱袋。"让我们一起先想清楚客户和自身的情况，再进行投入吧。我们只有深入了解客户的需求、挑战和目标，才能够为其提供有价值的解决方案，并建立起与客户之间的良好关系。这需要我们主动去了解客户的业务模式、竞争对手、市场趋势以及核心问题，进而找到切实可行的解决方案。同时，我们也要持续关注并学习行业发展动态，不断提升自身的专业知识和技能。

这一章将先通过波特价值链模型帮助大家想清楚，我们企业提供的产品和服务到底是可以帮客户企业挣钱或是省钱，是在哪个环节帮助客户做到挣钱或省钱的，然后通过一些反思说明如何从向客户销售"我有的东西"转向"客户需要的东西"，并且通过一些工具找到我们能为客户提供的独特价值，从而确定我们的独特价值主张。其实营销的底层逻辑是：我们通过什么渠道，把什么内容，传递给谁，想让谁做什么。所以本章将着重回答"什么内容"的问题。

4.1　用波特价值链模型找准你的定位

先问你一个问题：你有没有在"剥削"你的客户？很少有客

户会认为他们从供应商那里占到便宜了，因为每个人作为买家都追求"物美价廉"，甚至是"物更美，价更廉"。这是人性中的一部分，无可厚非。然而，如果我们不能满足客户的期望，他们就会认为我们在"剥削"他们，这会给他们非常不好的感觉。他们会感到被欺骗了，在适当的时机毫不犹豫地转投其他供应商。

4.1.1 B2B 营销人员必须懂波特价值链

B2B 营销人员需要理解客户是如何赚钱和花钱的，需要考虑客户是否能够从与我们的合作中获得更多回报。当然，如何定义"更多"是一个很难的问题，但可以肯定的是，如果我们不能让客户获利，那么我们就无法从客户身上获利。另外，那些能够帮助客户赚取更多钱的供应商，一定会在未来取代我们。不知道有多少营销人员了解波特价值链模型，这个模型对于我们理解客户如何赚钱和花钱非常重要。图 4-1 所示的就是波特价值链模型。

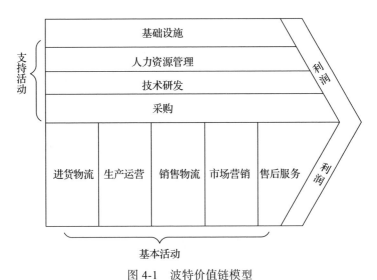

图 4-1　波特价值链模型

让我们先从波特价值链来看一下企业客户的基本活动及相关费用，并分析我们作为供应商与它们之间的关系。

- **进货物流**：这包括我们向客户发货所产生的运费、海关费用以及客户存储设备和耗材的仓储费用，还有客户向我们退货产生的费用。
- **生产作业**：这涉及我们产品的日常维护费用，以及因为使用我们的产品而带来的生产工艺变化费用。
- **去向物流**：这指的是客户将产品运输给它们的客户以及客户成品的仓储成本。这部分费用并非每个供应商都直接涉及。
- **销售营销**：这是客户销售产品所涉及的成本，包括营销和渠道相关费用。虽然这部分费用与我们的职责不直接相关，但我们可能在某种程度上影响客户的销售和市场推广费用。
- **服务**：客户为自己的客户提供增值服务时的成本。尽管这部分费用不直接与我们有关，但我们的产品质量和支持能力可能会影响客户的服务水平。

我们再来看客户支持性活动的四个基本类型，并分析我们作为供应商与它们之间的关系。

- **采购与物料管理**：客户购买供应商产品的活动，与我们作为供应商提供产品和服务的能力有关。
- **研究与开发**：客户用于开发新产品和工艺的活动。作为供应商，我们可以参与客户的研发过程并提供相关的技术支持。
- **人力资源管理**：客户的人才招聘和培训。尽管我们不直接参与客户的人力资源管理，但我们的员工素质和专业知识对客户的人力资源管理可能有一定影响。

- **企业基础制度：**包括客户的财务管理、行政管理等方面。虽然这部分不直接与我们有关，但我们的合作方式和效率可能会对客户的基础制度产生影响。

对客户企业价值链进行分析的目的是找出提高客户价值或降低生产成本的环节。在考虑任何价值增加活动时，关键问题如下。

- 是否可以在降低成本的同时维持价值（收入）不变？
- 是否可以在提高价值的同时保持成本不变？
- 是否可以在降低工序投入的同时仍保持成本和收入不变？
- 更重要的是，企业是否能同时实现以上三点？

通过深入了解客户价值链，我们可以找到与客户的合作机会，并提供切实可行的解决方案，以实现共同的增长和利益。这种分析不仅有助于我们更好地理解客户的需求，还能够帮助我们发现创造更大价值的潜在机会。

4.1.2　企业客户价值链之供应商自我评估

当理解了企业客户价值链模型后，作为供应商，可能会有一些新的感触或担忧。我们作为客户的上游供应商，除了参与价值链中的"采购"环节外，是否还能够提供额外的价值呢？如果可以的话，是哪些方面的价值？客户是否意识到这些价值呢？如果我们只参与客户的采购和物料管理过程，除了价格以外，我们是否还有其他优势？甚至如果我们连价格优势也没有，客户为什么要选择采购我们的产品呢？

根据波特价值链模型，我们可以填写一个客户价值链供应商自我评估表（见表 4-1）。你们可以根据自己的了解填写该评估表，其中"我们所占客户成本比例"部分,可以选择以下五个选项之一。

- 很低,可以忽略不计;
- 我们的相对荷包占有率 1%～10%;
- 我们的相对荷包占有率 11%～25%;
- 我们的相对荷包占有率 26%～75%;
- 我们的相对荷包占有率为 75% 以上。

而在"我们创造价值的高低"方面,可以选择以下五个选项之一。

- 几乎没有创造价值;
- 创造了客户和我们都不认可的价值;
- 创造了我们认可但客户不认可的价值;
- 创造了我们和客户都认可的价值;
- 创造了远超出客户预期的价值。

通过填写表 4-1,我们可以更好地了解自身在客户价值链中的定位,同时也能够帮助我们发现自身的优势和改进的空间,以提供更多的价值给客户。

表 4-1　B2B 客户价值链供应商自我评估表

活动类别	基本类别	我们是否参与其中	我们所占客户成本比例	我们所占据的成本包括	我们创造的价值包括	我们创造价值的高低
基本活动	进货物流			1._____ 2._____ 3._____	1._____ 2._____ 3._____	
	生产作业			1._____ 2._____ 3._____	1._____ 2._____ 3._____	

（续）

活动类别	基本类别	我们是否参与其中	我们所占客户成本比例	我们所占据的成本包括	我们创造的价值包括	我们创造价值的高低
基本活动	去向物流			1._____ 2._____ 3._____	1._____ 2._____ 3._____	
	销售营销			1._____ 2._____ 3._____	1._____ 2._____ 3._____	
	服务			1._____ 2._____ 3._____	1._____ 2._____ 3._____	
支持性活动	采购和物料管理			1._____ 2._____ 3._____	1._____ 2._____ 3._____	
	研究和开发			1._____ 2._____ 3._____	1._____ 2._____ 3._____	
	人力资源管理			1._____ 2._____ 3._____	1._____ 2._____ 3._____	
	企业基本制度			1._____ 2._____ 3._____	1._____ 2._____ 3._____	

填写好这个表格以后，我们再来做一个客户价值链二维分析图，如图 4-2 所示。

在图 4-2 中，我们可以看到客户价值链包含的不同部分。5号区域表示客户并不会太关注供应商的作用；而在 1 号和 2 号部分，客户可能认为供应商在"剥削"他们，即供应商赚取的利润高于客户得到的价值；3 号部分是问题地带，客户的看法可能会随时改变；只有 4 号部分是客户视为"物有所值"的部分。我们的目标是尽可能将自己的位置拉入 4 号区域，这样才能让客户感觉自己没有被"剥削"。特别是当我们企业的客户"荷包占有率"较高时，必须进行反思：我们是否给客户创造了足够的价值？客户是否意识到我们为其创造了足够高的价值？

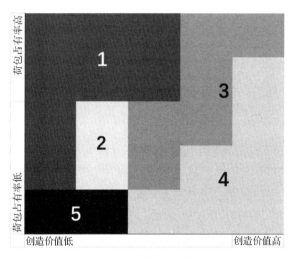

图 4-2　客户价值链二维分析图

确定我们所占客户成本比例并不困难，但我们给客户创造的价值很大程度上是主观感受。下面的两个小节将继续帮助你整理思路，了解如何给客户更好的体验，以及如何帮助客户创造更高的价值。

4.2　凭借我们的能力为企业客户创造价值

4.2.1　FABE 工具帮你拉近企业客户关系

很多人可能听说过 FABE 销售法，其中的四个字母代表着不同的含义：F 代表特点（Features），A 代表优势（Advantages），B 代表好处（Benefits），E 代表证据（Evidences）。"因为……（特点），从而有……（优势），对您而言……（好处），您看……（证据）"是该方法的标准句式。然而，我们更倾向于按照以下顺序构建句子："对您而言……（好处），我们可以通过……（优势、特点）来帮助您，您看……（证据）"这样的句式可以在第一时间吸引到客户，避免他们迅速离开。

通过本章的阅读，我们希望你们能够针对特定的客户群体列出这一标准句式。在接下来的小节中，我们将尝试完成这个标准句式的第一部分："对您而言……（好处）"的撰写。

让我们先看图 4-3。图 4-3 中左边的球代表我们的能力，右边的球代表客户的需求，二者的交集代表我们可以满足客户需求的能力。我们的能力中有一个小球，即我们的独特能力，而这部分与客户需求的球结合在一起，组成了客户需要的我们的独特能力。

图 4-3　客户需求示意图

　　在长时间担任产品经理的经历中，无论是参与产品开发的上游产品经理还是负责产品推广的下游产品经理，我们做得最多的事情可能都是不断告诉客户："我的产品有这些特点，有这些优势，快来购买吧。"实际上，谁会真正关心你的产品有什么优势和特点呢？这种传递信息的方式常被称为"噪音"。除非你们的特点和优势能够迅速引起客户的联想，并且客户能够明确地看到这些特点和优势带来的好处，譬如看到一瓶水率先想到了"解渴"或者看到咖啡自然想到了"提神"，否则这些信息对于客户来说并没有意义。因为客户真正关心的是，你的产品和服务如何帮助他们。在客户了解到你能为他们带来哪些好处之前，他们并不关心你是否具备能力。所以，在传播产品信息时，我们需要更加关注产品所能带来的价值，而不只是强调产品的特点和优势。

4.2.2　从"我有什么"到"客户需要什么"的痛苦转变

　　太多企业的失败与产品经理的失败有关，就像很多企业的成功也归功于产品经理的成功一样。每个产品都像是产品经理孕育的婴儿，他们花费了几个月甚至几年的时间，在一个新产品的研发上投入了大量的金钱和精力。当推出一款他们认为完美无缺的产品时，他们自然希望所有人都能认识到这款产品的非凡之处。因为潜在的含义是，我是这款产品的创造者，我是多么了不起。然而，事实证明，产品经理认为的好产品并不一定意味着客户愿意购买。请牢记，**企业是为付费客户解决问题的盈利实体**。如果客户不为我们付费，我们的企业将无法生存。要想让客户愿意购买，我们必须解决客户的问题，而了解客户需要什么是解决客户问题的第一步。

　　所有人都必须迅速从"我拥有什么"的思维方式转变为"客

户需要什么"或者"我如何帮助客户"的思维方式。否则，你将被淘汰，或者你所在的企业将被淘汰。只有真正关注客户需求并提供解决方案，才能赢得客户的认可和支持。

4.2.3　企业客户的痛苦链根源——现金流、产品和服务、人才

那么客户面临着哪些问题呢？作为 B2B 营销人员，我们需要拯救企业。我们看到很多客户企业的创始人都感到焦虑，因为他们的企业随时可能面临生存的问题。正如《三体》中一句经典的话：生存是文明的第一要务。在企业中也同样如此，生存也是企业的第一要务。企业生存的条件就是收入大于支出。结合波特价值链模型，让我们先梳理一下客户的痛点。企业需要有足够的现金流。需要可换取利润的产品和服务，以及可提供服务的人才。这三者之间相互关联，我们可以通过图 4-4 简单解释它们之间的关系。

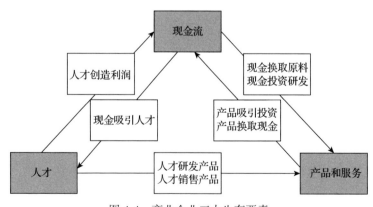

图 4-4　商业企业三大生存要素

然后我们用一个简单的思维导图来看一看痛苦链的前三层。

现金流来自外部投融资和企业自身产生的利润，而利润等于收入减去成本；企业的产品和服务来自自身研发生产和外部合作；企业人才来自自身培养和外部招聘。这里我们基本上清晰地列出了客户问题发生的地点，如图 4-5 所示。

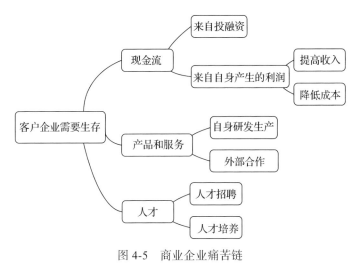

图 4-5　商业企业痛苦链

想清楚这些问题后，我们可能需要对自己进行深入思考：

- 我们能够为客户提供足够的投资或帮助他们获取融资吗？
- 我们可以帮助客户显著提升销售额吗？
- 我们可以帮助客户有效降低成本吗？
- 我们可以帮助客户实现快速高效的产品研发吗？
- 我们可以帮助客户进行产品的生产吗？
- 我们可以帮助客户实现有效的外部合作吗？
- 我们可以帮助客户招聘人才吗？
- 我们可以帮助客户进行人才培养吗？
- 如果是这样，我们的产品和服务与这些答案有何关联？

为了弄清楚这些问题，我们需要进一步细化思维导图，多问几个"为什么（Why）"，以便针对问题找到更准确的解决方案。切记不要直接跳入解决方案，因为在没有弄清问题的根源之前，给出的解决方案有很大可能是错误的，是解决不了问题的。我们建议使用思维导图的方法，通过至多五个"为什么"来找到问题的根本原因。这些问题中有很大一部分可能是我们目前无法解决的。当然我们可以与生态圈中的合作伙伴一起解决其中的一部分问题，但不是全部。因此，我们需要关注那些我们能够解决的问题。如果经过五个"为什么"的追问后，客户问题与我们的能力关联度还不强，那么我们应果断放弃该分支。下面看一个我们之前参与过的案例。

案例 4.1-1[⊖] 我们当时专注于开发细胞治疗研发生产企业的市场，目标客户都是初创型企业，这些企业主要依靠投融资来获取现金流。因此，行业客户面临的主要问题是无法获得足够多的投资。所以，第一层的问题是：为什么许多客户无法获得足够多的投资？通过对投资公司的访谈，我们发现主要原因是客户自身新产品研发速度较慢，导致研发出的产品同质化严重，并且客户的创始人团队实力不足。作为一家研发设备供应商，我们将进一步追问，即：为什么这些客户自身的新产品研发速度较慢？通过一些客户调查，我们发现以下原因：客户负责研发的科学家团队注意力不够集中，同时负责研发多个项目；在研发过程中对工艺不熟悉导致走了很多弯路；另外，他们使用的设备或工具相对陈旧。这三点看起来与我们提供的产品和服务有一定相关性，而第三个原因已经与我们的产品和服务有强关联。因此，我们首要任

⊖ "案例 4.1-1"的编号形式表示这是第 4 章第一个案例，该案例会分成几个部分，这是第一部分。全书类似编号均表示这种含义。

务是为客户提供一个新旧设备工具对比表（这也是产品经理们擅长的事情）。然而，仅通过两层 Why 得到的答案显然也容易被我们的竞争对手想到。接着，我们继续提出了更深入的问题，进行了三层 Why 的追问，并逐渐找到了与我们能力相关的根本原因。这些原因包括客户使用的设备工具相对陈旧过时、缺乏与国内外先进研发工艺专家的学习和沟通、缺乏目前研发产品竞争对手的信息，以及缺乏与投资公司的了解和沟通。这些根本原因是经过两层、四层和五层的追问而得出的。

这里有一些小贴士，供大家参考。

- **从上帝视角来看待客户**。通过客户价值链模型、企业运营的飞机图甚至生态圈等角度，尽可能列出客户面临的所有痛点。
- **找到夯实的证据支持痛苦链**。不要仅凭过往经验或假设来推断痛苦链，同时要不断质疑自己所画出的客户痛苦链。
- **在客户痛苦链中，只关注自己能力范围内的事情，同时不要过分夸大自己与客户痛点之间的关系**。有自信的人往往喜欢扮演英雄和救世主的角色，但客户可能并不这样认为。最多问五个 Why 即可。

相信你们已经在纸上写好类似"对您而言，如果我们可以帮您解决_____问题，可能会帮助您的组织更好地发展"这样的句子。上文在弄清楚和理解客户需求的同时，我们也回顾了自身的能力。接下来要做的就是将客户需求与我们的能力紧密结合起来。

4.3 做企业客户眼中最好的向导

4.3.1 评估我们和企业客户之间的关系

这一小节我们将讨论：供应商在客户眼中的形象如何？我们先比较几种与客户的关系。

- 互不可缺的亲密合作伙伴关系。
- 供应商与客户的关系。
- 高高在上的大神与陌生人的关系。
- 靠线下走动维系的朋友关系。

对于这几组关系，如果让你进行排序，你会怎么排列呢？目前你和客户的关系处于什么位置呢？我相信大多数人都期待第一种关系，因为这种关系最稳定，也能给双方带来舒适感。第二种关系是最常见的，我们和客户之间只是简单的买卖关系，虽然有"货币"这个概念的存在，但价格并不能完全反映产品的真实价值。当买卖双方对于货品的价值和成本存在分歧时，就可能产生冲突。第三种关系是强势乙方和弱势甲方之间的关系。在市场经济时代，客户并不在乎你有多厉害，如果乙方过于强势，甲方客户只会选择回避。第四种关系虽然很常见，但更多依赖于个人而非流程和机制，因此是不可持续发展的。

将表 4-2 与图 4-3 对照，可以知道我们的能力与客户需求的匹配程度，这个匹配程度将很大程度决定我们与客户之间是什么样的关系。

表 4-2　能力匹配与客户关系

能力匹配	客户与供应商的关系
拥有可以满足客户需求的独特能力	互不可缺的亲密合作伙伴关系

（续）

能力匹配	客户与供应商的关系
拥有满足客户需求的能力	供应商与客户的关系
只有客户不需求的独特能力	高高在上的大神与陌生人的关系
没有找到客户需求的能力	靠线下走动维系的朋友关系

4.3.2　找到我们在企业客户眼中的核心价值

在上一小节，我们已经明确了如果可以拥有可以满足客户需求的独特能力，我们将有更大机会与企业客户建立更加紧密的联系。接下来我们将介绍一个评估能力与客户价值的工具，如图 4-6 所示。首先将自身的能力和方案组合列举出来，填写在图 4-6 中的工具左侧。其次给这些能力和方案打分，采用 10 分制，分别评估其对客户的价值和独特性。

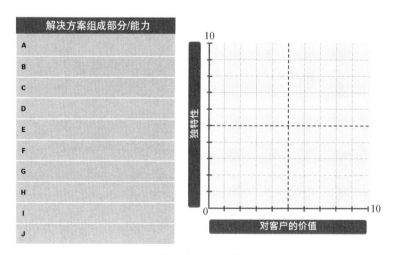

图 4-6　能力与客户价值匹配图

在完成图 4-6 时，有一些注意事项。

- 不要将价格作为能力或方案，但可以将生产或服务成本视为能力或方案。请注意，在一个行业或细分市场中，成本领先的企业通常只有一家。

- 独特性不是你们认为的独特性，而是客户认为的独特性。例如，所有人都可能声称自己企业的服务好或产品质量稳定，但请确保了解客户是否持有相同看法，并且你们的产品质量或服务是否真正对竞争对手具有压倒性优势？是否能提供足够的证据来支持这·点？

- 在列举能力时，尽量具体细致，避免泛泛地描述。例如售后服务好，要明确是响应速度快还是售后培训好，或者是供货速度快。

- 考虑能力时，不要局限于产品特点，而是考虑整个企业的能力，包括如何通过生态圈中的合作伙伴来提升能力。

- 如果企业某些产品或服务的能力或特点相互矛盾，请谨慎处理。例如 A 产品货期非常短，而 B 产品货期非常长。

- 最重要的一点是，请确保你认为的客户需求真正符合客户的实际需要。记住，你擅长的领域并不一定就是客户所需要的。

4.3.3 通过什么独特能力帮客户解决什么关键问题

接下来，请将列出的这些能力或方案按照分数填写到图 4-6 中右边的二维四象限图中，这样就可以得到一张能力价值分布图。如果右上象限（即具备只有我们可以满足客户需求的能力或方案）超过 3 个能力或方案，并且你们确信这些能力或方案具有难以被其他人复制或赶超的独特性，那么恭喜你，你所在的企业有机会成为客户的亲密合作伙伴。

看一看右下区间，可能会有很多东西落在这个区间。这里的能力指你具备的与他人相似的能力或方案，它们可以满足客户需求。如果你所在组织的大部分能力或方案都在这个区间，而右上区间没有太多内容，那么你所在的组织就需要反思企业的产品和服务战略了。请记住，企业是为付费客户解决问题而存在的盈利实体。如果你所在企业的能力可以为客户创造价值（即解决问题），但缺乏独特性，那么客户为什么愿意支付给你的企业而不是其他竞争对手呢？如果你的能力主要集中在这个区间，那么你很可能处于一般供应商和客户关系的角色中。

当然，这个区间中也有一些特例，就是你可能还没有意识到这些能力相对竞争对手的优势，或者你有潜力和解决方案，可以迅速将这些能力提升到对手无法达到的水平。这样的话，你有机会将这些能力或方案放入右上区间，并将其作为营销宣传的亮点。

再看一看左上区间，如果你们具备一些内容在这里，很可能说明两个问题：第一是你的企业在进行产品开发时，可能更多地考虑了你要什么，而不是客户要什么；第二是你的企业的概念过于领先，客户还没有意识到这些能力可以帮到他们。这里指的是你们竞争对手不具备的能力或特点，但目前客户可能还不需要。如果你们有能力引导客户发现需要，将企业的能力推向右上区间。

案例 4.2　全自动化操作生产是我之前所在企业提供的独特能力。然而，在当时，中国生产企业的客户并没有对此项技术有需求。相比之下，该技术在国外已经应用了三年，并逐渐取代了传统的分段生产技术，为客户大幅节约运营成本并降低操作失误

带来的损失。为了推广这项技术，我们与国内外协会合作，撰写了一系列技术指南，并与国内顶尖客户进行合作试用。很快，这项技术开始被国内客户接受，并有望在可预见的未来逐步取代传统技术，成为行业的主流趋势。

由案例 4.2 可以清楚地看出，我们首先发现了我们独特的能力，但当时客户并不需要这项能力。因此，我们采用了第 3 章介绍的三角关系战略，借助协会服务于行业的职责共同引导，将当时客户不具备需求的能力转化为可以为客户创造更高价值的能力，成功地将这项能力转移到右上区间，在帮助客户取得重大成功的同时，为所在企业带来了显著的经济效益。

最后，让我们再次关注左下区间。简单来说就是果断放弃那些客户不需要且不擅长的事情。

现在，让我们着重考虑如何更好地利用右上区间的能力，使客户将你视为"紧密的合作伙伴"。我们曾经进行过一个细分市场的分析，发现所在企业在右上区间具备五个能力。五个能力是否太多了？我的建议是，最多选择其中最重要的三项能力来采取下一步行动，其中越偏向右上的能力越重要，越能为客户带来价值的能力越重要。

案例 4.3　我们选择了一个细分市场，并通过价值链分析和能力评估发现客户在科研成果产出方面有着重要的价值。我们能提供的独特能力包括创新领先的技术、设备操作人员培训以及批量处理大量数据的软件系统，这些能力也得到了客户的认可。其实，还有两项能力被我们放弃了。其中一项是快速售后响应，另一项是良好的学会关系。放弃的主要原因是这两项能力与客户的核心价值关联度较低，并且我们无法找到足够的证据证明我们在这两方面优于竞争对手。

最后，让我们综合考虑案例 4.1-1，并使用图 4-7 中的工具来展示我们找到的交叉点，这些交叉点可以用于改变或提升我们在客户眼中的形象。

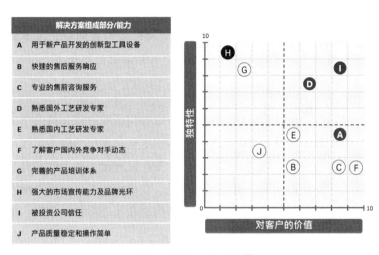

解决方案组成部分/能力	
A	用于新产品开发的创新型工具设备
B	快速的售后服务响应
C	专业的售前咨询服务
D	熟悉国外工艺研发专家
E	熟悉国内工艺研发专家
F	了解客户国内外竞争对手动态
G	完善的产品培训体系
H	强大的市场宣传能力及品牌光环
I	被投资公司信任
J	产品质量稳定和操作简单

图 4-7　某行业能力与客户价值匹配图

案例 4.1-2　最终，通过用我们优势能力与客户需求的碰撞，找到了 3+1 个能力，这大大改善了客户对我们的印象。这些能力包括独有且客户急需的国外工艺研发专家、被投资公司信任的可靠性，以及客户迫切需要但又认为我们与竞争对手同质化较严重的创新型工具设备。同时，我们也选择了目前客户尚未意识到的能力——因为他们尚未进入商业化生产阶段——强大的市场宣传能力及品牌光环。这些能力对于未来两年的客户群体可能更具吸引力。

做完这些，你们可以将纸上写好的这句话：“对您而言，如果

我们可以帮您解决 _____ 问题，可能会帮助您的组织更好地发展。我们可以通过优势能力 1、优势能力 2 和优势能力 3，帮您解决这个问题"。

案例 4.1-3 通过上述分析，我们的这句话可以进一步完善为："如果我们可以帮您加快产品创新速度并找到更多融资机会，就能够促进贵企业更好地发展。我们通过创新型的研发工具设备、与投融资公司建立的信任关系以及分享国外先进工艺经验，来解决这些问题。"

是不是觉得还欠缺什么？证据！你如何证明自己具备这个能力？你如何证明这是你的优势能力？你如何证明你的能力可以帮助客户解决问题？我们要再次强调一下，这些能力是否优于竞争对手，不是我们认为，而是客户认为。我们的能力是否可以帮助客户解决问题，不是我们觉得，而是客户认可。在接下来的一节中，我们将讨论如何提供确凿的证据。

4.4 证明你的独特能力可以帮到客户

我们需要拿出具体的实力来证明我们确实具备独特的能力，可以帮助客户。

4.4.1 什么是有效的证据

在与客户打交道的过程中，无论是通过营销部门的多渠道沟通、销售团队的日常拜访，还是产品经理传递产品价值主张，我们都需要提供证据来证明我们具备能力，而且这种能力是独特的，可以帮助客户。接下来，我们将逐一探讨这些问题。

我们先来看看证据需要遵循哪些规则。我们对《最高人民法院关于民事诉讼证据的若干规定》进行了研究，并结合我们的一些经验教训，提出了证据规则的五个特性：真实性、权威性、第三方、相关性和可衡量性。

- 真实性无须多加解释，因为不真实的证据被称为"伪证"，会瞬间削弱客户对你的好感。
- 权威性有两个方面的理解。其一是权威性的排序，从政府文件、协会学会的证明到客户的声音再到自我证明，它们的权威性递减。简单来说，来源权威级别更高的证据优于权威级别较低的证据。举个例子，我们曾就一次投标进行投诉，在此过程中，我们将竞争对手公司网站的数据进行了公证，并最终确认为权威性证据。其二是可量化的证据权威性高于不可量化的证据。
- 第三方可以是行业中除客户和你之外的利益相关者，他们提供的证据更容易被客户接受，当然政府和协会学会也属于第三方。
- 相关性无须多加解释，大家都能理解。
- 可衡量性，可以参考 SMART 原则中的 M（可衡量）。SMART 原则是一种用于设定目标的方法，确保目标具有明确性和可操作性。通过遵循 SMART 原则设定目标，可以更好地规划、执行和评估目标的达成情况，提高工作效率和成果质量。关于 SMART 原则的介绍大家可自行查询相关资料学习。

4.4.2　证明你的能力是独特的

作为 B2B 营销人员，证明自己的能力其实也是基本的营销要求。所以这里重点关注如何证明我们的能力是独特的。

正如前面部分所介绍的那样，独特性不是我们认为的独特性，而是客户认可的独特性。我们很少将产品质量、操作简便性以及强大的售后问题解决能力作为优势能力来宣传，除非我们能够提供足够多的竞争对手产品质量有严重问题的直接证据，或者大量客户对竞争对手产品操作复杂的投诉或抱怨证据，或者有关竞争对手售后问题严重的直接证据，否则这样做可能事倍功半。因为我们无法白分白证明我们的产品质量可靠，除非我们可以证明，客户不会因为他们自身的能力问题而无法正确使用我们的产品，也没有客户投诉过我们的售后服务。一旦我们被竞争对手抓住了这些问题，我们所做的宣传就会被瞬间击破。

当然，我们也不会将价格便宜作为优势能力并去寻找所谓的证据，除非我们能够找到证明我们供应链管理明显优于竞争对手的证据，使我们具备压倒性的成本优势。但即使如此，又有何意义呢？客户总是希望你能够提供更便宜的价格，你的成本优势在客户看来只是意味着你可以降低价格，而随之而来的结果就是客户对你的价格期望越来越低，那么你的利润从何而来呢？

优秀的独特能力和证据需要我们用心去发现，甚至创造。我们接着来看案例 4.1。

案例 4.1-4　通过分析，我们发现"被投资公司信任"是能够帮助客户解决问题的独特能力之一。那么如何证明这一点呢？有人提出了与几家顶级投资公司签订战略协议的想法，但这个方案很快被否定了。因为从理论上来说，这些投资公司可以与所有大型供应商签署类似的协议，而客户可能并不知情，我们也无法证明这些协议与我们之间的差别。因此，我们对这一点进行了进

一步细化。例如，我们的企业高管作为该行业供应商的唯一代表参加对方年度最重要的活动，我们共同提供资源，组织一系列大型活动，并在行业和大众媒体上进行报道。我们还邀请他们的高级管理人员参加我们的几场活动等。这些证据都是可量化的，且具有难以复制的特点。

4.4.3　如何证明你的独特能力可以帮助客户

最后，让我们来探讨如何证明我们的能力确实可以帮助客户。我们很容易陷入两个误区：一是认为我们的优势能力一定能够帮助客户，二是自以为能够解决客户的所有问题。我们必须尽快走出这两个误区，找到足够有力的证据，以客户易于理解的方式证明我们的优势能力确实可以帮助客户解决部分问题。接下来，我们继续看案例 4.1。

案例 4.1-5　我们在考虑独特能力时放弃了"完善的产品培训体系"，并非因为我们无法证明我们具有压倒性优势——实际上，客户已经普遍认可这一点——而是因为它与"企业客户生存的根本问题"相比，超出了五个 Why 的范畴。我们试图通过一个长篇故事来将它们联系起来，但发现很难说服自己，因此果断放弃了这个方向。然而，对于"熟悉国外工艺研发专家"这个能力，我们可以在五个 Why 的范围内找到证据。我们与国外的内部专家和一些客户权威专家共同撰写了一本教科书，并将其翻译成中文，与国内行业最权威的出版集团合作共同出版和发行了中文版教科书。同时，我们还联合国外的一些协会，邀请国外客户专家，在教科书发布后举办了一系列线上讲座。在教材发布后的一段时间里，我们收集到了大量客户的反馈声音。"教科书中文版""系列讲座"以及"客户反馈声音"作为我们的证据，可以向行业内的客户和潜在客户传达我们具备独特能力，且能够帮助他们解决根本问题。

下面是一些小提示，供你们在找证据时参考。

- 在向客户证明之前，首先要说服自己——我们的独特能力真的可以帮到你。请记住客户不是傻瓜，不要指望用一些让人质疑的逻辑来愚弄客户。因此，在向客户展示证据之前，务必先说服自己，最好是可以进行内部的辩论，相互质疑，直到所有人都信服。
- 保持关联，并力求简单。如果问题是经过太多层的 Why 推导出来的，客户可能无法理解。请记住客户并非圣人，不要让他们过度消耗脑力，确保问题在五个 Why 以内，并且最好能够在两个 Why 以内建立起关联。
- 降低期望值，给自己留有余地。不要期望自己的能力或优势能力可以解决客户的所有问题。如果能够帮助客户完成拼图中的一部分，就已经很了不起了。所以，不要逞口舌之能，也不要试图将自己的能力与解决所有问题相联系。

现在我们终于完成了这句话："对您而言，如果我们可以帮您解决＿＿＿＿＿问题，可能会帮助您的组织更好地发展。我们可以通过优势能力 1、优势能力 2 和优势能力 3 来解决这个问题。您看，这些就是我们已经做的事情和客户的反馈。"我们将这句话称为市场营销的"金句"。

| 战术篇 |

第 5 章

B2B 营销中"我想让谁做什么"

前面我们用很大的篇幅介绍了战略，然后通过梳理生态圈找到了帮手，接着基于企业价值链分析了企业客户的痛点。从本章开始，我们将重点介绍 B2B 营销的战术。关于营销战术，我们曾总结过这样一句话——营销战术就是通过什么渠道，把什么内容，传递给谁。然而，我们发现我们可能犯了一个错误，我们没有思考清楚"为什么"。因此，这句话或许应该补充为："通过什么渠道，把什么内容，传递给谁，我想让谁做什么。"

通过第 4 章的阅读，我们找到了客户需要我们的原因，并试图让客户相信："对您而言，如果我们可以帮您解决_____问题，可能会帮助您的组织更好地发展。我们可以通过优势能力 1、优势能力 2 和优势能力 3 来解决这个问题。您看，这些就是我们已经做过的事情和客户的反馈。"然而，仅凭这些还远远不够。接下来,我们将正式进入营销传播的战术环节,而战术的核心在于"我想让谁做什么"。

"我想让谁做什么"应该是每位 B2B 营销人员内心深处铭刻的一句话。我们寻找渠道、制作内容,都是为了促使客户采取行动。同时,公司内部的同事最好能与我们保持高度一致,否则我们就是在浪费公司的资金。在各种落地的营销活动中,我们必须清楚地思考"我想让谁做什么",否则我们精心布置的各种美好战略很难得到落实,或者可能出现"叫好不叫座"的尴尬局面。

5.1 找到企业客户购买旅程中那些重要的谁

5.1.1 B2B 营销中的客户是人还是组织

"谋定而后动",即在采取行动之前清楚地思考为什么要做这件事。在这里,我们也需要进行一些反思,"到底我想让谁做什么?"这个问题源自罗迪·穆林的《促销》一书。B2C 营销人员的答案可能很简单直接,他们希望客户立即下单。然而,B2B 营销人员面临的情况更加复杂。

首先,B2B 营销人员需要明确定义这个"谁"是谁。很多人可能会迅速回答:"当然是客户。"但这里提出两个问题来引导大家思考。第一个问题是:"除了客户还有谁?"第二个问题是:"这些客户具体是哪些人?"回答第一个问题其实并不难,只需我们考虑到客户的应用场景。我们的客户也有他们自己的客户,影响他们的生产、销售或企业生存的人并不只客户本身。第 3 章已经介绍了生态圈和各种三角关系的构建,相信大家已经能够找到除了客户之外的其他相关人士。至于第二个问题,许多非营销人员，尤其是不够成熟的产品经理和销售人员，很容易出现一些错误理解。我们常常听到类似这样的说法："我们的活动是为了在客户面前宣传品牌。"或者"为了见到客户，我们参加了一个展会。"作为专业的 B2B 营销人员，我们有责任纠正这些错误观点。虽然我们面对的是企业客户，但企业客户是由不同部门中不同的人组成的，而整个采购的决策链条也是由不同的人组成的。在理想状态下，每个人都应该有自己专属的标签。因此，我们需要至少明确定义一类或几类人作为这个"谁"。

案例 5.1-1 几年前，我们计划在市场上推出一款全新产品。当时，我们的市场占有率约为 30%，而价格相对竞争对手平均高出约 20%。产品经理提出了举办线下新品发布会的需求，最初的要求是让客户知道我们发布了新产品。经过一个半小时的讨论后，我们明确了想要让谁做什么，并确定了行动方案和主题。我们希望使用竞争产品 5 年以上的客户了解我们的新产品与竞争产品相比可以带来哪些额外帮助，并建议决策者进行更换或升级。我们还希望使用我们产品 5 年以上的客户了解我们新产品相比老产品可以带来的额外帮助，并建议决策者进行升级。此外，我们还希望那些从未使用过该产品的操作者了解新产品相比他们现有方法的优势和额外帮助，并建议决策者购买。最后，我们希望决策者能够了解新产品为他们的组织带来的帮助，并形成一定的记忆文件。

然后，根据不同的目标，我们制定了相应的营销内容，并确定了营销渠道。通过一场线上品牌发布活动和大约一个月的多渠道推广，我们获得了 125 个合格业务线索，并贡献了三百万美元的销售机会，占据了全年新增销售业务机会的 8%。与过去经验相比，仅仅举办一个线下产品发布会，并漫无目的地介绍新产品最多只能产生一百万美元的销售机会，而投入则会是我们现在这一系列推广的 3 倍以上。

从上述案例中不难发现，通过明确 "我想让谁做什么" 并制定相应的战略，我们成功地提高了投入产出比，达到了一个数量级的增长。这是因为只有想清楚 "谁"，才能更好地在相应渠道找到这些 "谁"，才能知道他们需要什么，从而引发他们在 B2B 销售过程中进一步的行动。

5.1.2　企业客户购买旅程中的关键决策者分析

我们现在有必要快速梳理一下客户购买旅程。还记得第 1 章中提到的 B2B 客户漏斗吗？它包括信息收集阶段、比较阶段和决策阶段。为了更好地理解这些阶段中不同人员的行为，我们可以在一个白板上画出类似图 5-1 的示意图。然而，需要注意的是，随着产品金额增加和对客户企业的重要性增加，这个过程会变得更为复杂，涉及的参与者也会更多，同时高级别的参与者可能会更早地参与进来。

图 5-1　企业客户采购不同阶段参与者行为图

通过图 5-1 所示的工具，我们可以回答处于不同级别和位置的人，会在企业客户采购过程中的哪个阶段出现，当然这只是第一步。

第二步是更为重要的，明确在客户漏斗中，我们在每个阶段的目的是什么，以及我们需要做什么。我们用以终为始来描述每个阶段客户需要做什么以及我们在每个阶段的目标，表 5-1 和图 5-2 很好地阐述了客户需要什么和我们的目标。

表 5-1　客户漏斗中客户需求和供应商目标

阶段	客户决策者	客户需要做什么	我们的目标是什么
信息收集阶段	使用者或影响者	1. 收集尽可能多的信息 2. 呈现靠谱供应商清单给领导进行比较	1. 被使用者或影响者收集到信息 2. 进入比较阶段
比较阶段	影响者或决策者	1. 进行信息甄别和判断，找到价值最大化的供应商 2. 确定最终备选名单进入决策阶段	在比较阶段中胜出，进入最终备选名单
决策阶段	影响者和决策者	选择最合适的供应商	击败所有对手，最终胜出
下单购买	决策者、影响者或使用者	以合适的价格和付款条件签单	以合适的价格和付款条件签单

第三步，作为 B2B 营销人员，我们需要回答的下一个问题是：企业客户中的这些决策者、影响者或使用者是否会按照我们的期望做出行动？我们会遇到一些问题，其中最主要的问题是关于他们的"能力"和"意愿"的问题。换句话说，我们需要问自己："这群人是否具备能力来执行这项任务？"和"这群人是否有意愿去执行这项任务？"只有当这两个问题的答案都是"是"时，我们才能确定他们是我们所定义的"谁"，也就是要做什么的人。

接下来，我们将分析如何找到这两个问题的答案。

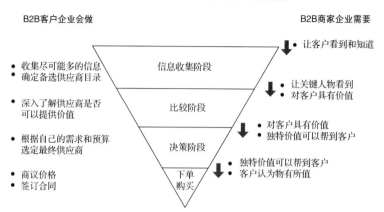

B2B客户企业会做　　　　　　　　　　　　　　　　B2B商家企业需要

- 收集尽可能多的信息　　信息收集阶段　　让客户看到和知道
- 确定备选供应商目录

- 深入了解供应商是否　　比较阶段　　让关键人物看到
  可以提供价值　　　　　　　　　　　对客户具有价值

- 根据自己的需求和预算　　决策阶段　　对客户具有价值
  选定最终供应商　　　　　　　　　　独特价值可以帮到客户

- 商议价格　　　　　　　　下单　　独特价值可以帮到客户
- 签订合同　　　　　　　　购买　　客户认为物有所值

图 5-2　客户漏斗中客户需求和供应商目标

首先，让我们看看"能力"。什么是"能力"？一般人可能会回答，能力就是能力。或者我们可以换个问法："这些人的工作职责中是否包括他们需要做的事情？"例如，类似"决策者是否愿意听取使用者对项目的建议？"这样的问题。其次，在我看来，"能力"还应包括"时间分配"。即使一个人有能力推动某事，但如果他没有时间（这里的没有时间指的是真的没有时间或不愿意为此事分配时间），那么我们也应该认为这个人在这方面没有能力。

我们来看看第二个维度——"意愿"。回到人性问题，意愿与欲望相关联，或者说意愿与"意义"相关联。我们不能期望每个我们接触的人都能理解"意义"的意义，而只能从"人性"出发，思考这样做对他们有什么好处。可以驱动"人性"的因素有很多，包括但不限于带来财富、节约时间、建立社交网络、获取地位、积累资源、慷慨的内在欲望（如捐款和公益事业）以及对意义的渴求。因此，让我们站在对方的角度思考一下，如果我们是他们，是否愿意采取行动？好的，又是一个二维四象限的图表，如图 5-3 所示。强烈建议在思考问题时多从两个维度考虑，因为人是复杂的生物，事情往往也是多维的。现在，让我们来看看针对这四类不同的人，我们应该做些什么。

有意愿	有意愿没能力 ——耐心地积极培养	有能力有意愿 ——小心地施加影响
没有意愿	没意愿没能力 ——狠心地果断放弃	有能力没意愿 ——细心地引导欲望
	没有能力	有能力

图 5-3　企业客户中关键人物能力意愿图

针对有能力有意愿的人群，我们给出了“施加影响”的建议。通过发掘他们的欲望和意义，将我们的独特优势转化为对他们的帮助。然而，这些人往往比较难搞定，他们级别较高，或者有自己的想法和主见。因此，在“施加影响”之前，我们需要准备好，以避免发生冲突。在第 4 章中，我们提到了“我有什么”和“你需要什么”之间的碰撞。对于这类人群，建议也从这两个角度去思考对策和进行准备。

针对有意愿没能力的人群，我们给出了“积极培养”的建议。这些人可能有想法，甚至认为自己有能力，但作为旁观者，我们通过了解发现他们在某些方面的能力欠缺。例如，使用者无法将工作与所在企业的利益联系起来，或者财务人员没有意识到新技术虽然价格高，但可以节约大量成本。这是我们帮助他们建立强关系的机会，通过适当的内容和渠道，帮助他们建立这种能力，并潜移默化地渗透他们，成为他们在建立能力方面的 "向导" 或 "导师"。这样，我们与他们之间的关系将更加紧密。这个过程需要耐心。

针对有能力没意愿的人群，我们给出了 "引导欲望" 的建议。你是否注意到，客户周围存在一些人，他们拥有丰富的工作经验，或者尽职尽责，或者漫不经心，但对很多事情都持无所谓的态度？实际上，真正 "无欲无求" 的人是令人担忧的，因为很难找到欲望突破口。通过阅读第 4 章，我们应该能够找到大多数人的欲望突破口，也许他们重视的是 "名声" 而不是企业发展。如果确实很难发现他们的欲望，那么只能尝试引导他们的欲望。根据欲望类型，我们可以与销售团队合作，合规地引导客户的合法欲望。

针对最后一类没意愿没能力的人群，我们建议 "果断放弃"，并快速在企业客户中寻找替代者，这样做的成本效益要比花费大量时间和精力去攻克这类人群高得多。

现在，我们已经明确了 "谁" 以及我们希望他们做什么，并判断了他们是否有能力和意愿去做。那么下一步，让我们来讨论一些具体的战术，因为即使他们具备能力和意愿，也需要他们听从我们的建议。

5.2 给那些 "谁" 讲故事前的准备工作

第 2 章介绍了制定战略的重要步骤，其中一步是确定我们想

149

要进入的细分市场。在 5.1 节中，我们已经确定了这些细分市场中的重要人群。接下来将着重探讨如何通过"施加影响"和"引导欲望"来影响这些有能力的客户，以便他们可以为我们提供帮助。

我们发现，很多企业无论是 B2B 型还是 B2C 型，在进行宣传时常常犯下许多不自知的错误。他们试图通过"灌输"的方式向客户群体宣传自己的产品或服务。其中的"一号错误"是他们没有将客户的关注点放在对他们生存和发展有帮助的事情上，而是过多关注企业总部大楼或生产工厂的外观，或者优先展示不够吸引人的创始人照片，并附上企业的历史故事，比如"我们于1982 年成立，从一个小作坊起步……"。抱歉，他们是想卖大楼吗？还是为创始人征婚？显然，这些并不是客户感兴趣的内容。而"二号错误"是让客户在理解时消耗了过多的认知资源，用一些自以为是但难以理解的蹩脚口号来吸引他们的注意力。客户看到这些口号后，第一反应往往是离开。请记住，在宣传中，噪声是最大的敌人。我们之前经常用四个字或八个字的词作为会议主题，并将其放在主要广告上，看起来确实很酷，企业内部领导也非常满意。但仔细想一想，这些口号确实拗口且难以理解。因此，后来我们要求将所有口号都改成简单明了的一句话。要知道，我们制作宣传材料是为了客户，我们希望他们能够理解甚至记住，对吗？

我们可以通过讲故事的方式，让客户进入我们的故事，并成为故事的主角。

人们都喜欢听故事或看故事，无论是老人还是孩子。在这个信息爆炸和快节奏的时代，什么能让我们放下手机并安静地坐两个小时？电影是最佳答案。为了验证这一点，最近我连续几天陪着家里的孩子观看了七部《熊出没》系列电影。好的电影可以让观众连续两三个小时坐在电影院里不分心，甚至引发观众与剧情产生共鸣。

如何讲述一个好故事呢？要记住，客户并不关心你的故事，我们已经在前面的章节中详细介绍了这一点，他们关心的是与他们相关的故事。

好的故事需要具备以下几个必要特点：

- 在讲述故事之前，我们自己要明确故事的目的。我们需要问自己："我想让谁做什么事情？"譬如是让使用者认可我们的产品和服务，从而把我们列为备选供应商，还是让决策者在一锤定音阶段选定我们。
- 故事需要有清晰的结构，包括引发矛盾、出现问题以及解决问题。
- 故事中要有一个明确的主角，围绕主角展开。
- 故事中的一切元素都要为主要情节服务。可以添加一些次要情节，但不宜过多，并且次要情节应推动主要情节的发展。
- 让观众产生共情。这是最重要的一点。最好的共情方式就是让观众成为故事的主角。

接下来，我们将逐步教你如何创作一个好的故事。通过填写图 5-4 所示的这个模板，可以帮助我们制定故事大纲并在填充内容时不偏离主题。

通过第 4 章总结出来的“金句”，其实已经可以将图 5-4 所示工具中前五项填写完毕。其中，使命可以改写成"我们通过优势能力 1、优势能力 2 和优势能力 3，帮助客户解决＿＿＿＿问题"。这是从我们的角度出发的表达方式，因为我们需要不断提醒自己。请将这张填好的表格打印出来，放在创建故事的会议室或团队成员手上，下面我们将开始创作我们的故事。

讲给谁听		
＿＿＿＿行业的＿＿＿＿类型客户，希望他们可以了解到以下内容		
我们将通过＿＿＿＿	做到＿＿＿＿	因为
最多三点独特的可以帮助客户的能力	帮助客户实现价值	用最简单的语言介绍前两个框中的关联性
使命宣言	具体行动/证据	
用一句不超过80个字的话描述我们的使命宣言，让客户30秒内可以读完	给出我们做了什么	
关键词：＿＿＿＿，＿＿＿＿，＿＿＿＿，＿＿＿＿		
四个关键词，帮客户实现的价值，三个关键能力，用于随时提醒自己		

图 5-4　故事主题图模板

图 5-5 展示了听众或读者在聆听或阅读故事时的感受，从左至右是故事线的发展，从下到上表示听者的情绪。我们可以看出在故事开端主角怀揣梦想时，听众的情绪是愉悦的；而当主角遇到问题和问题逐渐恶化时，听众的心情也随之下降；直到遇到向导并且向导尝试提供方案，听众情绪有所缓和；但是再次遇到挫折时，听众的情绪再次下滑；直到最终主角解决问题，听众情绪恢复高昂。

把握住客户在听故事时的心理变化非常重要。下一小节我们将详细告诉大家如何编写一个让受众一直跟随的故事。

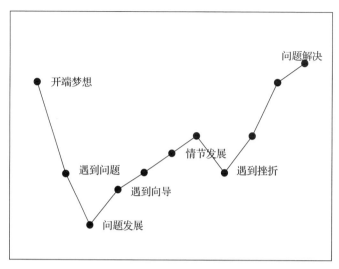

图 5-5　故事听众心情图

5.3　用七步法写出一个 B2B 营销的好故事

5.3.1　经典 B2B 营销故事的七大元素

在这一小节的开头，我们依然要先给出一个模板，其中包括故事的七个主要元素。

- 一个人物：引入主角，让听众能够与之产生共情。
- 这个人物遇到了困难：描述主角面临的挑战或问题，激发听众的兴趣。困难会带来什么不好的结果：说明如果困难未解决，将会产生何种负面影响。
- 出现一个向导：引入一个角色或者资源，可以帮助主角解决问题。
- 向导带来一个解决方案：描述向导提供的方法或策略，以解决主角所面临的困难。

- 向导鼓励主角采取行动：强调向导对主角的支持和鼓励，激发主角的积极行动。
- 失败场景：如果不采取行动，可能会有什么风险。
- 主角取得胜利：展示主角通过采取行动克服困难，并取得成功的结果。

能得到这个模板，是受到唐纳德·米勒的书《你的顾客需要一个好故事》的启发。虽然米勒的故事更侧重于 B2C，但我们尝试将其引入 B2B 的故事中来。图 5-6 是我的团队与唐纳德·米勒团队沟通后得到的针对 B2B 营销故事创作的一个小工具。

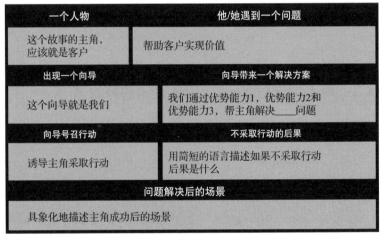

一个人物	他/她遇到一个问题
这个故事的主角，应该就是客户	帮助客户实现价值
出现一个向导	**向导带来一个解决方案**
这个向导就是我们	我们通过优势能力1，优势能力2和优势能力3，帮主角解决____问题
向导号召行动	**不采取行动的后果**
诱导主角采取行动	用简短的语言描述如果不采取行动后果是什么
问题解决后的场景	
具象化地描述主角成功后的场景	

图 5-6　七步法写一个好故事

接下来我们一个一个来讲。

5.3.2　故事的主角——有欲望缺口的企业客户关键人物

第一步，引入一个人物——故事的主角。这个主角一定是客户本人或者客户所在的组织，而不是我们。客户之所以会听这个故事，是因为这个故事和他们有关系，最好可以让听众感觉到，这个人就是他自己或者这个组织就是他所在的组织，而听众就是这个故事的主角。主角一定要有欲望，而且主角一定不是完美的——我们把这个不完美称为欲望缺口。只有有欲望缺口，我们作为商家才会有机会。试想如果我们讲的故事中的主角无欲无求，能力极强，可以解决所有问题，那么这个故事就没有意义了，这也不是真实世界可能存在的，更不会吸引听众听下去。这里的欲望可以是与主角的"生存"相关联的利益，例如带来财富、节约时间、建立社交网络、获取地位、积累资源，或者慷慨的内在欲望（如慈善）和对意义的渴求（心中的宏大感）。我们接着谈5.1 节中的案例，说明我们是如何讲述这个故事的。

案例 5.1-2　在过去的十年中，我们目睹了中国许多生物药物成功商业化和生物科技公司成功上市的案例。几乎所有创建这些公司的生物科技人士都梦想着实现"双上市"，即药物商业化生产和公司 IPO 上市，尽管成功者寥寥可数且要求非常严苛。然而，这并没有阻止他们继续努力，因为已经有一些成功的案例。

通过一句话，我们概括了主角——生物科技公司创始人的欲望，即药物成功商业化和公司成功上市。同时界定了时间和地点，即过去十年的中国。这样，故事的受众（主要是初创型生物科技公司的创始人和高管团队）会产生共鸣，让他们知道主角就是他们自己。虽然听众不一定能最终成为英雄并得到他们所追求的东西，但至少他们的梦想是成为这个英雄。对于这些生物科技公司的中层或中层以下的员工而言，这个故事可能仍然适用，可以帮助他们了解企业高层的想法，与有能力和有意愿的员工或中层管理者保持一致。

5.3.3 企业客户关键人物遇到了一个难以解决的问题

第二步，让主角遇到一个问题。为了让故事更加吸引人，一定要出现一个反派制造问题。这个反派可以是一个人或组织，也可以是一件事，甚至是一种观念或环境。反派应成为问题的根源，而非导致的结果，同时反派应保持单一性，以确保听众专注。最重要的一点是，反派必须真实存在，不要为了扩大客户的恐慌而创造一个虚构的敌人，否则你的听众很难持续投入你的故事中。

反派的作用是制造主角所面临的问题。主角无法独立解决这个问题，陷入困境。问题可分为三类——理性问题、情绪问题和哲学问题。理性问题较易理解，通过思考和反思常规的认知模式可找到答案；情绪问题来自大脑中另一套认知系统，给人带来感觉，有时甚至没有明显的逻辑性；哲学问题则提升到更高层次，我们通过同理心理解主角，考虑他们遭遇问题困扰或反派迫害，为何是不公平的。

对我们而言，需要解决的问题不仅是客户作为主角所面临的理性问题，还要触及客户的情绪问题，并最终解决这些问题。

简言之，我们需要考虑以下四个问题：是否存在一个最大的反派阻止客户实现他们的目标？这个反派制造了怎样的问题？这个问题给主角带来了何种感受？为何主角遭受反派的迫害是不公平的？接下来，让我们看看案例。

案例 5.1-3 随着行业的发展，生物科技公司不断涌现，而包括投资公司在内的行业资源也面临选择困难。他们没有将优势资源集中投入有潜力的项目中，导致很多优秀的项目因为缺乏足

够的资源而无法继续发展，让我们失去了许多备受瞩目的生物科技企业。让我们深感遗憾的是，许多期待创新治疗方法的患者家庭仍然在痛苦中挣扎，因为这些创新治疗方法无法问世。好的项目应该获得整个行业更多的资源，从而创造出能够改善人类健康未来的治疗方法。

反派是行业优势资源无法投入优质项目中，导致大量优秀的生物科技公司的产品无法问世，患者无法得到有效治疗。这是一个理性问题。情感上，这增加了患者的悲伤，并与主角们的想法相悖——绝大多数生物科技公司的创业者都有情怀，他们希望通过努力改变人类健康的未来。最后，哲学问题是：好的项目应该获得更多资源。

5.3.4　我们作为有权威和共情的向导自信出场

第三步，向导出场。记住，在客户的故事中，不需要另外一个主角。如果我们在故事中扮演主角，客户会感到对抗，这对于我们的目标没有任何益处。我们的身份是向导，是配角。我们的目的是帮助客户取得成功，成为他们的英雄。不要忘记，我们在第 4 章中总结的核心金句是："通过我们的能力，帮助客户解决什么问题。"我服务过或指导过的公司，许多都犯过这个错误，特别是一些跨国大公司。相比之下，在中国，初创型或中小型公司在这方面做得相对好一些。某些跨国公司拥有强大的品牌声誉、悠久的历史，或者一些产品市场占有率超过 60%。产品部门、市场部门和销售部门无不对自己的公司和产品充满自信，不自觉地将自己标榜为主角。我们或他们向客户展示的都是"我们如何"，虽然意识中也知道客户是付费购买产品和服务的，是主角，但还是不自觉地将自己放在另一个主角的位置上。最终结果是，我服务过的公司付出了惨重的代价。

案例 5.2 我曾在一家美资公司任中国区的产品经理，负责一款市场占有率超过 75% 的产品。当时我们的宣传都围绕我们领先行业十年的技术和几乎垄断的市场占有率展开。然而，在 2010 年，我们失去了一笔价值数百万元人民币的大单子，这是当年公司最大的业务机会。我们进行了 7 轮申诉，但最终未能成功赢得合约。为此，我前前后后奔波了 11 次南方的一个省会城市。在与客户回顾这一事件时，客户无意中告诉我们："你们太过于强势了，我们购买设备是为了解决问题，而不是作为摆设。"

所以，请永远将你们的品牌或公司置于向导的位置，将主角留给那些向你们付费的客户，否则结果将是灾难性的。请将采用感性认知方式变成你们的习惯，因为感性认知方式能更快速地引起共鸣，我们内心也更加相信它们。

当然，对品牌和产品服务自信有助于自己成为一名优秀的向导。因为一个出色的向导需要具备三个特点——"自信""权威"和"共情"。其中，"自信"是首要的。如果连自己都不相信自己所在公司的产品和服务能够帮助客户，那么你如何成为客户的帮助者？反之，你可能会成为需要客户帮助的人。虽然这可能引发客户的同情心，但完全不利于客户长期选择你们的产品，只会在有闲钱时献上一点"爱心"。在这种情况下，你们扮演"受害者"的角色只是为了凸显主角的英雄气概。

向导在故事中的某些领域应该是最权威的，这样才能赢得主角的信任，让主角按照他的指引前进。这就是我们在第 4 章中简要提到的"证据"。仅仅自信是不够的，还需要被主角——也就是你们的客户相信。然而，我们要避免让主角感觉你在抢戏。同时，没有人喜欢被"教训"，不喜欢被说教。因此，在故事中如何巧妙地加入适度的权威，我们有以下几条建议：利用他人的推荐、真实的数据和获奖证明来展示权威性。拥有这些就足够了，不要依靠公司历史、董事长照片、员工合影和豪华大楼来证明权威性。

"共情"显然也是一个合格的向导必备的条件。每个人最想要的三样东西是被看见、被听见和被理解，而这正是共情的核心。作为向导，当我们意识到主角（即客户）存在情绪问题时，在故事中我们可以这样告诉他们："我们理解……是一种怎样的感受。"或者使用哲学问题的形式："优秀的企业不应该受到……的困扰。"或者："你们应该得到更多资源。"请在故事中大胆表达对客户的共情，因为客户不会主动去猜测："这个向导是为我好还是有其他用心。"

一个出色的向导需要将"自信""权威"和"共情"有机地结合起来，这样主角（即客户）才能确信他们选择了正确的向导。

案例 5.3　我相信很多人在旅行中都有与旅游向导打交道的经历。我最难忘的向导是我们第一次去欧洲跟团游时的导游。他非常自信和经验丰富，知识渊博，讲解得非常到位。但令我印象最深刻的是他对我们的了解。尽管五国十二天的旅程紧凑，但他带我们去了一个额外的小国家的景点，因为我们都是第一次来欧洲旅游，大家都希望能多看一些。此外，很多人都希望购买手表，他特意稍微调整了行程，给我们更多时间购物。尽管我们明白那些地方只是所谓的"购物点"，我们还是心甘情愿地花了七八万元人民币买下了两块真正的瑞士手表。

成为一名出色的向导需要回答主角两个重要问题："我可以

信任这个人吗？"和"我可以尊重这个人吗？"这与第 4 章介绍的通过"独特的能力"帮助客户解决"核心问题"的理论异曲同工。

5.3.5　向导需要提供一套解决方案

第四步，我们作为向导，需要提供至少一套解决方案。向导出现的目的是什么？请回归商业本质：我们希望客户购买我们的产品和服务，从而帮助我们产生收入和利润。所以，在故事中当向导出现时，我们必须提供至少一套成熟的方案供客户使用和选择。这将成为主角迈向成功的下一步或桥梁。因为主角的客户也需要一个能够指引前方道路的向导，而不是一个只会说大话的骗子。

解决方案的主要目标应该是解决主角的问题，为主角的成功提供服务。同时，我们要避免给故事受众留下这样的感觉：这个解决方案只是为了帮向导赚钱。至少，我们要把这个解决方案打扮得光鲜亮丽，但是不要刻意规避我们的动机，不要把"向导"和"圣人"画上等号。主角更关心的是向导能给他们带来什么，而不是向导是否也从中获益。除非他们没有将你视为向导，而是反派。

我们认为，在营销故事中，一套好的解决方案需要清晰地阐明客户选择我们的正面理由，或者消除客户选择我们时的负面理由。那么，这个解决方案应该包括什么呢？我们思考客户购买旅程就可以得出答案。对于 B2B 中的商业客户而言，他们通常需要至少三步，最多六步才能完成采购。因此，我们的解决方案需要包括三个步骤，以配合客户的购买旅程。经典的三步包括"信息收集""比较"和"决策"。我们可以使用图 5-7 所示的简单模板进行对应。

	信息收集	比较阶段	决策阶段
客户会做什么			
我们要做什么			
客户关注点是什么			
我们传递的信息是什么			

图 5-7　商业客户购买历程中信息对应表

通过填写好图 5-7 所示工具，我们的解决方案就应运而生了。例如，在第一步中，客户在信息收集阶段会四处寻找各方面的信息。我们可以尝试预约一次面谈或电话沟通，帮助客户了解我们是谁，我们能提供什么以及我们的解决方案可以如何帮助客户。此时客户可能更关注产品是否能够满足他们的基本需求，以及大致价格范围。此时我们需要做的是获得"入围"的机会，并为成为客户的"首选"奠定良好基础。在第二步中，客户进入比较阶段，开始对第一轮筛选中入围的供应商进行比较。我们可以邀请客户的决策者到我们的办公室、研发实验室、生产基地，亲自了解我们与其他供应商在帮助他们解决问题方面的不同之处。传递给客户"我们是最适合他们的选择"这条信息。第三步，客户进入决策阶段。这时，我们可以尝试与客户签订一份协议清单，共同确定我们的解决方案及其在未来执行时可能面临的挑战。

在上述过程中，至关重要的是确保"通过我们独特的能力，帮助您解决核心问题"的思路贯穿于整个解决方案。虽然这样的解决方案可能不完美，但如果我们做到了，而竞争对手没有，我们就更容易帮助作为主角的客户达到目标。与此同时，相比其他希望成为向导的人或组织，我们更有机会成为客户真正信任的向导。

5.3.6　大胆引导客户采取下一步行动

第五步，用简洁而有力的语言发出行动号召。因为人们都有惰性，我们故事中的主角也不例外。作为向导，如果在定义主角的欲望、明确问题、建立信任和提供方案之后就转身离去了，那就太可笑了。此时应摒弃羞涩和胆怯，大胆地呼吁客户采取行动。对于 B2B 行业的客户而言，直接要求他们"立即购买"可能遭到拒绝。因此，建议采用转化型行动号召作为战略，其核心是"内容"；同时使用直接式行动号召作为战术，其核心是"简单"。

转化型行动号召与直接式行动号召相对应。例如，直接式行动号召可以是"马上下单""联系我们""一键下单""立即注册"。直接式行动号召需要信息明确且重复，让客户找到你，并知道你想要什么。而转化型行动号召是在客户的购买旅程中埋下更多直接式行动号召，让客户在整个过程中产生与我们互动的欲望。因此，内容的吸引力对于激发主人公的兴趣非常关键。给客户有用的内容是我们做好内容营销的关键。我们特别注意了很多公司的官方网站，他们似乎不希望客户能够轻易地联系到他们。"联系我们"按钮被隐藏在最下面的角落，"询价购买"按钮需要打开三四层页面才能找到。我们千万不要考验客户的耐心，因为网站的平均跳出率在 50% 以上。

5.3.7　我们的解决方案可帮客户规避什么风险

第六步，说明如果问题得不到解决，会朝着什么方向发展。换句话说就是明确如果客户不购买我们的产品，他们会失去什么。注意，这部分要简洁明了，不要给受众带来过多恐惧。虽然厌恶损失是人之常情，但过度强调损失可能会弊大于利。因此，在这一小段中，只需用简短的语言阐明客户所面临的威胁，并鼓励他们采取我们的解决方案。

案例 5.4　我曾经服务的公司在第三方检测实验室市场占有重要地位。这个市场的特点是客户对价格非常敏感，并且耗材使用量大。我们的产品购买成本相对较高，但后续使用成本相对较低。竞争对手利用客户对购买价格敏感的心理，在整机报价中宣传"只需 6 万元人民币即可拥有一台进口设备"，这一策略吸引了许多客户的注意。鉴于市场和成本因素，我们不愿意陷入价格战。因此，我们进行了一项计算，根据客户耗材的消耗频率，发现 5 年内竞争对手的总成本是我们的 2.5 倍以上。为了应对这一情况，我们提出了一个概念——5 年年均使用成本。虽然我们没有直接提及价格，但通过这个概念，我们间接提醒客户，如果他们选择其他产品，将面临每年大量投入耗材采购的威胁。最终结果是，许多希望健康长期发展的客户选择了我们的产品和耗材。实践证明，那些缺乏远见、仅为设备价格而忽视我们的客户，在后期运营中遇到了许多问题。

这个环节就如同一道大餐中的盐，如果没有会让大餐欠缺味道，而如果太多则会毁掉一顿大餐。这个步骤在 B2C 的营销中比较常见，我们建议在 B2B 营销中可以在故事开始处，通过对宏观环境变化的介绍顺便提及，必要时可以再强调一下现在的宏观环

境变化会给公司带来什么威胁，而不是直接描述一个失败场景，否则可能会给听众带来不必要的恐慌。

5.3.8 我们的解决方案可帮客户取得什么成功

最后一步是故事的高潮部分，也是故事中最重要的部分，主角需要获得成功。前面我们进行了铺垫，为高潮做了充分准备。客户的成功画面必须具象化，让故事受众感觉仿佛亲眼所见。至于客户的成功场景，我们在客户行为分析时已经明确：可以是获得某种力量或地位，例如成为一家上市公司的创始人；与某个人或物相关联，例如获得更多来自客户的订单；实现自我价值，改变人类健康的未来等。

在故事的结尾部分，我们不需要过多描述，甚至一张照片或一封感谢信就足够了。我们可以用简洁的方式给故事一个令人心满意足的结局，让故事受众，即我们的客户，感到舒适和满意。我们建议在设计故事结构时，以及在故事的结尾环节，多做一些"之前（Before）"和"之后（After）"的训练，如图 5-8 所示。可以考虑使用想象村庄或换位思考的方式来完成这项工作。你会发现，主角的胜利场景会对故事听众产生更大的鼓舞作用，具体如图 5-8 所示。

5.3.9 我们撰写过的经典故事

在介绍我们做过的一个案例之前，先给几个小贴士。

- **力求简洁**：开始时从一个短小的故事入手，最好不超过 1000 字，如果能在 3～5 分钟内完成讲述，那就是最理想的情况，1 分钟 200～250 字。

	解释	之前（Before）	之后（After）
生理需求	收入增加，工作量减少等		
安全需求	拥有更多时间，更好的生活		
社交需求	获取地位或者权限		
尊重需求	变得稀缺，感觉被接受		
自我实现	实现人生超越，利他主义		

图 5-8　故事主角"之前"和"之后"

- **保持相关性**：故事一定要与故事受众即你们的客户相关联。不要臆测他们的需求，而是先倾听他们的意见（进行客户信息收集），然后将这些信息整合到你的故事中。

- **研究客户群体的愿景和使命**：深入研究该行业主要客户的愿景和使命，这对故事结尾的撰写非常有帮助。

- **时刻提醒自己**：你们是故事中的向导，而不是主角。客户才是真正的主角。你们的角色是提供辅助和支持，而不是拯救世界或成为英雄。主角本身很强大，但缺乏一些必要的技能，而你们是提供这些技能的人。

- **不要夸大其词**：我们只是帮助客户完成了人生拼图的一部分，而不是全部。不要过分夸大自己的能力，否则如果做不到，之前的努力将付诸东流。

本节将与大家分享一个我们创作的故事。

案例 5.1-4　过去十年来，在中国，我们见证了许多生物药物成功商业化和生物科技公司成功上市的例子。几乎所有创立公

司的生物科技人士都梦想着实现"双上市"，即药物商业化和公司 IPO 上市的目标。尽管成功者寥寥无几，并且要求非常苛刻，但这并没有阻止更多人继续前进，因为已经有一些成功案例存在着。（带有欲望的人物）

随着行业的发展，生物科技公司越来越多，但包括投资公司在内的行业资源也面临选择恐惧症。他们没有将优势资源集中投入优质项目中，导致很多优秀的项目因为缺乏足够的资源而夭折，太多杰出的生物科技公司逐渐从视野中消失。我们对此深感惋惜，因为这意味着许多希望创新治疗方法的患者家庭仍然生活在痛苦之中。好的项目应该获得整个行业更多的资源支持，以创造更多改善人类健康未来的治疗方法。（人物遇到的问题）

从成立第一天开始，我们一直不懈努力推动和加速创新型治疗方法的快速上市。作为行业公认的技术引领者，我们赢得了众多客户和投融资公司的信任。我们与顶尖投资公司合作，打造了一个平台，让初创生物科技公司和投资公司相互选择。我们凭借对行业和技术的深入了解为背书，帮助你们创造更多机会。在这里，你们不仅可以获得更多投融资机会，优秀的生物科技公司还将获得我们提供的技术支持，改善研发工艺、提升研发速度，并得到咨询公司、法务专家、大公司资深管理者和海外科学家等项目导师团成员的指导。这无疑将大大加速你们公司产品的上市速度并提高上市的可能性。活动注册后，我们将与导师团进行为期一周的免费训练营，并根据各方意愿安排路演和定向闭门活动，个性化定制方案并与你们共同执行。（向导和解决方案）

这是我们活动注册的二维码和网站，请立即关注并留下你们的信息。（号召行动）

我们非常不希望再次看到广州 × × 大学 × × 教授的惨痛教训。他们的早期研发非常顺利，但后来遇到了工艺研发的问题。一些投资公司的朋友告诉我，他们仅仅比别人慢了四个月时间，已经错过了拿到投资的最佳时机。尽管我们帮助他们改善了工艺，但他们仍面临着筹集资金的困境。（避免失败）

愿不久的将来，我们能见证你们在获得临床申请批准时洋溢着的笑容。两三年后，你们将成为第一家成功商业化药物上市的公司，在上海、香港、深圳或纳斯达克敲钟时，身后是分享你们喜悦的众人。我们更希望通过你们研发生产的药物，让更多患者重获新生。（成功的场景）

现在就加入我们的活动，让我们共同努力为改变人类健康的未来而携手前行！（再次号召行动）

我们可能需要讲述多个故事，这些故事可以针对整个行业，可以专注于某个特定行业或特定类型的客户（包括级别、分工和教育背景等），还可以针对同一批人或公司在不同阶段的情况。请确保同一人群的故事前后具有关联，至少要避免明显的矛盾。

故事写好后，接下来就是如何利用这些故事了。下面将介绍如何在你所在的公司内部使用这些故事来达成共识。

5.4　B2B 公司营销人员写给销售团队的故事

很多从事 B2B 营销的同行都向我们抱怨说，他们辛辛苦苦制定的营销方案无法有效执行。有时候是因为销售团队的热情不高，又或者产品经理不愿意配合，这导致他们不得不花费大量时间来进行内部沟通和协调，最终却不能达到令人满意的结果。我自己也曾经遇到过同样的问题，在经历了一番挫折后，我们终于找到了一些实用的解决方案，本节与大家分享。

5.4.1　B2B 公司中营销人员和销售人员的区别

让我们先来看看营销人员和销售人员之间的区别。从时间维度来看，营销人员更多关注中长期的目标，包括公司品牌、战略以及营销数字化转型等，虽然也兼顾一些短期目标，如通过获客来提升销售额，但前者更为重要。而销售人员每年都有销售额和利润的任务要完成，甚至每个季度、每个月都有任务。有人开玩笑说，外企销售团队经常提到的 AOP（Annual Operating Plan，年度运营计划）就是中文的"命"字，如图 5-9 所示。因此销售人员更需要快速解决方案，来拯救他们的"命"。

图 5-9　AOP 组成"命"

在空间维度上，一般来说，营销人员关注整体局势，例如一个国家或大洲范围内的市场，并关注所有产品。而销售人员则更专注于特定的省市、产品和行业。他们需要关心的是他们所在区域的客户是否能购买足够的产品和服务，以完成他们的销售目标。我们曾见过很多次争吵，销售人员质疑营销人员为何不在他们的区域进行活动，而营销人员告诉销售人员，他们的区域太小，不值得投入资源。

我们想强调的是,让你的同事听你观点最重要的一点是"同理心"。没有人喜欢被忽视,即使以整体利益出发,有时战略性地忽视某些方面也是可以接受的。但在面对商业客户时,销售人员应该是公司内部的"甲方",他们希望获得更多的资源和支持,特别是来自营销人员。销售人员希望所有人都能按照他们的思路来支持他们,而不是顺着营销人员的思路。这一点也是可以理解的。

5.4.2　给你的销售同事讲一个故事

我们的建议是,在编写面向客户的故事时,邀请销售团队和产品团队一起参与,并将销售团队(即每天与客户接触的人员)打造成故事中的向导。回顾一下,一个好的向导需要具备自信、权威和共情能力。因此,提供足够多的工具可以树立销售人员的自信,足够多的证据可以树立销售人员在客户面前的权威,邀请销售人员参与故事撰写可以帮助他们更加了解客户的情况,产生共情。

在这个过程中,我们需要做一件非常重要的事情,就是了解销售人员完成一个订单的各个步骤。例如,他们需要拜访客户几次?每次拜访由谁进行?每次拜访的目的是什么?每次拜访时,客户处于购买旅程的哪个阶段?每次拜访时,我们给客户讲述的故事应该更加侧重哪个情节?只有了解了这些,我们才能根据为客户编写的故事,为销售人员准备更多工具,因为优秀的销售人员会为每个客户创造一个故事弧,其中包括"我看到你正为问题 X 所困扰""我知道问题 X 导致了挫折 Y""我们的产品和服务可以通过解决问题 X 来克服挫折 Y""我们已与数百个面临问题 X 的客户合作,他们的问题和挫折都得到了解决""让我们制定一个循序渐进的计划，直到你的问题和挫折得到解决"。只有这样，我们才能确保营销团队的故事能够吸引绝大多数客户，并且我们所构建的故事内容能够满足销售人员为每个客户打造的故事弧的要求。如果不能满足，可能需要重新审视营销故事的合理性，或者是否需要更多故事来应对不同类型的客户。

还有一件非常重要的事情要明确，在 B2B 市场营销中，每个营销故事都是为某个特定类型客户中的特定类型的人服务的，而不是适用于所有人。我们可以简单地理解成每个故事为一个市场战役提供服务。在每个战役中，我们必须与销售团队共同确定其主要指标，这些指标通常是销售线索，包括 MQL 和 SQL。在设定这些目标时，要符合 SMART 原则，并且需要就这些指标与销售人员的销售额达成共识。所谓领先指标是指这些指标可以促使销售数字的完成，换句话说，我们在帮助销售人员方面起到了作用。因此，在协助销售人员完成数字的过程中，我们作为营销人员即他们的向导，销售人员就是我们的客户。我们的目标是帮助销售人员成为客户的好向导。

本章回答了"我想让谁做什么"的问题。我们找到了客户中的目标群体，然后通过为客户编写故事，促使客户与我们产生更多互动，最终购买我们的产品和服务。我们通过为销售人员编写故事，使其成为客户的向导，从而推动客户故事的良好发展。

第 6 章

B2B 营销中的落地战术——全渠道营销

通过前文我们已经了解了"通过什么渠道,把什么内容,传递给谁"这个底层逻辑中的"什么内容"和"传递给谁",下面介绍"什么渠道"的问题。第 6 章和第 7 章将从全渠道营销和数字营销两个方面来着重回答如何选择和搭建传播渠道的问题。

在当今竞争激烈的商业环境中,企业不仅需要拥有卓越的产品和服务,还需要拥有有效的营销策略来吸引目标客户并实现销售增长。特别是在 B2B 营销领域,全渠道营销已经成为一种被广泛应用的战术。全渠道营销指的是通过多个渠道展开统一的营销活动,以传播品牌形象、吸引潜在客户、促进销售并增强客户关系。这种战术将线上和线下渠道相结合,具体包括但不限于社交媒体、电子邮件营销、搜索引擎优化、内容营销、参加展会等。

在过去，很多企业习惯于依赖传统的销售渠道，如业务代表拜访、电话销售等。然而，随着科技的快速发展和数字化转型的推进，B2B 企业必须适应市场变化，采取全渠道营销战略来与目标客户进行更紧密互动。

然而，成功实施全渠道营销战略并不是一项简单的任务。企业需要综合考虑各个渠道的特点和目标客户的喜好，制定相应的营销计划。此外，企业还需要投入适当的资源和人力来管理和执行这些营销活动，并不断评估和调整策略以取得最佳效果。本章将深入探讨全渠道营销战术在 B2B 营销中的应用，包括如何选择适合的渠道，如何制定有效的内容策略，如何建立客户关系以及如何衡量营销绩效等。通过理解和应用全渠道营销的核心原则，企业可以与目标客户建立更紧密的联系，并获得持续竞争优势。

6.1　B2B 营销中的内容为王

6.1.1　内容营销的定义

内容营销是一种通过提供多种形式的有价值媒体信息，以隐式方式推广产品或服务的营销手段。其目标在于在没有进行强制推销的前提下，接触潜在客户并提供有价值的信息。不同于广告的单纯交易，内容营销是一种长期战略，其目的在于与消费者在购物过程的每个阶段建立关系。

为什么说"内容为王"呢？从商业结果的角度看，内容的目的在于填补产品与客户认知之间的鸿沟，加速客户的认知旅程。在今天，随着多媒体技术的发展，内容的边界已经被拓展。内容不仅仅是文字、图片或视频，它还是企业与客户之间沟通和交流的重要媒介。对于客户来说，他们通过内容感受企业提供的价值。因此，在 B2B 营销中，内容扮演着至关重要的角色，被广泛认为是"王者"。

对于 B2B 营销而言，内容具有获客的职责，是扩大流量开口的重要方式。内容在营销获客的语境中扮演了双重角色。首先，内容承载了企业的价值观，并传播业务和产品的信息，以在潜意识层面走进客户。其次，内容作为一种工具形式，可以引导客户注册留资，将客户的信息带回企业。

那么，什么样的内容才是好的内容营销？好的内容营销应该满足以下条件：充分传递企业价值观，带来足量的新线索或可以影响客户购买旅程（从 B2B 企业角度而言就是客户漏斗）中关键决策者的决定，并符合 B2B 业务需求。只有满足这些功能作用的内容才能被认定为合格的营销内容。要实现内容营销的功能，仅做好内容生产是不够的。良好运营内容资源，并结合留资的触点，让内容成为增加留资的工具和环境，才能激发其无限的获客潜能。

当然，内容营销所带来的价值不止于此，下面具体介绍。

6.1.2　内容营销对企业和客户的意义

内容营销在 B2B 领域对企业和客户都具有重要意义。下面将分别从企业和客户的角度来探讨。

对企业而言，除了在观念和意识传播方面的作用，内容营销还有其他宝贵的作用，如构建品牌亲和度。

对客户而言，良好的内容体验，陪伴客户走过客户购买旅程的每一个环节。通过内容，客户可以了解企业的价值观、产品和服务，加速他们的认知旅程，促使未知的客户变为潜在客户，再到已知客户，进而熟悉并依赖企业。

优质且富有同理心的内容是构建品牌亲和度的关键方法。正如 Shantanu 所指出的："每次出色体验的核心都是情感联系。"出色的内容在实现这一目标方面发挥了重要作用。

优质内容提升企业与客户的沟通能力，与客户充分互动。内容是企业营销价值观、产品和能力的媒介。企业可以根据外界反馈，快速调整内容，实现与客户的互动。

好的内容可加速客户购买旅程。曾经有人认为，内容营销只能在客户漏斗的顶部发挥作用，即作为吸引潜在客户的工具。然而，根据我们的观察，内容营销可以在客户漏斗的各个阶段发挥作用，甚至影响已购买客户的增购行为。通过加速客户购买旅程，提升客户的参与度。在我们的经验中，已完成购买的客户在了解到新产品后，也能实现咨询和增购。

精致的内容营销甚至可以起到标榜品牌的作用。当下经济形势不佳，许多企业削减了品牌预算和岗位。在预算不足的情况下，如何让顾客了解企业的产品而不依赖品牌投资？答案就是内容。生产高质量的内容可以作为品牌立场和差异化声明的替代品。

综上所述，内容营销对企业和客户都意味着很多。它不仅提供了良好的内容体验，陪伴客户走过购买旅程，还可以构建品牌亲和度，提升企业与客户之间的沟通能力，并加速客户的认知旅程。通过精致的内容营销，企业甚至可以在有限的品牌预算下标榜自身，为顾客提供价值。因此，在 B2B 营销中，重视内容营销对企业和客户来说都是至关重要的。

6.1.3　内容营销的现状和趋势

进入互联网时代，人们经历了信息爆炸，内容营销已呈现供应盈余状态，大多数的内容营销并不能脱颖而出，最终掉进了互联网的兔子洞里。内容营销正在经历哪些变化？在优胜劣汰的环境中又呈现出哪些趋势？我们从众多案例中总结出以下几点。

- 在 B2B 端营销中，内容运营的重要性不断被提高。内容营销是创作与科学的结合体，不仅需要内容营销人员有良好的才华，还需科学地管理、运营。近年来，不少营销专家指出，应以管理、运营的思维对待"内容营销"，内容生产流程、内容管理与运营、内容支持的重要性不断被提高。如果仅"创作""发布"内容，而不科学运营、激发其获客潜能的话，内容的获客能力将回归"基础"，无法获得内容运营与分发的利益。诺贝尔经济学奖获得者丹尼尔·卡尼曼认为，重复性会引发认知放松的舒服感和熟悉感。这其实就是"运营"的重要性。

- 为了获取曝光量而制造内容，低质量内容充斥的问题日益凸显，高质量内容稀缺。从事过 SEO（搜索引擎优化）内容营销的人可能会了解，SEO 内容是根据关键词来生产的，以满足客户的搜索需求和网站算法。为了增加曝光量，营销人员创造了大量的内容。企业需要"多产"，因而忽视了内容的质量。这样做不仅损失了让客户了解产品和品牌的机会，也让品牌无法和客户建立信任。没有明确的目的，仅为了发布而发布，会导致内容缺少核心思想和价值；发布内容前没有根据客户的需求进行详细推敲、确

175

定关键词，会导致内容营销无法匹配客户需求，从而无法
达成预期效果。

- 一些内容盲目夸大，给读者留下"虚实难辨"的印象。我
  们不能否认内容营销应该具有前瞻性，但营销人员应该在
  追求前瞻性的同时与可靠性保持平衡。与传媒不同，客户
  在阅读或订阅内容后，其旅程并未结束，而是继续咨询、
  购买和使用产品。如果在内容营销环节夸大事实，让客户
  带着美好的幻想进入下一个阶段，他们很可能会感受到巨
  大的落差。此外，过分前瞻性的内容容易让人觉得"虚实
  难辨"，超出了受众的认知，从而破坏了彼此之间的信任
  关系。

- 内容应差异化显现。在内容营销的过程中明确自己的独特
  价值及其与类似产品的区分是非常重要的。如今，随着技
  术、资本和创新材料的不断投入，在某些行业中，同质化
  现象变得非常明显。在过去几年里，由于技术有限，客户
  很容易区分同一领域不同产品之间的差异。因此，营销人
  员不需要过多强调"区别"。然而，随着时间的推移，情
  况发生了变化。在当今市场竞争激烈的环境下，如果企业
  在营销中没有明确自身的独特特点，并在内容上做出区
  分，就会陷入同质化的泥沼。这也反映出 B2B 内容营销
  人员需要对行业和内容本身有较高的把控力，才能成功地
  完成工作。

- "接地气""说人话"——行业教育类营销内容变得更加通
  俗易懂。在过去的 B2B 内容营销中，企业经常过度使用术
  语，内容中充斥着大量名词，让人似懂非懂。过多使用术
  语会增加理解门槛，降低内容的渗透力。那些能够理解并
  熟练运用行业术语的人往往是已了解产品及其价值的"圈

内人"。为了向尽可能多的潜在客户传达信息，营销人员应采用更加清晰易懂、易传播和易理解的语言。当制作内容时，营销人员还应考虑调整难易程度，以满足目标客户的需求和认知能力。这样的调整可以产生更大的影响，而不仅仅依赖行业术语和技术术语来传达产品的独特价值。

因此，建议营销人员采用更专业的方式传达营销信息。这将有助于建立营销人员与客户之间的信任和紧密关系。

6.1.4　关于内容营销的几个误区

我们在做内容营销时，也要避免进入一些误区。

误区一：内容营销的形式多样，不仅是写文章。

传统的内容创作常常让人们将内容营销局限在文章撰写上，但实际上，内容营销的形式应该更加多样化。如果我们局限于这种狭隘的理解，就无法真正做好内容营销。除了传统的文章创作，内容营销还包括其他形式的活动。

广义上来说，内容营销也涵盖了以活动为载体的营销方式。会议、峰会等活动都属于广义的内容营销范畴。这些活动不仅能传播信息，还能够有效推广产品或服务。

此外，日常营销类（品牌类）的内容输出也是内容营销的一种重要形式。通过发布有关品牌的故事、宣传片段等内容，企业可以增强品牌形象，吸引潜在客户的关注。随着数字化的发展，短视频、播客等新兴媒体形式也被纳入了内容营销的范畴。通过制作精彩的短视频或推出专业的播客节目，企业可以吸引更多的受众，并有效传达其核心信息。

因此，内容营销的形式远不止于传统的文章写作。通过采用多样化的内容营销手段，企业可以更好地吸引目标受众，并有效地传达其信息和价值。

误区二：B2B 内容营销与其他内容创作的差异。

内容营销与传统媒体写作方法有着明显的区别。首先，内容营销是为了服务商业目的，而并非像传统新闻报道那样简单地传递信息。此外，内容营销的形式也比传统媒体更加多样化，不局限于文章这一形式。

与普通的写作方式不同，内容营销更加精准、针对性强。它需要通过深入了解目标受众的需求和痛点，以及市场的竞争环境，来制定相应的营销策略和内容计划。除了传统的图文组合形式，内容营销还可以通过音频、视频等多种形式进行呈现，以更好地吸引目标受众的注意力。

与 B2C 相比，在 B2B 领域，内容营销存在一些不同。在 B2C 领域，决策周期通常较短，因此需要更注重创意和情感共鸣，以吸引消费者的兴趣和购买欲望。而 B2B 领域的决策周期往往较长，可能需要数月甚至半年以上的时间。这就要求 B2B 内容营销更加注重长期稳定的内容体验，通过一系列关联的内容来逐步建立信任和价值。

6.1.5　如何构建好的内容

在当今竞争激烈的市场中，拥有一个优秀的内容营销策略至关重要。下面将介绍一些关键步骤来构建一个成功的内容营销计划。

1. 具备内容生态圈的思维

要想做到全渠道布局，需要具备线上生态圈思维，这种思维不仅适用于 B2C 市场，也适用于 B2B 市场。在进行全渠道布局时，应以官方渠道为核心，如官网、官方微信平台和电商旗舰店，并结合其他第三方渠道构建矩阵，采用 1+N 的组合模式。这样做可以扩大营销获客漏斗的开口，为后续的流量转化提供充足的储备。相比于单一渠道运营，全渠道内容策略带来的直接利益是提高线上运营团队的效率，并凸显规模化经济效应。

2. 确定内容营销的范围：说什么、对谁说、在哪说

确定内容营销范围时，初学者常常感到困惑。以下是一些确定内容营销范围的方法。

- **确定要说什么**：列出企业的产品和服务，并制定清单。
- **确定听众群体**：根据受众的分类划分目标人群。
- **确定发布内容的平台**：根据平台类型明确内容的形式。

那么如何确定选择什么样的内容形式呢？除了根据分发平台来确定内容形式，还应考虑客户的认知程度。对于认知程度和所处阶段不同的客户，需要提供不同层次的内容，实现对所有阶段客户的全面覆盖。如果成本是一个问题，可以将同一内容拆分为不同层次，并尝试使用相同资源创建多个层次的内容，以缓解内容制作的压力。

同时，针对不同驱动业绩类型的企业（如 PLG、MLG、SLG等），内容需要做出相应调整。

- PLG（产品主导增长）：重点是产品介绍和引导客户注册

试用。在内容营销中，要强调产品与解决方案的友好易
用性。

- MLG（营销主导增长）：对内容要求极高，需要有专业的
  内容创造团队创作高质量且吸引人的内容，满足获客的
  需求。
- SLG（销售主导增长）：内容既需要有独立性，也需要赋能
  销售，为销售团队制作打单工具。

3. 构建以客户为中心的规模化内容体系

营销需要转换视角，回归"以人为本"。从传统的"我想说
什么"到现在的"客户想听什么"，这是一个重要的转变。在这个
转变中，我们需要重视客户的认知程度，并创作符合他们认知阶
段的内容。表 6-1 展示了客户购买旅程（客户漏斗）不同阶段内
容的作用。

表 6-1　内容对不同阶段的客户起到的作用

具体内容	市场教育	认知	转化
内容营销起到的作用	实现市场教育创造需求市场调研	传递价值与客户建立联系培养客户心智	传播产品价值产品带给客户的利益
示例内容	白皮书、科普文章、（品牌向）峰会等	购买指南、案例、分析报告	产品手册、Demo（展示）视频、案例
要点	避免行业术语，内容须友好、易懂、易传播	深入浅出，可采用多种内容形式，加深客户心智	须强调产品对业务的价值

在 MOT（关键时刻）原则下，人类对体验的记忆受到两个因
素的影响：高峰时刻（无论正向还是负向）和结束时刻的感觉。
这被称为峰终定律（Peak-end Rule）。在内容营销中，我们依然可
以应用 MOT 原则来构建更好的内容体验。以下是一些方法。

- 在每篇文章中，精心打造最关键的部分，并仔细打磨结尾（或者将结尾与产品价值进行呼应）。精准把握核心信息并以吸引人的方式结束，能够给读者留下深刻的印象。
- 在构建内容体系时，将 80% 的精力用于打造少而精的内容，然后再利用剩下 20% 的精力对其进行拆分、扩写和复用。这样可以确保内容的质量和独特性，并且能够高效地利用已有资源。
- 打破传统平铺直叙的内容写作逻辑，转而使用引人入胜、制造悬念的内容写作逻辑。运用故事性的叙述、引发读者兴趣的开头等手法，能够更好地吸引读者并提升他们的阅读体验。

内容营销人员需要找到客户体验与商业目的之间的平衡点。内容营销应该是客户体验和企业商业目标的交叉点。过于强调商业目的或者过分关注客户体验都会导致内容营销偏离正确的道路。举个例子，许多优秀的内容营销文章都遵循固定的套路：先进行科普（利他），再推广产品（利己）。这种方法能够在满足客户需求的同时实现商业目标。

通过将 MOT 原则与内容营销相结合，并找到客户体验与商业目标的平衡点，我们可以打造更具影响力和记忆力的内容，提升用户参与度并最终实现营销的成功。

最后，许多营销人员在思考如何持续提取所创造的内容价值。为此，我建议跳出传统媒体创作的观念，因为在内容营销领域，"复用"具有重要意义。《内容为王》一书指出，内容必须具有规模化，以帮助客户完成购买周期，并在客户复购时提供持续陪伴，从而为客户构建卓越体验。这也提出了内容复用的要求。

我们曾遇到不止一家 B2B 企业面临如何提高内容复用率的问题。当我们回顾企业各个部门所生产的内容时，发现 B2B 企业并不真正缺乏内容，而是缺乏对内容的整理和复用。例如，同一篇内容可以根据受众成熟程度进行扩展，同一主题也可以结合不同的例子进行复用。通过优化内容复用，可以充分利用已有资源，提高营销效果和效率。

4. 建立与内外部团队的合作机制

在内容营销中，负责内容的团队并不是唯一承担责任的角色。根据北美内容营销研究院的首席战略顾问罗伯特·洛斯的观点，企业中的每个部门都可以成为讲故事的人，包括销售、客户代表、高管，甚至会计和法务人员。因此，内容营销需要将每个团队成员都纳入其中，让他们参与故事的讲述。这意味着内容营销不是内容团队单方面的职责，而是涉及企业各个模块的合作和支持。

内容创作并非孤军奋战，而应该建立共创机制，与各个团队紧密合作。内容团队需要借助其他团队的经验和故事，作为内容营销素材的基础。以下是一些常见的合作机制：

- **内容团队 + 产品团队**：在互联网行业，产品市场已经成熟，并有专门负责宣传产品功能和价值的岗位。在其他领域，我们也应提高对产品宣传的重视，并与产品团队合作，在内容中突出产品的功能和价值。
- **内容团队 + 售后团队（内容 + 客户）**：售后团队能够总结客户使用产品时遇到的问题，更深入了解产品带来的长期利益以及客户的成长过程。与售后团队合作，可以将这些信息作为素材传递给市场。同时，可以与售后团队共同创作案例，案例是处于咨询和考虑阶段的客户最喜欢的内容形式之一，也是展示产品实力和供应商与客户关系的有效方式。

- **内容团队 + 销售团队**：销售团队擅长把握客户的需求和心理，与内容团队合作可以提升对客户心理的了解。明星销售能够提供大量客户诉求和疑问。如果能在营销内容中回答客户频繁提及的问题，既能丰富内容，又可以帮助客户理解，避免销售人员不断解释。
- **内容团队 + 管理层**：管理层具有丰富的经验，可以为内容营销团队提供宝贵的洞察。与企业内部的管理层合作比与外部高层嘉宾合作更容易实现，并且合作后可以突出管理层的知识洞察，提升管理层的影响力。
- **内容团队 + 行业专家**：与行业专家合作是扩大内容知名度的常见方法。由行业专家提供的内容可以突破传统传播圈子，实现更广泛的传播。与其他合作方式类似，行业专家的参与可以增强内容的权威性，为内容提供更多的经验和思路。

在鼓励表达和创造的时代，我们希望每个人都能充分发挥自己的表达意识，分享自己的故事，让每个团队成为讲故事的人，正如 Content Marketing Institute 所说："内容营销更高级的方式是让每个合作伙伴都能讲故事。"

5. 设立内容营销的指标，设立优化机制

在不同的业务侧重点中，应设立怎样的内容考核机制？定期评估内容生产体系并进行优化是必要的。通过分析数据、收集反馈、定期回顾以及改进内容计划和策略，我们可以持续改进企

业的内容生产体系。内容营销承担着"孵化"顾客的职责。高黏性的内容应具有良好的孵化能力。因此，衡量客户对内容的参与度、最后一次互动时间、内容消耗量等数据可为内容获客提供优化方向。良好的归因数据也有助于为内容创作提供反馈与优化闭环，帮助内容创造者总结"内容胜利公式"。

如何衡量内容在各个阶段的贡献值？我们建议使用归因方法来衡量，可使用的归因指标包括如下几个。

- **意向阶段**：阅读数据、传播渠道数据、注册留资数据等。
- **考虑阶段**：MQL 数据、SQL 数据、咨询数据。
- **购买阶段**：订单数据、内容占业绩营收的比例数据等。

企业还可以利用内容营销来激活沉睡客户。可以根据获客经验设定沉睡客户的标准，然后观察不同形式的内容对激活沉睡客户产生的效果。为了确定哪些活动或策略对实现目标和 KPI 具有最大贡献，企业需要对收集到的数据进行分析。

引入企业领导层的参与是关键。若仅有指标而缺乏严格的考核动作，那么指标很可能成为摆设。企业需要持续跟踪、评估和优化营销策略，以确保达到预期目标。这需要企业领导层的高度重视和支持，并且需要整个营销团队的密切合作和协调。

另外，优化机制也是必要的。营销人员需要重视客户的内容体验，通过复盘客户过往的阅读习惯，总结出"优质体验的内容公式"。同时，需要具备收集客户行为、复盘并调整内容的能力，从而构建内容"创造 → 优化"的闭环。

- **内容复盘能力**：对过去的内容进行回顾和分析，了解客户的喜好和需求。

- **数据分析能力**：对收集到的数据进行分析，获取洞察并得出优化决策。

通过建立合适的内容考核机制，并运用归因方法、领导层参与以及持续优化机制，企业可以更好地评估和提升内容营销的效果，并实现更好的商业结果。

6.2　B2B 营销中全渠道策略的打造

6.2.1　B2B 全渠道策略的意义

如何理解全渠道呢？先看全渠道和多渠道的区别。

多渠道营销有时又称跨渠道营销，是指品牌通过多个沟通渠道出现在客户视野中并与其互动。这种方法的目标通常是销售产品和服务。多渠道策略可以是统一的或部分集中的。但在多渠道策略中，每个渠道都是独立运作的，有时有自己的目标，且渠道之间的数据没有打通，传输和共享存在诸多壁垒。

而全渠道营销是多渠道营销的一种高层次发展，它也使用多个渠道来接触客户，为客户提供积极、个性化和无缝的体验。全渠道策略和多渠道策略的区别是，后者可实现线上线下多个渠道间的融合同步。渠道之间不仅共通数据，也为同一个运营目标互相协作配合。因此，可以把全渠道营销看作一个统一、完整的系统，系统内部信息互通互联。因此，全渠道策略是一种系统性销售、营销和客户服务的策略，关注客户与企业之间交互的整体质量，并旨在为客户提供全面、品质一致的体验，无论客户选择使用哪种渠道或设备。

多渠道营销和全渠道营销的区别如图 6-1 所示。

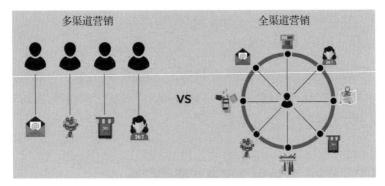

图 6-1　多渠道营销和全渠道营销的区别示意图

在 Hubspot 博客中，内容营销人员 Aaron Agius 将全渠道营销定义为一种多渠道营销、销售和服务客户的方法，创造整合而有凝聚力的客户体验，无论客户以何种方式或在何处接触。

为什么要构建全渠道矩阵？它有什么价值？

- **企业渴望提供无缝集成的渠道来迎合客户的偏好，并积极引导他们走向咨询和成交。**这种价值已经存在多年。然而，客户的期望已经改变，他们越来越希望无论选择哪种渠道，都能轻松获得一致的信息。

- **通过在全渠道上分发内容，企业可以获得足够的流量和曝光。**全渠道的内容思维即线上内容生态圈思维。随着内容营销的发展，更强调内容的分发和全渠道运营。单一展示渠道，甚至是多渠道营销，在当下已经无法让企业获得足够的流量和曝光，而全渠道策略可以扩大营销覆盖的规模。

- **降低企业失败的风险。**客户活跃渠道无法由企业独自定义。企业能做到的是根据已有数据了解现有渠道哪些受欢迎、互动高，但是企业无法预测未来的情况，不知道最

热门的渠道是否会转移，年轻一代的客户更喜欢哪些渠
道。因此，在每个渠道中都投入相应的力量是最保险的做
法。以 B2B 工业企业为例，工业采购已经渗透到方方面
面，采取全渠道策略的供应商更容易与采购方建立联系。
在医疗行业中，也有很多企业采用全渠道模式，使业务得
以赋能。

- **全渠道策略建立的多触点可以提高客户的参与度，进而提
升客户黏性和建立品牌忠诚度。** 通过全渠道的营销，品牌
能够更频繁地出现在客户面前，从而提高品牌的曝光度和
影响力。根据七次法则（Rule of Seven），产品在客户面前
多次出现，有助于促进商业活动的发展。此外，多渠道的
存在使得客户可以在多个平台上享受一致的内容体验，甚
至会感受到品牌无处不在、触手可及。当客户需要产品或
服务时，我们的渠道可以及时提供支持。这是避免客户流
失的重要方法。

6.2.2　B2B 全渠道的有效管理

1. 如何制定内容驱动的全渠道获客计划

我们不仅需要对所有渠道进行详细了解，包括其特点、受众
和客户行为等，以便为每个渠道制定相应的营销策略，还需要统
一品牌标准，这是确保在所有渠道上传递一致品牌形象和信息的
关键。另外，还需要建立 1+N 的矩阵组合，并对所有渠道进行
打造。在全渠道布局中，核心渠道可以作为官方渠道，其他第三
方渠道构建矩阵，形成 1+N 的组合模式。每个渠道都需要精心打
造，包括内容制作、设计、交互体验等方面，以确保在各个渠道
上都能提供一致的高质量内容。

在打造 1+N 渠道的同时，需要重点打造所有渠道上的内容，不仅要呈现资料和产品信息，更重要的是建立一致的内容体验。解决客户在各个渠道中的识别和服务问题是关键。需要进行多渠道数据的打通，将所有客户信息统一画像，并集中存储在中央客户数据中心（CDP/CRM）中。当客户登录不同平台和渠道时，中央 CDP/CRM 能够识别并提供相应的个性化服务方案，以实现无缝体验。

通过以上方法，制定内容驱动的全渠道获客计划可以确保在不同渠道上提供一致、高质量的内容体验，促进客户参与度，增强品牌忠诚度，并提供个性化的服务。同时，通过全面打通 1+N 矩阵，实现跨渠道的数据共享和统一管理，以更好地了解客户需求并提供精准的营销策略。

2. 对各个渠道的有效管理

根据《哈佛商业评论》的观点，在 2016—2021 年这 6 年中，B2B 客户使用的渠道数量翻倍，从 2016 年的 5 个增加到 2021 年的 10 个。随着渠道数量的增加，营销人员是否应该均匀分配精力到所有渠道上呢？我认为不是这样的。相反，应该重点投入重要渠道和重点活跃区域。着重打造关键转化路径，并在有限资源范围内投入更多精力来优化客户体验。不同渠道之间存在巨大的文化、客户属性和平台规范上的差异。由于每个渠道的受众群体不同，因此需要针对不同渠道和平台调整内容传播，避免盲目"分发"内容。

此外，这也对企业的传播战略提出了要求。企业不仅需要具备战略一致性，还需了解各个平台的特点，制定相应的战术多元性策略。

案例 6.1　以工业行业为例，在流量见顶的环境下，工业品电商的全渠道交付能力成为核心竞争力。工业企业的全渠道包括但不限于官网及官方线上采购平台，微信生态中的小程序和服务号等，京东电商、1688、震坤行等工业电商平台，企业、高校的采购平台。

这些渠道的定位和人群属性各不相同。例如：在工业电商平台上购买产品的人多为个人消费者，他们对产品易用性有较高需求，但复购量较小；而企业、高校采购平台上多为专业使用者，复购量较大。因此，在不同的平台上需要制定差异化的产品策略和内容策略。

随着工业行业全渠道的发展，仅在全渠道展示商品并提供购买方式已经无法满足客户需求。全渠道交付能力也是需要打造的能力之一。

3. 全渠道策略需要企业长期坚持

零散地建设渠道或在一段时间后不再提供良好的服务是全渠道策略中常见的问题，这可能对品牌产生负面影响。我们经常在社交网络上发现企业进行全渠道建设的"片段"。有些在知乎上有几篇爆款文章而后就断更了；有些是几年前运营非常火热但因转化率较低而被放弃的播客。然而，我们也意识到许多企业的市场部门规模小而精，难以拥有足够的人力资源来持续运营和维护全渠道。

这里要分享两种"省力"的长期坚持的方法。

- 使用外部力量，将部分渠道的运营和维护交给服务商。也

可以充分利用可自动化发展的工具，如人工智能生成内容
（AIGC）和智能客服等。

- 建立一个完整的营销内容供应链。我们建议按照内容创造
和内容分发的维度，梳理出每个渠道的内容使用和运营
方式。

例如，官网和官方渠道可以驱动内容的生成，尽量使用原创
的"一手"内容。而其他多渠道则被定义为内容复用的角色，在
已有的原创内容基础上，根据渠道的规则和调性进行调整、迭代
和复用。这样的方法可以帮助企业更有效地管理和维护全渠道，
确保在资源有限的情况下仍能提供优质的服务。

6.3 找到 B2B 营销中的实用工具

追踪 B2B 营销的最新工具和趋势对于营销人员来说至关重
要，因为 B2B 营销的工具正在不断发展和更新。了解这些最新工
具可以提升营销效率。以下是一些需要注意的市场趋势和工具改
进方面的重点。

- **技术和人力的结合**：理解技术驱动的业务和人驱动的业务
之间的关系，并学会将它们相互结合。现代 B2B 营销工
具强调人与技术的合作，通过自动化和智能化的方式来提
高效率。
- **数据驱动的决策**：利用数据分析工具和技术来获取深入洞
察和预测，以支持决策制定过程。数据驱动的决策可以帮
助优化营销策略、提高目标客户的转化率。
- **智能化的营销自动化工具**：采用智能化的营销自动化工具，
可以更好地管理和跟踪潜在客户、个性化营销内容、自动

化营销运营流程等。这些工具可以提高工作效率、降低成本，并提供更优质的客户体验。

- **内容营销和社交媒体**：继续关注内容营销和社交媒体的发展趋势。B2B 企业可以通过分享有价值的内容、与目标客户互动以及在社交媒体上建立品牌声誉来吸引潜在客户。
- **个性化营销和人工智能**：利用人工智能技术来实现个性化营销，根据客户的行为和偏好提供定制化的信息和推荐。这可以增强客户参与度，并提高转化率。

6.3.1　明确工具与策略的关系

在 B2B 营销中，存在许多不同类型的工具，它们都有各自的用途。了解这些工具的种类和正确的使用方法非常重要，因为它们可以提高营销效率并优化营销工作流程。然而，并非所有的工具都适合每个人或每个业务。在选择和购买工具之前，需要深入思考内容策略并评估业务目标。

在 B2B 营销中，最常用的工具包括 SCRM（社交客户关系管理）、SEM（搜索引擎营销）、MA（营销自动化）和 CDP（客户数据平台）。这些工具可以作为整体策略的一部分或独立使用，我们需要了解它们的工作原理以及它们在整体计划中的角色。

此外，不同行业对工具的需求也不尽相同。例如，开展全渠道业务的企业可能需要多平台数据集成工具，而提供咨询服务的企业可能更适合使用内容营销或影响者营销。因此，在选择工具之前，根据所在行业的特点，了解哪些工具最适合实现业务目标是必要的。

要注意的是，在当今技术环境下，自动化流程是不可或缺的。但这并不意味着仅仅购买工具就能拥有成功。只有正确使用每个工具，才能发挥其价值。因此，在选择和购买工具之前，不仅需要了解其功能和限制，还需要评估它们是否与其他服务整合。

另外，还需考虑不同工具的成本效益。在选择工具之前，需要考虑预算，因为不同工具的成本效益各不相同。了解投资带来的价值回报是必要的，并根据预算和其他条件选择最合适的工具。

如何利用数字化提升整个组织的效能是一个重要的问题。根据我们的经验，企业应优先构建整体的数字化策略，避免散点式、各自为政的数字化建设。下面将介绍一些工具，并说明它们在 B2B 营销中的作用。

6.3.2　前端工具

1. SCRM

SCRM 是指社交客户关系管理系统，它利用社交媒体、社交关系与客户进行沟通，以建立和促进客户关注和参与的关系。SCRM 能够将社交媒体平台和客户关系管理相结合，从而深入了解客户与品牌之间的互动，提高客户参与的质量，并培养客户对企业的信赖和认可。

科技行业研究机构 Gartner 认为，SCRM 是推动业务流程的重要战略。Salesforce 则认为，SCRM 是一个支持社交媒体和传统渠道的 CRM 平台，并通过互动产生营销洞察。

在当今时代，社交媒体已成为最常用的沟通和社交方式之一。通过流行的社交渠道与大量客户进行互动和品牌推广，SCRM 可以获取大量的信息和数据。充分挖掘这些数据中有用的信息，优化前期营销、中期跟进和后期销售的客户流程，可以改善客户关系，并在实际业务中加深客户对品牌的认知和信任。

SCRM 的目标是通过多样化的方式更好地了解客户，使客户关系变得更加自然、有效和专注，并为客户创造最佳的价值体验。企业可以通过使用 SCRM 灵活地应对日益复杂的市场环境，改善现有的销售流程，理解客户行为和需求，并实施个性化营销。此外，通过在社交媒体上分享内容，与客户进行有效的沟通和互动，并尊重客户的意见和看法，企业可以发现新客户，并建立更牢固的关系，推动业务发展。使用 SCRM 可以最大限度提高客户忠诚度、快速响应市场情况，并以较低的成本获得更多利益。

综上所述，SCRM 是一种利用社交媒体、社交关系与客户进行沟通的战略工具，它能够深入了解客户并提高客户参与度，促进品牌认知和增强客户关系。通过合理运用 SCRM，企业可以在数字化时代获得竞争优势，并实现更高效的营销和商业目标。

2. CMS

CMS（内容管理系统）是一种软件应用程序，可以帮助客户构建和管理网站，用户无须从头开始编写代码。使用 CMS，可以在一个用户友好的界面中创建、管理、修改和发布内容。营销人员可以通过下载或购买模板和扩展来自定义站点的设计和功能，而无须进行编码。此外，CMS 还可以让多个客户在同一个工具的后端进行工作，提高协作效率。

总之，CMS 是一种方便易用的工具，它使网站的创建和管理变得简单快捷，无须专业的编码技能。通过 CMS，营销人员可以轻松地进行内容的编辑和发布，并通过自定义模板和扩展来实现网站的个性化设计和功能。同时，CMS 还促进了团队成员之间的协作，使多个客户能够共同使用该工具进行网站管理和维护。

3. EDM

EDM（电子邮件营销）是利用电子邮件进行营销的一种方法。它是一种强大的营销工具，可以帮助企业直接与客户建立联系，提高客户忠诚度和销售额。EDM 的成本低廉，潜在的投资回报率高，并且可以对结果进行跟踪分析。因此，在综合的数字营销战略中，EDM 应该被视为一个重要组成部分。借助 EDM，企业可以向客户发送促销邮件、最新消息、教育性邮件以及其他类型的通知。根据客户的兴趣或偏好将他们划分为不同的群体，企业可以定制相关的信息，并有更好的机会吸引他们的兴趣。此外，EDM 还允许进行测试和跟踪，从而帮助营销人员获得以下洞察。

- **开启率**：可以了解有多少收件人打开了邮件，并评估邮件的吸引力和有效性。
- **点击率**：可以衡量收件人点击邮件中链接的比例，进一步了解他们的兴趣和反应。
- **转化率**：可以追踪收件人在邮件中采取的实际行动，如购买产品、注册活动等，评估营销活动的效果。
- **退订率**：可以了解多少收件人选择取消订阅，并推测出可能的原因，用于改进邮件内容和策略。

通过对这些数据进行分析和反馈，企业可以优化邮件内容、提升发送时间和频率，并根据收集到的数据进行个性化营销。此外，EDM 还可以与其他数字营销工具相结合，如 CRM，实现更全面的客户关系管理和精准营销。

总之，电子邮件营销是一种高效且成本低廉的营销工具，通过定制化的邮件内容和跟踪分析，企业可以更好地与客户互动，并获得有价值的营销洞察，从而提高整体的营销效果。

4. EMS

在过去的几年中，虚拟会议、聚会和活动盛行，为企业带来了许多高性价比的线索。这也展示了 B2B 活动营销的另一种形式。我认为接下来将会迎来线下活动推动业务增长的黄金时刻。

B2B 活动营销是一个重要的获客工具，特别是线下活动。线下活动可以增强亲和力、培养客户忠诚度，并推动客户整个旅程的进展。如果销售接洽得当，并建立起良好的售后服务链路，线下活动能够促进成交的效果。

不论是线上活动还是线下活动，都需要 EMS（会议管理系统）。会议管理系统适用于各种会议管理场景，包括线上直播和线下活动的整个流程管理。它为市场人员设计了合理的流程，并收集全面的客户信息，以极大地提升活动管理效率，优化活动转化设计，并持续提高活动的投资回报率。

总结而言，线下活动对于推动业务增长至关重要，而会议管理系统是一项不可或缺的工具。通过使用会议管理系统，企业可以更好地规划、组织和管理各类活动，实现更高效的活动运营和更佳的投资回报率。

5. A/B 测试

A/B 测试又称拆分测试，是一种随机实验过程，通过将变量的两个或多个版本同时展示给网站的不同访问者群体，确定哪个版本具有最大的影响并促进业务指标达成。

在 B2B 领域的 A/B 测试中，样本量的问题可能会对结果产生影响。此外，还需要考虑 A/B 测试工具的速度和排名因素。通常情况下，A/B 测试会在产品迭代的正式发布阶段应用，将 Web 页面或 APP 界面、流程设计成不同方案，并将客户流量分成若干组。最后，根据客户体验和业务数据来评估不同版本的效果，以确定最佳方案。

值得注意的是，为了获得准确的结果，在进行 A/B 测试时，样本量要足够大以保证统计显著性，并且测试时间要足够长以获取可靠的数据。此外，为了避免其他因素的干扰，应尽可能控制其他变量，并确保测试组和对照组是相似的。

通过有效的 A/B 测试，企业可以更好地了解客户喜好和行为模式，优化产品和服务，提高客户体验，并最终推动业务增长。

6. 虚拟客服

在美国，有 Salesforce、Oracle、IBM、SAP 等众多价值上千亿美元的 B2B 服务提供商。它们已将人工智能（AI）作为工具整合到云服务中，并提供随用随取的服务模式。然而，在国内，AI 的发展需要应对企业数字化和云化等多重变革，因此很难快速落地。

AI 在客服领域有许多应用场景，可以很大程度上解决客服所面临的痛点问题。通过与专属 AI 虚拟客服进行一对一沟通，客户可以获得即时回复，省去了等待的时间。服务过程中积累的各种数据也能帮助 AI 虚拟客服不断自动学习并提高应答效率，形成正向循环。AI 虚拟客服可实现 24 小时全天候在线，与客户互动，使人工座席节约更多时间和精力，专注于处理高价值问题，并主动为客户提供更个性化、更灵活、更深入的专业意见。

尽管国内 AI 的发展面临一些挑战，但随着企业的数字化转型和云化趋势的推进，相信 AI 技术将逐渐得到广泛应用。这将为国内企业带来更高效的客服体验，提升企业的服务质量和竞争力。

6.3.3　中端工具

1. CDP

CDP（客户数据平台）汇集了企业市场部信息库中的全部数据，并还原了真实客户的画像和需求。该平台支持数据分析和需求洞察，可以帮助企业做出明智的营销决策并推动业务增长。

CDP 的功能是从不同的源系统中收集客户数据，并将其连接到客户身份，然后将结果存储在数据库中供外部系统使用。有些系统能够提取受众细分并将其发送到外部系统，这些系统通常采用专业的数据管理和访问技术。有些系统最初是标签管理或网络分析系统，目前在这些领域仍然保留着部分传统业务。

CDP 是一种提供数据组装和分析应用的系统，其中包括客户分割，有时还包括机器学习、预测建模、收入归因和旅程映射等功能。

总之，CDP 是一个强大的工具，它能够整合和分析企业市场部信息库中的数据，为企业提供深度洞察和客户画像。利用 CDP 的功能，企业可以做出明智的营销决策，并将其应用于推动业务增长。

2. DAM

DAM（数字资产管理平台）旨在帮助企业集中管理各种数字资产，包括照片、视频、音频和文档等。该平台使客户能够方便地搜索、浏览、编辑和分享数字内容。

为了确保正确的内容流向正确的目标受众，需要完善内容管理工具，并充分发掘每个创意内容的潜能，将其传达到适当的渠道和目标客户手中。DAM 可以集中管理、积累和传播品牌重要的创意内容，并全面控制权限，使企业部门和外部合作伙伴之间的协作更加高效顺畅，形成高效的内容流动闭环。品牌内容中心能够高效地帮助企业进行快速的私域内容管理、创作、分发以及数据回馈，从而帮助销售团队和营销团队通过数据发现优质内容，并为未来的内容策划做出决策。

总而言之，DAM 是一种强大的数字资产管理平台，有助于企业集中管理各类数字资产，并提供便捷的搜索、浏览、编辑和分享功能。通过完善的内容管理工具和品牌内容中心，企业能够实现高效的内容流转以及优质内容的创作、分发和数据回馈，从而为销售和营销团队提供强有力的支持，并制定未来的内容策略。

3. MA

WPP 首席执行官 Mark Read 曾指出："我们花费了大量时间

在媒体定位上，瞻前顾后，但没有充分考虑如何建立个性化的创意信息。"借助 CDP 与 MA（营销自动化）的结合，可以实现千人千面的能力，打造个性化的创意信息。

营销自动化系统可根据客户的购买历史和特征设置自动化流程，帮助企业自动化管理营销任务，发现更多优质客户并促成交易。MA 系统基于已经形成的标签和积累的数据，并利用动态分组和平台链接的营销自动化工具，可实现精准触达，唤醒沉睡的客户。

总而言之，借助 CDP 与 MA 的结合，企业能够实现个性化的创意信息，营销自动化系统根据用户的购买历史和特征进行自动化流程设置，发现更多优质客户并促成交易。这样的系统利用已有的标签和积累的数据，通过动态分组和平台链接的营销自动化工具，实现精准触达，重新激活沉睡的客户。

6.4　数字化人才队伍的构建

当前面临数字化转型浪潮，组织中的各个角色对此持有不同态度。有些角色不愿意进行数字化营销升级，而其他一些角色则希望尝试，但缺乏相应的能力。要推进营销数字化转型，需要各个角色合作。虽然有些高级管理人员拥有较高的职权，但可能缺乏垂直领域的知识和经验；优秀的专业员工虽然能力出众，但对数字化营销的探索不够深入；IT 人员可能具备良好的技术能力，但对业务理解不够深刻。

任何单一角色都无法独立推动营销数字化转型，只有各个角色形成统一的数字化认知，才能使推进这项工作顺利进行。

6.4.1　数字化营销团队的建立

企业需要构建一支数字化营销团队才能在实施中取得胜利，这个团队应具备以下特点。

- **具备数字营销和商业知识的专业背景。** 团队成员应具备深入了解数字营销和商业战略的专业知识，以便能够制定有效的数字化营销策略，并与业务目标相一致。
- **对信息技术有良好理解。** 团队成员应了解数字工具的原理和使用方法，包括各种分析工具和数字化平台，在数字营销活动中能够熟练地运用这些工具。
- **熟悉现有的客户分析和洞察工具。** 团队成员应该熟悉并掌握各种客户分析和洞察工具，能够有效地分析客户数据并获得有价值的洞察，从而指导营销策略的优化。
- **善于利用数据分析客户并优化营销策略。** 团队成员应具备数据分析的能力，能够运用数据进行客户分析，并基于分析结果优化营销策略，达到更好的效果。
- **充分了解客户在使用数字工具时的客户体验。** 团队成员应了解客户在使用数字工具时的体验和需求，从而能够提供更加个性化和有效的数字化营销方案。

建立一个专业的团队不仅可以改善企业的数字化转型进程，还可以为企业开拓新市场创造更多的可能性。企业的成功与否取决于团队的全面性和专业性。这个团队应当装备精良、训练有素，并且富有积极性。只有这样，团队才能帮助企业充分发挥全渠道营销的潜力。

总之，建立一支强大的数字人才队伍是企业成功拥抱 B2B 全渠道营销战略的关键。企业必须通过培训或招聘获得具备数字营销专业知识和商业头脑的员工来建立自己的团队。

6.4.2　数字营销人员如何适应变化

内容营销与新技术的崛起，营销人员该如何适应？

相信很多营销人员，尤其是内容生产者都会感到"技术焦虑"，因为技术进步太快了，甚至可能取代他们的工作。但我认为，至少在短期内，这种担忧是不必要的。先进的技术可以帮助营销人员完成基础、重复性的工作，从而使他们能够腾出手来处理更具创造力和核心价值的任务。

基于这种想法，营销人员应该跟上技术的发展，了解如何合理地运用它们。例如，人工智能可以提高内容推送的频率，减少人工劳动。虚拟现实（VR）可以用来讲述故事，与客户建立更深入的联系。营销人员应该善于选择适合自己业务需求的技术，并将其应用到实际工作中。

总之，新技术的兴起为营销人员展示其创造力和想象力提供了绝佳机会。它为营销人员提供了更多的工具来创造更好的内容体验，并与客户建立更紧密的关系。通过正确地使用这些新技术，营销人员可以充分利用它们并受益。

我们需要意识到以下几点。

- **技术虽然发展迅速，但仍有局限性**。它主要擅长处理非常结构化的问题，对于综合类复杂问题可能难以解决。因此，人的创造力和灵活性在营销领域仍然是不可或缺的。
- **技术进步不可阻挡**。即使曾有多位计算机科学家联名呼吁暂缓大型 AI 的开发，但技术的发展势头无法阻挡。近年

来，人工智能领域正处于激烈的竞争中，技术的发展已经
处于失控状态。

- **工具需要人使用才能发挥价值。**人们应将基础任务交给工
  具去完成，从而释放出更多时间和精力用于策略性、整合
  性以及需要复合能力或高度专业能力才能完成的工作，这
  样才能更好地体现人的价值。

因此，营销人员应该积极适应技术的发展，并善于利用工
具来提升工作效率和质量。同时，我们也应不断提升自身的专业
能力，注重创意和战略思维，以保持竞争力并在数字化时代获得
成功。

|第 7 章|

B2B 营销数字化

在当今这个竞争激烈的商业环境中，企业需要不断适应和应对快速变化的市场需求。数字化营销作为一种有效的战略工具，为 B2B 企业带来了前所未有的机遇和挑战。然而，在进行数字化营销之前，了解企业的业务是至关重要的。

本章将探讨如何在数字化营销中读懂业务，并向数字化营销人员提供与业务部门进行交流的关键话题。首先，我们将解答一个重要问题：什么时候适合进行数字化营销？了解适宜的时机可以帮助企业抓住市场机会，避免盲目投入资源。接下来，我们将介绍客户画像和营销地图的制定。通过与业务部门确认营销预算、目标收入、产品优势和客户画像等信息，数字化营销部门可以更好地了解目标客户和细分人群，从而制定更有针对性的营销策略。

其次，我们将进一步讨论如何进行 B2B 全渠道数字化营销。在这部分，我们将深入探讨数字化营销渠道的排兵布阵。通过选择适当的数字化营销渠道，企业可以最大限度扩大品牌曝光率和市场影响力。特别是，我们将关注 DMP 和微信这两个重要的数字化营销渠道。

最后，我们将着眼于如何更好地利用企业客户的数据。数据是数字化营销的核心，能够帮助企业进行精准目标定位和个性化营销推送。本章将分享一些关于数据收集、分析和利用的最佳实践，以帮助企业最大限度地发挥客户数据的潜力。

通过深入了解企业的业务，并与业务部门紧密合作，数字化营销人员可以更好地制定战略和执行计划，以实现营销目标。本章内容将为数字化营销人员提供有价值的见解和指导，帮助他们在数字化时代更好地拓展客户基础，提升品牌形象和增加销售收益。

7.1 做数字化营销先要读懂业务

7.1.1 数字化营销人员应该跟业务部门聊些什么

"我们为什么要做数字化营销？同样的预算，如果请 10 个销售人员是否能创造更高的价值？"这是每个数字化营销人员都会面对的问题。是否应该进行数字化营销？这需要考虑市场、产品、客户消费习惯、企业的市场推广策略等多个因素。

如图 7-1 所示，根据不同的客户购买金额、购买频次、消费习惯、需求难易程度和地域等因素，企业会选择不同的营销和渠道策略。例如：对于高价值需求复杂的客户，企业通常以销售关系维护为主；对于客单量小但购买频次高、喜欢线上购物的客户，数字化营销和电子商务触达成为主要手段。当然，实际情况要更为复杂。例如，即使针对购买频次高、客单量小的客户，许多 B2B 企业由于付款、物流、仓储等条件的限制，很多情况下也会选择通过供应商而非电子商务来触达客户。

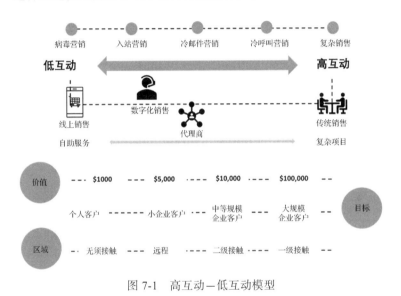

图 7-1　高互动－低互动模型

行业壁垒的高低、政府的规定以及企业的市场策略都会影响营销策略。例如，壁垒较高的半导体行业通常以线下维护为主。在我国香港特区，大学和医院对在线上下单的金额有明确限定，这导致内地和香港在营销和渠道策略上的差异。国家规定，医疗器械和化学危险品在线上推广展示需要办理相应的产品广告审批，且能够展示的信息受到限制。因此，对于这类产品，企业通常更倾向于选择线下营销。

通过数字化营销，企业能够更有效地触达更广泛的客户群体，并以更精准、个性化的方式进行营销推广。数字化营销可以提供更多数据和分析，帮助企业了解客户需求，优化营销策略，并取得更好的营销效果。

无论是选择传统销售还是数字化营销，企业都需要根据自身情况权衡利弊，结合市场需求和企业战略来制定最佳的营销策略。数字化营销作为一种强大的工具，为企业创造更高的价值提供了巨大的机遇。

7.1.2　企业客户画像以及营销地图的制定

在 B2B 营销中，勾勒出准确的客户画像是非常重要的。客户画像是指对目标客户的详细描述和理解，包括其行为、需求、偏好和特征等方面的信息。这样我们才能做到如下几点。

- **更加精准定位目标客户**。通过创建客户画像，您可以更准确地确定您的目标客户是谁。这有助于将有限的资源和精力集中在那些最有可能成为您的潜在客户的人群上，提高市场推广的效果。
- **进行个性化营销策略**。具备清晰的客户画像使您能够更好地理解目标客户的需求和偏好。基于这些了解，您可以量身定制个性化的营销策略和信息，以引起他们的注意并满足他们的需求，增加购买意愿和转化率。
- **优化产品和服务**。通过深入了解目标客户的特点和需求，您可以根据他们的反馈和期望来优化产品和服务。这有助于提高产品的市场适应性，并为客户提供更好的体验，建立长期的合作关系。
- **提升销售效率**。明确的客户画像可以帮助销售团队更好地了解潜在客户，预测他们的需求和反应。这样，销售人员

可以根据客户画像制定个性化销售方案，提供个性化的解
决方案，并更有针对性地推动销售过程，提高销售效率和
成交率。

因此，在开展数字化营销活动之前，通常需要与业务部门
或者市场营销团队的专家进行沟通，并确保就营销预算、目标收
入、产品优势和客户画像等达成一致。这样做有助于数字化营销
团队更好地了解目标客户，并进行有效的人群细分。表 7-1 是用
来勾勒客户画像的工具。

表 7-1　B2B 企业中关键决策人客户画像

客户画像	
预算：20000 元	目标收入：200000 元
目标客户职位：银行 CMO	目标客户购买阶段：新客户
目标客户购买行为： 　　面对来自非传统银行的巨大压力，CMO 正在寻找获得深入客户洞察力的方法，以改变客户体验，获得新客户，减少客户流失，并在高度商品化的市场中脱颖而出。他们希望提供丰富的个性化服务，使用数据来了解市场趋势、客户需求和产品要求，并提高客户洞察力，以便在正确的时间向正确的客户提供正确的产品	
目标客户需求分析： 　　他们拥有来自银行业务多触点的丰富数据，并且所有数据在不同的系统中都是独立的，由不同的部门拥有。他们希望能够有一个数据库统一管理所有数据，并通过数据分析深入了解客户 　　希望通过设计个性化的营销或个性化的服务，减少客户流失并提高业务收入 　　希望可以利用外部数据进行精确营销，以赢得新客户	
价值主张： 　　×××企业是行业领先的合作伙伴，可以帮助企业客户拥有坚实的客户数据管理能力，获得深入的客户洞察力，以转变客户体验。我们有深厚的银行业经验，在多结构数据整合、分析、预测和优化方面有丰富的经验，可以帮助企业获得新的客户，减少客户流失，并在竞争中脱颖而出	

与此同时，业务部门还应提供有关客户在不同购买阶段遇到的问题和痛点的信息。这样，数字化营销部门就能针对这些问题提供解决方案。根据客户问题、客户行为、营销渠道、内容，数字化营销部门可以制定适用于不同细分人群在不同购买阶段的营销策略。这些策略可能涉及活动主题、营销渠道、营销平台和客户路径等多个方面。这些内容组成了表 7-2 所示的 B2B 营销地图。

在营销地图确认后，需要制定更详细的营销计划来针对每个阶段进行有效推广和深度营销。图 7-2 展示了一次营销活动中的不同阶段，包括信息获取、客户学习、客户试用和客户决策，并说明了适合使用的渠道宣传、获客策略以及如何针对不同人群进行客户培育。

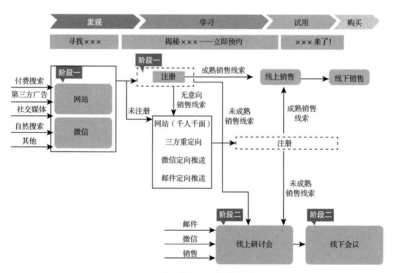

图 7-2　数字化深度营销策略

表 7-2　B2B 营销地图

依据	发现	学习	试用	购买	使用	推荐
客户问题	数据仓库已经不能满足企业的分析需求。它已经过载了。成功的企业正在使用的新选择是什么	CDP(客户数据平台)的特点是什么?创建成功CDP需要哪些必要条件	这是不是一个成熟的产品?我应该考虑哪些功能?以及如何使我的业务受益	我们在项目各个阶段那里是否能从供应商那里获得足够支持并且日达到预期的成果	我在哪里可以找到"如何开始"的指南以及部署和使用我的应用程序中的最佳实践	我在哪里可以分享部署和使用CDP的最佳做法的信息
客户行为	使用可信赖的社交媒体和在线同行社区、查看其他企业正在探索、使用或宣扬什么产品	在线搜索与CDP相关的信息和内容;从专业网站获取信息	想与供应商或其他已经使用其产品的客户交谈	要求潜在的供应商提供明确的项目成本、可交付成果和时间表,以证明成本和确保资金	寻求项目实施的最佳实践和模板	参与论坛、社区、微信群
营销渠道及支持	行业社区、行业社交媒体、付费搜索、信息流、第三方网站	付费搜索、微信、直播、第三方研讨会、EDM(电子邮件营销)	微信、EDM、线下会议	销售、线上培训	销售、技术支持、企业微信	微信群、微信社区
内容	成功案例	成功案例、产品介绍视频	产品Demo视频、产品手册、产品白皮书	产品课程	产品课程、操作指南	线上会议、演讲嘉宾、企业成功案例视频分享

1）信息获取阶段：

- **渠道宣传**：运用内容营销、社交媒体发布、搜索引擎优化（SEO）等方式，提供有价值的内容吸引目标受众，让他们了解我们的产品或服务。
- **获客策略**：通过网站注册表单、电子书下载、免费资源提供等方式收集潜在客户的联系信息。

2）客户学习阶段：

- **渠道宣传**：使用博客文章、白皮书、视频教程等形式，为目标受众提供深入的行业知识和解决方案，帮助他们理解我们的产品或服务的价值。
- **获客策略**：通过网络研讨会、在线培训和工作坊等方式，邀请潜在客户参与并收集他们关于产品或服务的兴趣和需求。

3）客户试用阶段：

- **渠道宣传**：利用免费试用、演示视频、客户案例分享等方式，让潜在客户亲身体验您的产品或服务，并展示其优势和实际效果。
- **获客策略**：通过注册免费试用、提供个性化演示、推出试用期特别优惠等方式，吸引潜在客户尝试并进一步了解产品或服务。

4）客户决策阶段：

- **渠道宣传**：使用个人销售谈判、客户参观、在线聊天支持等方式，与潜在客户进行密切互动，解答疑问、消除顾虑，促使他们做出购买决策。
- **获客策略**：通过提供个性化报价、定制解决方案、免费咨询等方式，为潜在客户提供针对性支持，帮助他们做出明智的决策。

以上每个阶段都需要制定具体的策略和行动计划，以确保在整个营销过程中针对不同人群进行有效宣传和培育。同时，及时监测和评估每个阶段的绩效，并根据反馈及其他数据进行优化和调整，以提高营销活动的效果和客户转化率。

7.2 如何进行 B2B 全渠道数字化营销

7.2.1 数字化营销渠道如何排兵布阵

数字化营销渠道是营销活动中重要的获客来源。在 B2B 行业中，常见的营销渠道包括搜索引擎、第三方媒体广告、社交媒体、微信营销、直播和视频号营销等。

在选择渠道之前，首先要了解客户所处的阶段。以服装公司为例，不同阶段分析如图 7-3 所示。

- See 阶段的受众是"所有穿衣服的人"。对于这个阶段的受众，营销广告的定位非常广泛，主要目的是品牌推广。
- Think 阶段的受众是"所有穿衣服且考虑购置新衣服的人"。对于这个阶段的客户，营销广告的定位比 See 阶段更加具体，主要展示品牌价值，并鼓励与品牌进行初步互动（如观看视频、下载应用等）。
- Do 阶段的受众是"所有穿衣服，考虑购置新衣服，并且正在寻求购买衣服的人"。对于这个阶段的客户，营销推广的目标人群将更为集中（如再营销、个性化广告），主要以 ROI（投资回报率）为导向。

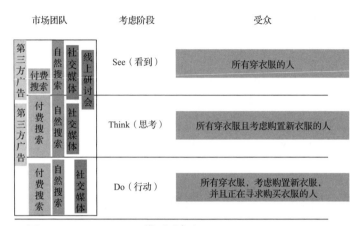

图 7-3　See-Think-Do 模型（参考 "See-Think-Do: A Content, Marketing Measurement Business Framework"，作者 Avinash Kaushik）

在选择渠道时，要先确定我们要触达的客户处于哪个阶段。针对不同阶段的客户，我们需要考虑如何解决他们的问题，并创建不同的内容来传递不同的信息。值得注意的是，相同的营销渠道可以在不同的阶段使用。以 SEM 为例，对于相同的电子显微镜产品，在 See 阶段投放的关键词可能是"电子显微镜哪家好"，而在 Do 阶段可能是"×× 电子显微镜价格"。

同时针对新老客户，企业的营销方式也有所不同。针对老客户的营销旨在促使他们购买更多的产品。因此，采取的策略主要以私域运营为主，可以通过促销活动、会员激励等方式来保持客户关系。在营销渠道方面，除了微信、EDM 定向投放外，还可以利用销售转发、企业微信以及个性化营销等内部渠道。

针对新客户的营销策略，则可以选择搜索引擎和第三方媒体广告等渠道进行广泛覆盖，以尽可能触达更多客户。同时，也可以通过老客户的裂变效应来扩散到新的人群。图 7-4 给出了新老

市场 – 新老产品营销模型。

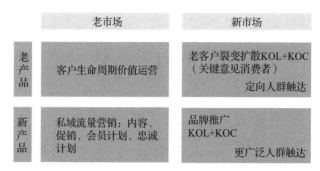

图 7-4　新老市场 – 新老产品营销模型（参考《数据赋能：数
　　　　字化营销与运营新实战》，作者宋星）

　　在营销渠道的部署中，应综合考虑以往各个渠道的投入产出
比，并结合业务部门的需求来合理分配预算。从表 7-3 可以看出，
在相同预算下，SEM 显然能够带来更多的收入，而 DMP（数据
管理平台）则能够提供更多的展现次数。如果业务部门追求更高
的收益，显然应该增加对 SEM 的投入。

表 7-3　投入产出比计算表

渠道	成本 / 元	展现 次数	点击率	访问 次数	跳出率	独立访 客 / 人	投资回 报率	收入 / 元
SEM	12000	63157	3.5%	2210	36%	1500	30%	360000
DMP	12000	110000	0.2%	200	88%	180	0.1%	1000

　　在营销过程中，还应对营销绩效进行跟踪，并及时进行优
化。图 7-5 展示了不同阶段主要评估的指标。

7.2.2　搜索引擎依然是 B2B 数字化营销的主战场

　　搜索引擎目前仍然是 B2B 数字化营销中重要的渠道。SEO

（搜索引擎优化）和 SEM（搜索引擎营销）的区别主要在于是否付费。理论上，所有企业都希望通过加强 SEO 来节省预算。然而，在实践中，大多数 B2B 企业需要通过 SEM 来接触更多目标客户。

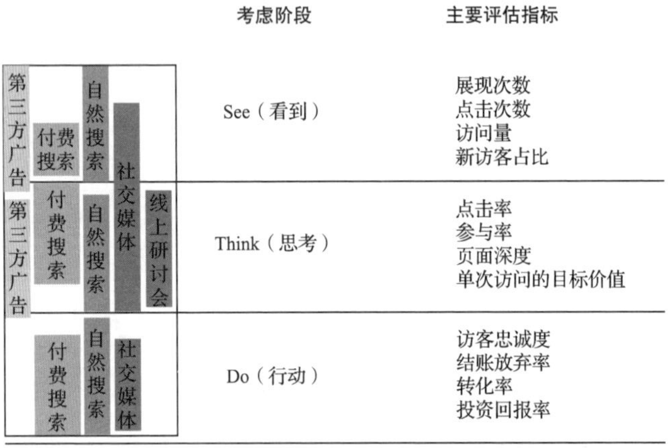

图 7-5　See-Think-Do 不同阶段主要评估指标（参考 "See-Think-Do: A Content, Marketing Measurement Business Framework"，作者 Avinash Kaushik）

图 7-6 清楚地展示了 SEO 和 SEM 的区别。SEM 主要用于投放竞争激烈的关键词、竞品词、品牌词、活动词和新品词。SEM 还能实现对特定人群的定向推广。

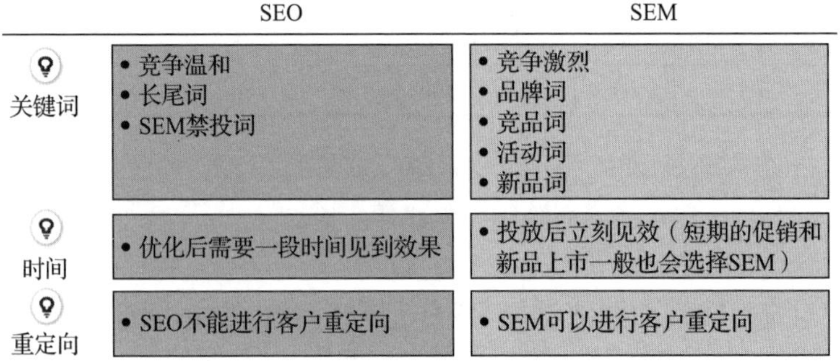

	SEO	SEM
关键词	• 竞争温和 • 长尾词 • SEM禁投词	• 竞争激烈 • 品牌词 • 竞品词 • 活动词 • 新品词
时间	• 优化后需要一段时间见到效果	• 投放后立刻见效（短期的促销和新品上市一般也会选择SEM）
重定向	• SEO不能进行客户重定向	• SEM可以进行客户重定向

图 7-6　SEO 和 SEM 的主要区别

　　对于大部分企业来说，SEM 和 SEO 通常是共存的。只是根据市场竞争情况、产品和预算等因素，SEM 和 SEO 的占比可能不同。图 7-7 显示了一家营销费用投入超过千万元的企业，在拥有 10 万个以上产品货号的情况下，尽管 SEM 投入很大，但 SEO 关键词的数量仍远远超过 SEM。那么有人可能会问，在这种情况下，如果专注于 SEO，长尾词的流量是否会远远超过 SEM 呢？实际情况是，图 7-7 中 SEM 的流量远远大于 SEO。这是因为虽然企业拥有众多产品，但真正盈利的只有几百个货号，而这些货号通常是竞争最激烈且流量最大的，需要通过 SEM 来争夺市场份额。

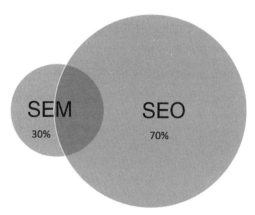

图 7-7　SEO 和 SEM 关键词数量

　　另外值得一提的是，无论是进行 SEO 还是 SEM，都需要遵循百度等搜索引擎的排名算法要求。2004 年靠建立大量的外链就有可能获得一个好排名，但是到了 2022 年有大量不相关的链接可能导致网站被惩罚。不管搜索引擎的算法如何改变，内容质量、客户体验、关键词优化等相关算法一直是工作的重点。同时，搜索引擎也一直在与时俱进，比如跟医疗相关搜索的 EAT

（自适应跟踪）算法旨在提供更可信及安全的搜索结果。又如，语音搜索与客户的搜索设备从 PC（个人计算机）端到 Mobile（移动）端的转变密不可分。近两年智能搜索与 AI、ChatGPT 等技术的发展息息相关。

此外，除了传统的搜索引擎，微信、抖音、微博等新型搜索引擎正逐渐崛起。中国客户的搜索习惯正在发生改变，这可能具有颠覆性的影响。

7.2.3　DMP：数据驱动的营销利器与再营销策略

DMP（数据管理平台）是驱动 DSP、程序化广告和实时竞价（RTB）的关键。DMP 是企业寻找新客户的重要渠道，其本质是一个数据库。与 CDP 和 CRM 不同，DMP 在数字化营销领域与广告投放密切相关。DMP 通过收集客户在不同营销触点的数据，为客户打上标签，根据标签组合形成不同的细分人群组，并将特定的细分人群提供给广告服务提供商，以实现特定人群的营销触达。

DMP 的最大价值在于帮助企业触达特定的目标客户群体并进行营销。DMP 支持多种条件下的人群筛选，包括人口属性、消费能力、搜索行为、行业偏好、兴趣偏好、用户重定向等。同时，它还支持基于行为的人群圈定，例如过去 7 天内在上海加入购物车并购买过 A 产品的客户。

企业在利用 DMP 进行营销时，关键是掌握如何准确地找到目标客户。除了通过地域、行业、行为等因素筛选客户外，还可以通过类似人群（Look Alike）等方式精确找到更多目标客户。类似人群是那些与购买我们产品的人群高度相似的人群，这些人也很可能购买我们的产品。企业可以向广告服务提供商提供种子人群名单，广告服务提供商可以在 DMP 中通过"相似度控制"或"人群放大控制"选出特定的人群进行广告推送。需要注意的是，在提供种子人群时，一般会提供 ID 数据，例如电话号码、设备 ID、OpenID 等。在这个过程中，企业需要对这些数据进行加密处理。另外，种子人群的数量不能太少，一般至少为 2000 个，超过 5 万个结果会更可靠。

DMP 将人群数据传输给 DSP、程序化广告和广告交换平台，用于广告投放。以再营销广告为例，再营销主要针对已经被覆盖但尚未采取关键行动（如购买）的人群。对于没有采取关键行动的客户，当他们出现在营销广告网络中各媒体的广告位置时，这些广告位置上会显示针对性的广告，以吸引客户返回广告主网站并完成特定行为。一般在营销链路上会有 2～3 次的客户唤回，需要注意链路上广告信息和间隔时间的设置。广告信息一般采用递进式推广产品或服务的方式，如果广告信息中包含礼品或促销等吸引客户的信息，将大大增加客户唤回的概率。

7.2.4　微信营销在 B2B 行业的关键点

在 B2B 行业中，微信已成为企业客户了解产品和供应链公司的重要渠道，甚至有些企业客户使用微信的频次超过官网。越来越多的 B2B 企业也开始利用微信进行定向推广、促销、直播、培训和会员管理等活动。

微信营销的关键是建立客户和内容的标签体系，以实现精确定向推广。除了根据客户注册时填写的行业、职位和感兴趣领域等信息对客户进行标签化，我们还可以根据活动、消费能力、兴趣特征和行为特征等在 SCRM 系统中对客户进行分类。同时，在

SCRM 系统中还可以为文章、课程、直播等内容打上标签。当客户的标签设置好后，企业可以通过营销自动化模块在 SCRM 系统中设置触发条件（例如具有特定标签的客户）、时间安排、执行应用（例如发送模板消息）和属性分支（例如给已打开邮件和未打开邮件的客户推送不同内容），从而定义客户推广的路径。

另外，企业还可以在微信 SCRM 系统中建立促销页面、线上课程系统、线上直播等。微信支持市场活动海报生成与溯源、会员中心和问卷调查等功能。对于营销人员来说，建好相应的内容和平台后，可充分利用 SCRM 系统的各项功能，与客户进行有效互动是微信营销的重点。一般的营销活动可分为诱饵、触点和规则三个部分。例如，在活动海报上宣传参加活动可能获得免费课程（诱饵），然后将客户扫描海报后进入企业群作为触点。客户选择参与裂变任务，并通过拉 10 个人进群获得免费课程学习的机会（规则）。在学习课程后，一部分客户通过直播间领取优惠券直接购买课程，而另一部分客户则通过细分人群进行再次营销。图 7-8 是采用微信生态体系进行整合营销的流程图。

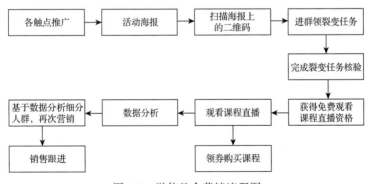

图 7-8　微信整合营销流程图

我们可以通过设置不同的诱饵、触点和规则来与客户进行互动。在这个过程中，企业不断获取消费者的数据和标签，对消费者的了解也越来越深入。根据不同人群，企业可以更精准地设置规则。例如：针对追求新鲜感的学生群体，可以设置裂变抽盲盒等活动；对于价格敏感的客户，可以设置与折扣相关的诱饵。随着互动的不断加深，你会发现客户与企业的关系越来越融洽，客户也越来越愿意完成企业设置的任务。

除了常见的搜索引擎、程序化广告和微信等渠道带来的流量外，EDM 和第三方广告也是企业常用的渠道。值得注意的是，传统形式的 EDM 已经逐渐被企业弃用，取而代之的是在营销自动化工具中利用 EDM 为特定人群设计营销路径，实现更精准的营销。同时，随着公域流量获客成本的上升和企业市场预算的紧张，企业使用第三方广告仅追求展示量而非转化的情况越来越少。因此，越来越多的声音开始呼吁企业进行私域营销和深度运营，重新关注集客式营销（Inbound Marketing）。然而需要注意的是，私域流量离不开公域流量的支持，没有公域流量就无法获得预期的流量池。同时，市场竞争也决定了在现实生活中很难只依靠集客式营销而不进行付费营销。

7.3　如何更好地利用企业客户的数据

7.3.1　企业自有数据库的重要性

近两三年，许多 B2B 企业的客户行为趋向于 B2C 行业。除了多元化的前端渠道外，B2B 企业的自有平台也呈现出多样化的趋势。许多 B2B 企业不仅拥有传统的网站，还建立了微信商城、微信群、APP，并开设了视频和直播账号等。B2B 客户的行为也变得更加碎片化。对于 B2B 营销人员来说，如何准确捕获同一客户在不同触点和平台上的行为，并实现更精准的再营销和深度营销，显得非常重要。

B2B 企业建立自有数据库，可以帮助企业实现数据掌控、支持决策、改善客户关系、确保数据安全和合规，并获得独立性和灵活性。这些因素对于企业的竞争力和可持续发展至关重要。图 7-9 是 B2B 企业自有数据库营销前端、自有触点和深度交互示意图。企业自有数据库的重要性如下。

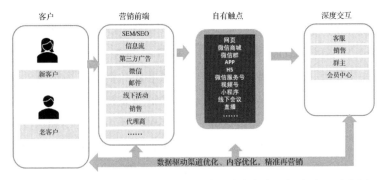

图 7-9　B2B 企业自有数据库营销前端、自有触点和深度交互示意图

- **数据掌控权**：拥有自有数据库可以确保企业对数据的所有权和控制权。这意味着企业不必依赖第三方供应商或平台，可以自主管理和处理数据，更加灵活地满足企业的需求。

- **数据分析和洞察力**：自有数据库能够为企业提供大量的数据，包括客户信息、交易记录、市场趋势等。通过对这些数据进行分析，企业可以获得深入的洞察力，了解客户行为、市场需求等重要信息，从而做出更明智的决策。

- **客户关系管理**：自有数据库允许企业建立完整的客户档案，包括联系信息、购买历史、偏好等。通过细致地管理和更

新客户数据，企业可以更好地了解客户需求，实施个性化
营销和提供更好的客户服务，增强客户忠诚度。

- **数据安全和合规性**：建立自有数据库可以提高数据的安全
性和合规性。企业可以采取相应的安全措施，如加密、访
问控制等，以保护敏感信息和防止数据泄露。此外，自
有数据库也可以更好地符合法律法规对数据隐私保护的
要求。

- **独立性和灵活性**：自有数据库使企业减少对第三方服务商
或平台的依赖，具备独立管理和操作的能力。这样，企业
可以更灵活地根据自身需求进行定制和调整，轻松应对业
务增长、变化和创新的挑战。

7.3.2　B2B 企业部署和选择数据系统的考量

企业在制定数据系统策略时需明确各种消费者触点，如网
站、APP、微信、线下销售和客户服务等。对于拥有多个触点的
企业，需要解决不同触点下同一客户的身份识别问题。为了更好
地识别客户，建议选择同一数据分析系统，避免出现同一客户在
不同平台被识别成两个人的情况。需要注意的是，实际中客户数
据存储在多个数据库中，如 Adobe Analytics 用于网站和 APP 行
为，SFDC 用于销售线索，Oracle 用于用户订单数据等。然而，
在规划阶段，应尽可能使用同一工具追踪可追踪的触点数据。

在选择合适的工具后，确保正确部署基本设置至关重要。以
Adobe Analytics 为例，首先要确保 JavaScript 代码正确部署在每
个网页上，为此要进行必要的测试。例如，部署时可能遇到页面
的 Meta Description（元描述）出现特殊字符导致 Adobe Analytics
的 JavaScript 代码无法正常调用，从而无法跟踪页面的情况。其

次，需要确保页面上的事件（例如视频点击、文件下载、加入购物车）能够正确埋点（Event Tracking），以捕获客户在网站上的行为。

当我们选择并成功部署了数据工具后，设置一套 Tracking Code（追踪代码，如 Google 的 UTM 标签）来识别来自不同渠道、媒体、活动和内容的数据也至关重要。企业通常会针对不同的市场活动、渠道和内容设置自己的 Campaign Code（活动代码）和 Tracking Code 进行识别。在不同系统中，应适当配置相应字段以确保正确识别各个市场活动、渠道和内容。

除了基本的数据系统，对于拥有多个触点、大量客户和交易量的企业，选择 CDP 作为客户数据管理和应用平台是常见做法。与 CRM 和 DMP 相比较，客户数据平台 CDP 强调客户深度运营。CDP 的核心包括 ID 的打通、客户标签系统以及与营销自动化系统结合实现对客户的深度营销。CDP 可以通过添加监测脚本代码或数据接口的方式获取数据，并在 CDP 中建立相应的规则来整合不同来源的数据。在 ID 打通方面，原则上同一生态使用共有 ID，跨生态使用电话号码，例如网站使用 User ID，微信使用 Union ID。其他方式虽然技术上可行，但可能精准性不够或不符合隐私保护法的要求。

CDP 的标签引擎主要分为事实标签、规则标签和预测标签三种。事实标签基于属性和行为，例如客户访问抗体页面可被打上"抗体"标签。规则标签由满足特定规则的一个或多个行为形成，例如只有在抗体页面加入购物车的客户才会被打上"抗体"标签。预测标签通过算法对历史行为进行预测，例如根据流失算法将某些客户打上流失标签，这些客户可能不会再购买抗体产品。图 7-10 给出了客户数据平台（CDP）的示意。

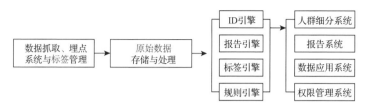

图 7-10　客户数据平台（参考《数据赋能：数字化营销与运营新实战》，作者宋星）

CDP 还具有与营销自动化结合的重要功能，用于实施针对不同人群的个性化营销。例如，一些网站的千人千面功能就是由 CDP 的数据驱动的。同时，营销人员可以直接在 CDP 中下载报告或人群包，并通过线下销售人员直接接触客户。

7.3.3　B2B 企业客户数据安全性考量

在当今这个数字化时代，B2B 企业面临着日益复杂和普遍的数据安全威胁。对于这些企业来说，数据是最宝贵的资产之一，其中包含有关客户、供应链、合作伙伴以及内部运营的敏感信息。保护这些数据的安全性不仅是道德和法律义务，更是维护企业声誉和可持续发展的关键。

首先，**B2B 企业必须确保客户数据的保密性**。客户信任是商业成功的基石，而泄露敏感客户数据将带来巨大的声誉和经济损失。通过实施强大的身份验证措施、数据加密技术和访问权限管理，B2B 企业可以有效防止未经授权的数据访问和泄露。

其次，**数据安全对于保障企业运营的连续性至关重要**。B2B 企业通常依赖于各种 IT 系统和云服务来处理和存储数据，包括采购、生产、供应链管理以及客户关系管理等。如果这些数据受到恶意攻击、病毒感染或系统故障的影响，企业可能面临生产中断、服务停滞和财务损失等风险。通过实施强大的网络安全措施、备份和恢复计划，B2B 企业可以最大限度减少这些风险，并确保业务连续稳定。

最后，**数据安全合规性也是 B2B 企业必须关注的重要方面。**随着数据保护法规的不断出台和加强，如欧洲的 GDPR（《通用数据保护条例》）和美国的 CCPA（《加州消费者隐私法》），企业需要遵守国家和地区的数据隐私法律要求，以免面临高额罚款和法律责任。制定并执行数据处理政策、进行合规性审核和监控，有助于保护企业免受违规行为的影响，并展示其对数据保护的承诺。

对于 B2B 企业，与客户数据安全相关的法律条款是一条高压线。我们强烈建议要进行如下的举措。

- **遵守适用法律和规定**。了解所在地区和运营市场的个人数据保护法律和条款，并确保企业遵守这些法律和规定。这包括合规处理、存储和保护客户数据的要求。
- **明确获取客户同意**。确保从客户那里获得明确同意，之后再收集、使用和处理其个人数据。提供透明的隐私政策和条款，确保客户清楚了解数据处理实践。
- **确保使用数据最小化原则**。仅收集和处理必要的个人数据，避免过度收集客户信息。只保留必要的时间，并根据法律规定安全地处理和销毁数据。
- **采取必要数据安全保护措施**。采取适当的技术和组织措施来保护客户数据的安全性和机密性。这可能包括加密、访问控制、网络安全和漏洞管理等。
- **确保合作伙伴和供应商尽职调查**。对与您共享客户数据或处理客户数据的合作伙伴和供应商，进行尽职调查，确保他们也符合数据保护法律的要求。

- **响应客户权利和安全事件**。建立适当的流程和机制，以回应客户对其个人数据的访问请求、更正请求和删除请求。同时，建立紧急响应计划，以应对可能的数据泄露或安全事件。
- **进行教育与培训**。教育和培训员工和关键利益相关者，宣讲有关数据保护和隐私的最佳实践，确保他们了解个人数据的重要性，并知道如何处理和保护这些数据。

B2B 营销团队会掌握大量的客户数据，因此在客户数据安全方面，也应该是第一责任人。

品牌篇

第 8 章

B2B 品牌无与伦比的魅力

如果你有机会参与一个品牌的创立过程，那么恭喜你，你无疑是非常幸运的。这也是吸引我加入曾经服务过的一家公司的重要原因。这家公司的诞生源于本行业历史上最大规模的一起收购事件。一家集团在 2019 年宣布以超过 200 亿美元的价格收购了另外一家曾经是世界 500 强知名企业的一个事业部，并成立了一家独立运营的公司。根据收购协议，新公司将不能继续使用之前的品牌，而必须创立一个全新的品牌。对我们来说，参与品牌建立的全过程是一种极其幸运的经历，这个过程几乎颠覆了我们对品牌的认知。尽管在之前的公司，我们也成功地让一家拥有 80 多年历史的老品牌在中国焕发了新生。

接下来将从什么是品牌聊起，然后把我在数次品牌建立或者咨询过程中总结得到的品牌三大维度分享给大家，理解了这三大维度，就能够理解品牌的底层逻辑。很多公司都会有个高大上的愿景和使命，那么愿景和使命到底是干什么用的？本章也会和大家分享我们对愿景和使命的理解，以及如何更好利用它们来做好品牌。最后将分享我们的品牌建立心得和经典的案例。希望这一章可以帮助读者梳理做品牌的思路，甚至形成对品牌理解的底层逻辑。

8.1　B2B 企业品牌架构的搭建

8.1.1　别闹，你们不懂品牌

自从做市场营销以来，我听到别人说得最多的一个词就是"品牌"。没有人认为品牌不重要，但是也没有多少人能真正说明白品牌怎么重要。

我曾经服务过的一家美国企业中国区的总经理告诉我："你加入后，企业的品牌得到了大幅提升。"我谦虚地回答："哪里，哪里。"其实我本意是想知道，从哪些方面可以看到品牌提升。

某产品部的负责人自豪地说："我们的品牌是行业第一品牌，我们要做更多的活动，让别人追不上我们。"

销售部的同事指着电脑说："PPT 是企业的品牌形象，你们应该好好美化一下 PPT。"我点了点头，又摇了摇头。

售后服务部门的负责人说："售后工程师是与客户接触最多的人，如果他们每个人都穿着同样的印有企业 Logo 的衣服，对品牌宣传一定有好处。"我摸了摸荷包里的预算，又看了看行政经理，苦笑了一下。

"咱们在上海黄浦江边的大楼上打上企业的 Logo，一个星期，肯定会引起轰动！"

"我看到其他竞争对手在机场手推车上打广告，很有创新。"

"我们所有的活动都要在超五星级酒店举办，因为这种感觉特别棒。"

"咱们找一百位女骑手，在不同城市骑着大马发放我们的宣传品，怎么样？"

我们听了来自企业内部品牌工作坊的这些提议后，严肃地说："很有创意——但是，别闹，你们不懂品牌。"我们不能否认，这些创意有些真的很棒，很多创意在其他行业也有成功的先例，但是，并不是所有的创意都适合你的企业。因为，在回答"如何"之前，我们是否应该先回答"什么"和"为什么"的问题呢？

通过这些年的思考，我认为品牌的底层逻辑依然是——我想让谁做什么。针对这个问题，我们尝试用表 8-1 从客户购买旅程的三个阶段和不同客户级别探讨我们做品牌的目的，也就是为什么要做品牌。

表 8-1　为什么要做品牌

客户级别	信息收集（预赛）	比较阶段（淘汰赛）	决策阶段（总决赛）
使用者	让使用者和影响者看到我们，了解我们有什么和可以怎么帮到他们，从而进入比较阶段	让使用者不要成为我们成功的阻碍	
影响者		让影响者和决策者意识到我们怎么可以帮到他们和哪些独特优势可以帮到他们，从而进入"决策阶段"	让影响者不要成为我们成功的阻碍
决策者			让决策者意识到我们是唯一可以帮助他们的人，我们的产品和服务物有所值

有了为什么之后，我们将回答"什么"，即 What 的问题，做到什么样，才能被认为是成功呢？这就会涉及品牌 KPI 的问题。根据我们过去自己建立品牌或重塑品牌的经历，以及不同 B2B 型企业对品牌的咨询，我们尝试给出在客户购买旅程不同阶段的 KPI，见表 8-2。所有的"什么"都应该是为"为什么"服务的。

表 8-2　做品牌的 KPI 的主要维度

客户级别	有效信息展示	深入互动
使用者	每年针对使用者和影响者人群有效的信息展示次数，包括微信推文、电子邮件、第三方媒体、展会展台、线上线下报告、网站等	每年针对使用者进行有效互动的次数，包括礼品申领、技术培训、线下活动沟通等
影响者		针对影响者进行有效互动的次数，包括线下活动有效互动、线上有效互动、客户社区活动等
决策者		针对决策者进行有效互动的次数，以及决策者对我们品牌的反馈，包括面对面高质量互动次数、决策者作为 KOL 出席我们活动的次数等

表 8-1 和表 8-2 分别给出了打造品牌的 Why 和 What，而后面的 How 需要为 What 来服务。在接下来的介绍中，我们会从品牌搭建的框架，即品牌屋开始，来介绍如何从做什么到怎么做，打造 B2B 品牌。

8.1.2　品牌屋的核心元素

让我们从品牌的本质开始探讨。毫无疑问，没有人会怀疑品牌的重要性，甚至企业的财务报表中都会有商誉这一项。可口可乐的商誉占比更是达到了总资产的近 20%。现在展示一下我们的"品牌屋"，如图 8-1 所示。这张图是我们每次内部沟通时都会介绍的，每当我们对外演讲进行品牌分享时，也会使用它。一个品牌需要有三个元素：企业愿景、企业使命和企业价值观（3~6 个）。企业愿景是企业对未来企业和行业的设想和展望，是企业整体发展要达到的理想状态。它描述了一个美好的未来，回答了我们要去哪里的问题。通常情况下，最好将其与行业美好前景相关联，而不仅是企业本身，这样才能让愿景的受众——企业内部员工更加振奋，所处行业群体更加尊重这家企业。

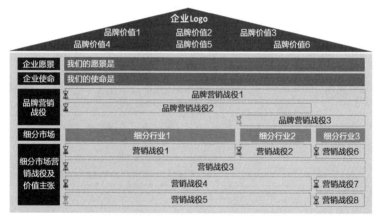

图 8-1 "品牌屋"示意图

企业使命是企业承担并努力实现的责任，确定了企业的方向和性质。这与我们在第 2 章中介绍的"客户画像"有些相似，但又不完全一样。客户画像需要每年根据行业和客户的变化进行更新，而企业使命通常会超过 5 年不变，因此应当更加高屋建瓴和简洁。

企业价值观是企业和员工的观念和理念，是企业文化的核心和行动准则。而优秀的企业价值观是当我们不在，客户之间谈论我们企业时会提到的关键词。如图 8-1 所示，我们将企业 Logo 和品牌价值放在最上面作为屋顶，以随时提醒我们在处理与客户相关的事务时要与企业价值观相关联。只有这样，在我们进行每一次活动和讲述每一个故事时，才能时刻体现出企业的价值观。

那么，品牌价值是如何确定的呢？在制定品牌价值时需要注意什么问题呢？我们可以借鉴"对客户的价值"和"独特性"这个二维四象限工具，并加上一个"护城河"的筛选条件。这一步是在制定品牌战略时需要考虑的。你们是否发现，在制定战略思路时大家的方法都差不多？实际上，在经过一段时间的训练后，你们就不再需要每次在纸上或 PPT 中画出这个工具了，它会在你们的大脑中形成一种习惯，而这个习惯将会使你们受益终生。

案例 8.1　我曾服务于一家公司，该公司在被收购后需要重新建立品牌。经过多轮内外部筛选后，确定了六个公司品牌的价值："可靠""促进我的工作""质量""创新""专家"和"领导者"。我与公司全球 CMO 沟通这六个价值的排序时，他明确告诉我："'专家''领导者'和'促进我的工作'是我们的核心价值，因为这些不仅是客户所需，也是我们独特的优势，其他人很难复制。而'创新''质量'和'可靠'则是这个行业的准入门槛，如果客户有需求，所有公司都必须具备这些要素，否则无法进入这个行业。

我们简要回顾了品牌的三个重要元素：愿景、使命和价值观。然而，建立一个品牌绝不是描述一个行业美好的梦想，然后虚构一个公司未来的情景，并添加几个关键词就可以了。在接下来的介绍中，我们将介绍品牌的三个重要维度——品牌知名度、品牌力和品牌溢价，来探讨品牌做什么和怎么做的问题。

8.2 品牌的三个新维度：品牌知名度、品牌力和品牌溢价

之前我们看过很多关于品牌的介绍，很多人将品牌分为三个维度：品牌知名度、品牌美誉度和品牌忠诚度。我们一直感觉这更像是从自己的角度出发来定义品牌，但是始终没有讲清楚做品牌到底是为了什么。直到我们看到了一家叫作 Kantar 的第三方公司对品牌的定义才有些感悟。Kantar 也将品牌分为三个维度，分别是品牌知名度、品牌力和品牌溢价。顾名思义，品牌知名度是指有多少人知道你的品牌，品牌力则是指有多少人在考虑购买时会想到你的品牌，而品牌溢价则是指当你的产品价格高于竞争对手时，有多少人仍然愿意购买你的产品。这三个维度更加从客户的角度出发，这又回到了我们做营销的本质——"我想要谁做什么"。这三个维度，如果放在表 8-1 中，就是在信息收集阶段，提升针对使用者和影响者的品牌知名度；在比较阶段，提升针对使用者、影响者和决策者的品牌力；在决策阶段，提升对影响者和决策者的品牌溢价，让决策者认为我们的产品"物有所值"。

图 8-2 展示的是一个结合了在不同阶段商家和客户分别会做什么的客户漏斗。B2B 商家企业需要做的其实就是要在客户信息收集之前提升品牌知名度，从而让客户有购买意愿时可以看到我们的产品信息。在信息收集阶段通过关键人物（可能是使用者或者影响者）提升品牌知名度和品牌力，让客户把我们放入比较阶段的名单。在客户比较阶段通过提升品牌力和品牌溢价，进入最终决定阶段的名单，最终通过提升品牌溢价而胜出。

可能仅仅看图 8-2 会略显生涩，接下来一点点解释品牌知名度、品牌力和品牌溢价，再回来看图 8-2，可能会有更多收获。

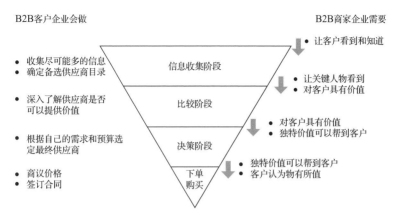

B2B客户企业会做　　　　　　　　　　　　　　　B2B商家企业需要

- 让客户看到和知道

- 收集尽可能多的信息
- 确定备选供应商目录

信息收集阶段

- 让关键人物看到
- 对客户具有价值

- 深入了解供应商是否
　可以提供价值

比较阶段

- 对客户具有价值
- 独特价值可以帮到客户

- 根据自己的需求和预算选
　定最终供应商

决策阶段

- 独特价值可以帮到客户
- 客户认为物有所值

- 商议价格
- 签订合同

下单
购买

图 8-2　客户购买旅程不同阶段 B2B 商家如何满足客户需求

8.2.1　对品牌知名度的全新认知

让我们先来看看品牌知名度。B2B 营销人员也需要尽力让客户了解你的品牌，让客户知道我们是前提条件，否则后面的两个维度就无从谈起。很多人此时会兴奋地告诉我们，自己有很多方法来提高品牌知名度，比如……对不起，请稍等一下，我们要时刻提醒自己，在回答"如何做"之前，先想清楚"做什么"。这里的"做什么"指的是品牌知名度的评估方法或者 KPI。只有明确定义好这些指标，我们在战术执行上才能更有针对性。表 8-2 中提到的 KPI 是品牌在不同人群中的有效展现次数，而更加频繁展示的结果是为了让客户记住我们，从而在购买时想到我们，因此我们建议还需要考虑增加展示后的效果——也就是花费了大量人力、物力向客户展示后，客户有没有看到你，和有没有记住你——作为另外的 KPI。

在我们的学习和实践中，发现有两个重要指标可以用来衡量客户有没有看到你和有没有记住你，一个是提示提及，另一个是未提示提及。未提示提及又分为未提示的首次提及和未提示的其他提及。让我们逐个来看。提示提及是指我们直接向行业客户询问一个问题："您知道 ×× 品牌吗？"许多大品牌的市场人员可能对这个问题感到有些可笑，"怎么会有人不知道我们的品牌呢？"我理解你们的想法，但对于一个全新的品牌来说，这个问题非常重要。根据我们从第三方公司获取的数据，成立三个月的 B2B 型企业做过大量市场和品牌宣传后，只有约 45% 的客户针对这个问题回答"是"，也就意味着还有一大半人根本没有听说过该品牌。而在参与此项调查的所有 B2B 企业中，被回答"是"的比例仅为 83%。要知道能够参与这项调查的企业都是非常有影响力的，并且通常是通过大量广告宣传的 B2B 企业。接下来，我们来看看未提示提及。这个问题也很简单："在 ×× 行业中，您知道哪些品牌？"我之前服务过的企业已经成立三年了，在未提示提及的排名中，我们排行第二，但比例也只有 30%。也就是说只有不到三分之一的人会主动想起我们的品牌。而在未提示提及排名第一的企业，比例仅为 70%。要知道，在我们所处的行业中排名第一的品牌已经有着七十多年的历史，并且在过去十五年里为品牌宣传提供了巨大投入，甚至为了企业品牌将所有收购来的知名品牌都隐藏起来，所有产品只使用一个品牌。再看看其他企业，它们在未提示提及方面，客户首次提到的比例不超过 30%，而我们排名第二的比例仅为 14%，其他企业就没有超过 8% 的企业了。

因此，尽管大家都知道品牌知名度非常重要，但要真正做好却并不容易。特别是未提示提及的得分与品牌的第二个维度——品牌力直接相关。

8.2.2　客户价值意义和品牌知名度强度决定了品牌力

我们再来看看品牌力。但在谈论品牌力和品牌溢价之前，我们先回顾一下反复提及的战略思维的两个重要因素——对客户的价值和独特性。没错，在品牌战略中，这两个概念有它们的专属名字，分别是"意义（Meaningful）"和"差异（Different）"，还有一个关键词是"知名度强度（Salient）"。建立品牌力和实现品牌溢价，简而言之就是从独特性开始，找到独特性中对客户有意义的价值，并且大声传递出去。我们将"意义""差异"和"知名度强度"称为品牌的三个关键词。

在谈及客户的意义时，对于品牌而言是感性的。因此，在考虑客户的意义时，不仅要从客户的理性需求角度出发，即与客户的生存问题相关联，还要考虑到感性认知方面。

"品牌力"在"百度百科"中的解释是指知名度、美誉度和诚信度的有机统一，是指客户对某个品牌形成的概念对其购买决策的影响程度。我们通过研究和实践发现，品牌力主要由品牌意义和品牌知名度强度来决定，而品牌独特性对其贡献微乎其微。

从图 8-3 中可以看出，品牌意义对品牌力的影响程度接近60%。我们又回到了讨论意义的话题上。在第 4 章中，我们花了整整一章介绍了如何寻找客户的理性价值。但上文我们提到，品牌意义或品牌对客户的意义不仅是理性的，还包含着许多感性因素。我最近阅读了丹尼尔·戈尔曼的《情商》这本书，书中有章节介绍了人类的主要情绪以及这些情绪导致的行为。我们认为在构建品牌意义时可以参考这些内容。从图 8-4 中可以看出，人类有四种核心情绪，包括恐惧、愤怒、悲伤和喜悦，还有四种主要情绪，包括喜爱、惊讶、厌恶和羞耻。

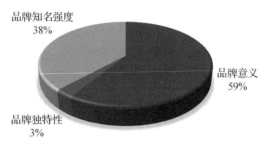

图 8-3　品牌力的影响因素

情绪	采取的行动
核心情绪	
恐惧	血流到双腿，面部缺血——方便逃跑，脸色发白 大脑释放激素——变得敏锐，集中精力，评估行动
愤怒	血流到手部——抓起武器 心率加快，肾上腺素激增——提供充沛的能量驱动
悲伤	降低生命活动能量和热情，新陈代谢减缓 希望留在更安全的地方
喜悦	生理状态保持静止，身体复原得到加速 充分储备能量和热情
主要情绪	
喜爱	唤起温柔性满足，身体处于平静和满足状态 易于合作
惊讶	眉毛上挑，视野更加开阔，可以捕捉更多信息，分析 当前情况，确定最佳行动方案
厌恶	上唇瞥向一边，额头微微皱起
羞耻	

图 8-4　核心情绪和主要情绪对采取行动的影响

　　感性这个话题太宽泛，我们不会深入探讨。然而，在品牌意义的建立和传播过程中，如果我们能根据图 8-4 融入更多的喜爱和喜悦元素，可能会产生出乎意料的效果。这也与品牌的愿景息息相关，如果一个企业的愿景充满爱意，将唤起人们内心的温柔情感，进而促进合作的实现。

　　另一个影响品牌力的主要因素是品牌知名度强度。根据我们的经验，这基本等同于未提及的提示指标。简而言之，通过向客户传达情感和理性上有意义的内容，可以增强品牌力，使客户在购买时优先考虑我们。但请不要忘记品牌的核心价值，将品牌核心价值定位于对客户有意义的事物，并围绕其进行传播。这是所有营销人员需要注意的重点。

8.2.3　品牌价值差异化和客户价值意义决定了品牌溢价

　　最后让我们来探讨品牌溢价这个维度吧。品牌溢价是确实存在的，但也是最难衡量的。我曾多次与我们的全球品牌总监讨论关键绩效指标，她从未提及"品牌溢价"。这个概念难以把握，既难以衡量又难以影响。然而，我们的中国团队对此却持不同看法，结果导致我们的公司在全球品牌溢价排名中位居第二，但在中国市场上处于绝对领先地位。

　　要理解品牌溢价，需要从客户认知价值（Customer Perceived Value）说起。客户认知价值是指客户对获取产品或服务所付出成本的总体评价，反映了客户对企业提供的产品或服务的主观感知价值，与其客观价值有所区别。简而言之，即客户购买产品和服务后是否认为物有所值。其中涉及一些感性因素，前文中已详细介绍了如何通过理性分析找到客户痛点和痛苦链，然后将其与我们独特的优势联系起来，解决问题和痛点。但这是否就足够呢？当然不是。客户认知价值是在产品本身的客观价值基础上建立的，其中涉及许多主观因素，而客户的主观感受又是在我们客观所做之事的基础上形成的。听起来有些复杂，简单来说就是好的产品和服务如何给客户带来更好的体验。客户愿意为了更好的体验而额外支付的费用，就是品牌溢价。现在让我们来看看客户认知价值与价格之间的关系。客户认知价值涉及"物有所值"，而价格则涉及"昂贵与否"。

我们可以看到，如果你的企业处于图 8-5 中右上方的区域，意味着客户认可品牌的高价格，并且认为物有所值，这样的企业就具备品牌溢价的权利。而图 8-5 中左上方的企业，尽管定价高于竞争对手，但客户认为不值，可能会导致无人购买的情况。企业需要考虑如何提升客户对产品的认知价值，或者诚实降价，当然也不能排除即使降价后客户仍然不认可的可能性。而图 8-5 中右下方的企业，客户将其定位为低价产品，同时觉得物有所值。在这种情况下，如果企业希望提高价格，就需要同时提升自身的价值，否则很可能会跳到左上方的区域。

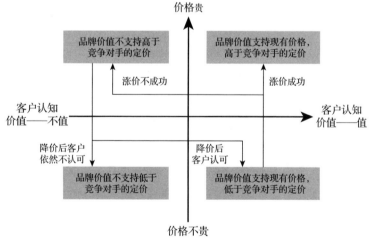

图 8-5　客户认知价值和价格关系图

接下来，我们来看一下如何评判"值不值"。如果说品牌力主要与品牌意义和品牌知名度强相关，那么从图 8-6 中就不难看出，品牌溢价和品牌意义及品牌独特性之间存在密切关联。

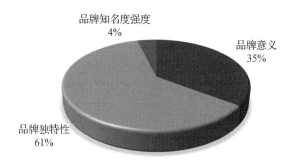

图 8-6　品牌溢价的影响因素

我们可以看到，品牌独特性对品牌溢价的贡献超过 60%，而品牌意义的贡献超过三分之一。通过为客户提供有意义且独特的价值，可以有效提升品牌溢价水平。接下来，将通过回顾我们所服务的企业在过去几年中的表现，探讨其在品牌力和品牌溢价方面的优劣之处。

8.2.4　再看品牌三维度的价值

介绍完什么是品牌知名度、品牌力和品牌溢价后，我们再回过头来看它们的意义和价值时，可能会更加清晰一些，这里再用简单的文字小结一下。

- 品牌知名度是为了让客户在有购买需求前和购买需求时，让客户可以看到我们和知道我们，因为只有知道我们，我们才有可能被选择。
- 品牌力是指让客户知道我们的什么，也就是应该让客户在筛选众多信息的过程中，意识到我们是可以帮助他们的人，而我们的目的是通过我们的价值，成为客户的最终选择之一。
- 品牌溢价在最终客户决策时会起到重要作用。如果我们是唯一可以帮助客户解决根本问题的人，那么我们最终赢得客户的可能性就会很大，而在客户最终与我们进行价格谈判时，独特的、可以帮到客户的价值，可能也可以成为我们议价的重要砝码。

8.3 巧用企业愿景和使命做品牌营销

前面我们通过梳理客户购买旅程（客户漏斗）和品牌的三个维度——品牌知名度、品牌力和品牌溢价，讲清楚了为什么做品牌（Why）和做品牌可以带来什么（What）的问题，从这一小节开始我们将介绍如何做好品牌。我们想谈一谈所有企业都会有，但是多数企业并没有充分利用的企业愿景和使命，看看什么是好的愿景和使命，如何撰写和修改愿景和使命，以及如何利用愿景和使命。

8.3.1 从知名企业案例来看什么是好的愿景

作为企业总部的营销团队或品牌团队，我们的职责是制定明确的愿景和使命，作为跨国企业的中国团队，我们的工作是确保这些愿景和使命在中国区得到准确的翻译和呈现。那么，如何更好地完成这项工作呢？

从全球知名企业的愿景中可以观察到一些有趣的规律。多数快消企业的愿景与自身关联紧密，而金额较高的 B2C 和 B2B 企业的愿景则与客户和行业未来相关联。尽管我们还没有弄清楚其中的原因，但不同类型企业愿景的目的可能存在差异，例如针对客户、股东或员工等不同受众。

从个人偏好来看，大多数人更倾向于关注人类未来或行业未来的愿景，这种愿景听起来更具"崇高"感，并体现了企业的责任感。某知名快餐企业的愿景引发了一些质疑，因为在其中文官网上没有找到明确表述，而百度搜索结果却显示"控制全球食品服务业"，这可能是该企业中国品牌部门的疏忽。然而，在一些英文资料中，该企业的愿景被描述为"To be the world's best quick service restaurant experience"，即为客户提供世界上最好的快餐体验，这样的表述更加令人舒适。

作为 B2B 市场团队，可以思考所在行业的愿景。例如，在健康相关行业可以设想"改变人类健康的未来"，在自动化行业可以是"使人类成为机器的主宰"等。企业愿景是对未来企业和行业设想和展望的描述，是企业整体发展的理想状态。它描绘了一个美好的未来，回答了前进方向。通常情况下，最好与行业的美好前景相关联，而不仅仅关注企业本身，这样才能激励企业内部员工，并获得行业的尊重。

简而言之，企业的愿景更像是一个"梦想"，一个"希望"。而企业的使命更像是为了实现这样的梦想和希望，企业要做什么事情。

8.3.2　从知名企业案例来看什么是好的使命

在第 5 章中，我们讨论了使命，那是针对特定细分市场的。作为企业品牌，也需要有一则使命。通过研究数百家企业的使命，甚至包括排名靠前的世界 500 强企业，我们发现多数企业没有明确区分愿景和使命的差异，甚至混用两者。图 8-7 详细说明了愿景和使命的区别。简而言之，愿景描述了一个美好未来的画面，令受众充满激情和憧憬，起到激励和凝聚人心的作用；而使命更具体，定位于解决问题，明确指出企业为了解决客户的问题如何合理配置内部资源。

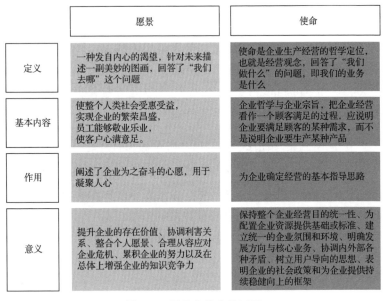

图 8-7 愿景和使命的区别

所以，一个好的品牌使命对于企业非常重要。建立品牌使命的方法与第 5 章介绍的针对细分市场的使命方法几乎相同，这里就不再赘述。简而言之，就是利用企业独有的价值为客户解决问题。还记得那句经典的话吗？"通过优势能力 1、优势能力 2 和优势能力 3，帮助客户解决＿＿＿＿＿问题。"这是我们推荐的标准化使命撰写方法，当然直接描述解决客户的具体问题也没有问题，这样或许更容易拉近与客户的距离。

现在让我们来看一些成功的案例。

微软的使命是"致力于提供使工作、学习、生活更加方便、丰富的个人电脑软件"。他们解决的问题是使工作、学习、生活更加方便，而其能力是提供丰富的个人软件。

GE 通用电气的使命是"以科技和创新改善生活品质"，这是一个经典的使命描述。科技和创新是通用电气的标志，灯泡、飞机发动机和医院的核磁共振等技术成果无疑展示了其科技和创新能力，而他们解决的问题是改善生活品质。

迪士尼的使命非常简单，就是"使人们过得快乐"。他们没有描述自己的能力，只强调解决客户的问题，简洁明了。

我们查看了百事可乐的官方网站，他们的使命非常清晰——"通过我们美味、营养的产品和独特的品牌体验创造快乐的时刻"。他们利用百事可乐的能力为消费者创造快乐的时刻。

让我们再来看一些不太清晰的使命[⊖]。

"不断改进产品和服务，从而满足顾客的需求，只有这样我们才能够发展壮大，为股东提供合理的回报"。这个使命中并没有明确描述解决客户的具体问题，"满足顾客的需求"显得过于笼统，无法给客户留下深刻印象。更重要的是，在这个到处都可以找到的使命中，提到了"我们能够发展壮大"和"为股东提供合理的回报"。虽然商业考量在其中存在，但从客户的角度来看，这可能会让他们感到别扭。

"我们的企业、市场和质量等一切企业实力要素以及每一个环节（部门、工序）都要精益求精，永创第一，永争第一"。尽管他们强调了企业的实力要素和精益求精的能力，但没有提及客户。这个使命缺乏关于客户的明确描述，需要更加注重解决客户的问题。

⊖　仅代表作者的个人观点。

"持续为股东创造价值，为 200 万个同事提供机会，为顾客节省开支"，请注意一下顺序，这样的使命顺序可能导致客户不满意。后来他们改变了使命，变成了"帮顾客节省每一分钱"，并成为福布斯排名第一的企业。

通过观察这些案例，我们得出结论：企业使命就是企业的价值所在，换而言之就是企业存在的意义。

8.3.3　撰写企业品牌愿景和使命的诀窍

此外，我们团队自创了"2-2-4-2 愿景使命原则"，如图 8-8 所示，即避免 2 个错误、走出 2 个误区、顺着 4 个方向、巧用 2 个技巧。

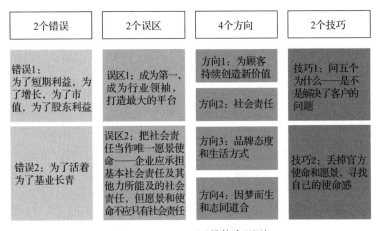

图 8-8　2-2-4-2 愿景使命原则

我们不一定有机会去创建一种愿景和使命，但是一定会有机会去利用愿景和使命来赋能品牌的建设。从底层逻辑来看，通过愿景描述一个美好的未来，通过使命来帮助客户和我们一起实现美好的未来。

8.3.4　让我们的品牌使命成就企业客户的品牌愿景

我们可以进一步探索客户的愿景和使命，看看它们与我们企业的愿景和使命是否有共同点。换言之，我们是否与客户拥有"同一个梦想"？即我们的愿景是否相似？我们的能力是否能够帮助客户实现他们的使命？这是我们最近进行的一项新尝试，并取得了一定效果。特别是在优化品牌价值传播时，这种方法可以提供很大的帮助。

图 8-9 展示了 B2B 企业与客户愿景、使命和核心价值的关联图。通过阅读前面的内容，你是否对企业愿景和使命有了更具体的认识？愿景和使命不是口号，而是能够帮助我们创造更多价值的工具。接下来，你需要做的是通过客户的使命和核心价值验证之前确定的企业价值是否真正能够帮助客户。如果可以，勇敢地以讲故事的方式将这些价值传递给您想要影响的人群。

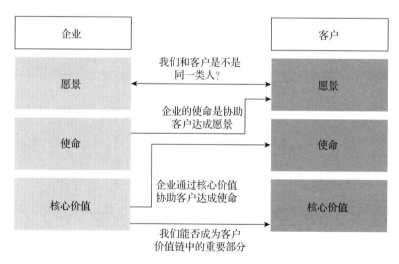

图 8-9　B2B 企业与客户愿景、使命和核心价值关联图

8.4 做好品牌的秘诀

在过去的近十年里，我们曾帮一家拥有八十多年历史的老企业重塑品牌，也曾帮一家企业从零开始打造了一个新品牌，更是通过培训和咨询方式帮助了数十家企业重新反思了自己的品牌建设，树立了差异化的品牌策略。在这个过程中，我们总结了四条秘诀，可以称之为树立品牌的战略。接下来，让我们逐个来看看。

8.4.1 修好内功，提升能力

当品牌具备强大的能力后，品牌的气质会与众不同。那么，一个品牌需要具备什么样的能力呢？建立全新的能力是困难的，而发现自己的能力也并非易事。现在，让我们用图 8-10 来介绍如何发现自己的能力。

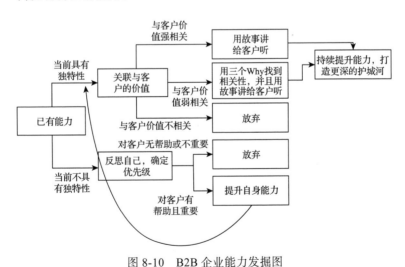

图 8-10 B2B 企业能力发掘图

从图 8-10 中可以清楚地看出，我们需要将已有的独特能力与客户价值相关联，并找到能够帮助客户的独特能力进行持续提升并传递给客户。对于那些虽然不具备独特性但是可以为客户带来价值的能力，我们根据优先度投入资源来提升它们。接下来介绍如何一步步实施。

1）在一张纸上列出我们认为自己具备的所有能力。这一步对于所有人来说应该不难，可以通过企业团队的头脑风暴来完成。这些能力可以从各个方面考虑，不限于产品，要大胆发散思维，包括企业规模、商业模式、市场进入方式、服务和品牌等各个领域。

2）开始做减法，这可能对大多数人而言有些挑战。我们需要从这 30 项或 50 项能力中按照独特性进行排序，将独特性高的能力标记为"√"，独特性低的能力标记为"?"。

3）从我们认为是自身优势的能力中选出对客户价值最高的几项。在这一过程中，我们很容易陷入一个误区，认为我们具备的能力一定是客户需要的。但实际情况并非如此。因此，在这个过程中会有很多讨论和争论。我们鼓励这些争论，并鼓励从客户角度进行反思。如果你是客户的决策者，是否愿意为供应商企业的这些能力所带来的价值额外支付 5% 的费用？如果不愿意，那么这些能力可能与客户价值关联度不高。懂得营销的高手可以通过讲故事来说服客户，但通常情况下，对于那些虽然具备独特性但与客户价值关联度不高的能力，我们可能需要果断放弃。

4）查看被选中的能力是否具备护城河。有些能力我们可能拥有独特优势，并且对客户有价值，但很容易被竞争对手复制，例如先进的技术或普遍提及的价格（我个人一直反对将价格作为能力表现，除非企业是行业中唯一拥有成本领先优势的）。当然还包括所谓的客户服务等。在这里，你需要考虑哪些价值具有护城河，即竞争对手在 2～3 年内无法复制和赶超的。我们要强调一点，一旦找到天然具有护城河的独特能力，要立即加固护城河，不要相信所谓的短板理论，而是关注你的企业的长板，让长板始终保持领先地位，这样就能确保您的企业处于不败之地。对于目前具备独特性但容易被竞争对手追上的独特能力，如果可以筑起护城河，那么尽快行动；如果不能，可以利用一些先发优势，尽早将它们与客户价值紧密联系，并告知客户。

5）回头审视之前标记为 "？" 的那些能力。我们要意识到，这些不具备独特性的能力可能仍然对客户有价值，因此我们应果断将它们纳入 "能力组合" 中。宝洁公司前董事会主席 A. G. Lafley 所撰写的 *Playing to win: how strategy really works* 一书，其中提到一个有趣的观点：客户价值不是由单一能力实现的，而是由能力组合来实现的。所以当我们找到了具备独特且有价值的能力后，还要回顾对客户有价值但不具备独特性的能力，看看它们是否与具备独特性的能力相关联，并且相互支持而不矛盾。如果是这样的话，我们可以对它们进行能力组合并展示。

图 8-11 是我们为一家企业制作的能力组合图，也被波特称为 "Activity System"（我们注意到许多地方将其翻译为 "战略行动系统"，但在我们看来，翻译为 "能力组合" 可能更贴切一些）。图 8-11 中的大圈表示核心能力，小圈表示非核心能力。非核心能力在必要时可以作为支持核心能力的证据。

当然，我们还会发现一些有大量客户需要但我们不具备的能力。根据实际情况，我们可能需要通过自身的提升或行业合作来增强这些能力。在此我要特别提醒一点，任何一家公司都希望 "赢"，要么是在所有市场中占有一席之地，要么是在某个细分市场中乃至细分市场的细分市场中胜出。从某种意义上讲，一个特定的客户也可以视为最末端的细分市场。因此，在明确核心能力之前，清晰选择好细分市场非常重要。根据所选择的市场、细分市场，甚至是细分市场中的细分市场，我们可以选择或建立自己的能力，而不是追求广泛而全面的覆盖。对于 B2B 营销人员来说，这一点非常关键。

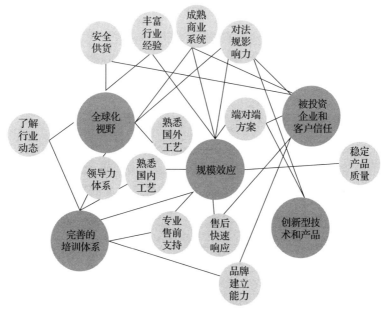

图 8-11　能力组合图

8.4.2　让生态圈帮我们发声

我们曾向许多营销人员，尤其是 B2B 领域的营销人员，询问他们对于媒体（包括大众媒体和行业媒体）的看法。其中 95% 以上的人自信地告诉我们："花钱买渠道。"在过去十几年中，通过不断摸索和试错，我们学到了如何与媒体建立良好的关系，将媒体视为合作伙伴而不仅是供应商。因此，在我们的生态圈中，我们将媒体几乎与行业协会或学术机构平等看待。我们还对数十家不同的媒体进行了价值主张分析和优先度排序，以确保我们投入的每一分钱都能够产生相应的效果。在选择媒体合作伙伴时，我们必须清楚双方的价值是什么。我们与媒体的关系远远超出了简单的甲方乙方的关系，因为这种关系太过脆弱。而我们的经验是，要与最重要的媒体进行深度合作。

行业媒体在行业内具有较大的影响力，而大众媒体则在广大民众中拥有强大的影响力。它们的价值主张存在较大的区别。接下来，我们将介绍我们曾合作过的几家媒体的价值主张分析，以及我们过去的合作经验，希望对你们有所帮助。

案例 8.2 《金融时报》是全球最知名的媒体之一，其报道具有公正性。我们与《金融时报》合作，通过全球总部的市场团队发布了《行业弹性指数反思报告》。该报告通过访谈和调研 1200 位企业高管、政府官员和行业协会专家，对我们客户最关心的五个维度进行了深入讨论。我们选择与《金融时报》合作，是因为我们认可它在大众媒体中的影响力，并且我们的客户群也对它的影响力表示认可。根据这份反思报告，我们采取了一系列行动来促进行业的健康可持续发展。同时，在中国，我们与 FT 中文网合作，举办了一场高端线下沙龙，让中国客户企业高管更加了解这份反思报告的重要性，并呼吁他们与我们携手推动行业的健康发展。

这个案例可以说是一次大手笔的合作。《金融时报》对蓬勃发展的生物药和疫苗市场有很高的兴趣，而我们在这方面的投资不多，但利用自身在行业中的影响力，帮助《金融时报》提升了其

在该行业中的影响力。同时，这也有助于进一步树立我们作为行业领导者的核心企业价值观，并传递企业形象中"促进行业发展"的信息。

案例 8.3　《自然》是科研领域最具影响力的期刊之一，其在大众中的影响力广泛而深远。在品牌创立初期，我们与《自然》合作，邀请资深编辑就科研机构中对科研转化有需求的教授和学者展开一场讨论。四位学者各抒己见，并总结出一篇高质量的报道，发表在《自然》的正刊上。

这次合作对于《自然》来说是一次大胆尝试，而对我们而言，效果事半功倍。我们不仅突出了自己作为"行业领导者"的核心企业价值观，也让客户充分意识到我们"显著帮助客户工作"的方面。

当然，生态圈合作伙伴不仅限于媒体，还包括协会、咨询公司和会议公司等。我们需要找到我们独特且有价值的能力并用其影响对方，让他们作为合作伙伴帮助我们发出声音或创造内容，从而超越简单的"买方"和"卖方"的关系。

8.4.3　全民动员，技术保障

2020 年，我们进行了一个内部营销战役。我们邀请了外部摄影师为中国员工拍摄商业形象照，并在得到授权后，邀请每位同事根据公司的愿景或使命制作个性化海报，并用自己的语言解读。这些个性化海报成为活动中的亮点，最终活动取得了巨大成功，其中四分之一的流量来自这部分内容。这不仅极大地提升了投入产出比（因为成本很低），也让公司所有人都有了强烈的参与感。

　　然而，这种做法难以持续下去。我们通过一张简单的图说明动力和意志力的关系。图 8-12 中的 X 轴表示动力水平，Y 轴表示意志力消耗量。当动力水平达到峰值且意志力消耗量为 0 时，人们会毫不费力地完成自己愿意做的事情。这些微小的行动几乎不需要消耗意志力，也就是说可以"顺手而为"，而人类对于这种顺手可为的事情，动力水平会更高。举个例子，如果设定目标是每天锻炼一小时，就需要极大的意志力来实现。由于"热情递减法则"，动力水平会随着时间的延续而不断下降，因此需要更强的意志力才能实现这个"宏伟而庞大"的目标。然而，如果目标是每天做一个俯卧撑或者每天做一个仰卧起坐，几乎不需要消耗任何意志力，可以随时随地完成，所以更容易提升动力水平并完成它们。

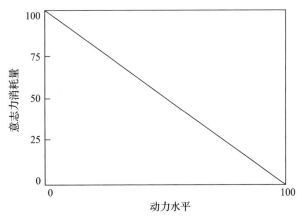

图 8-12　动力水平与意志力消耗量关系图

　　品牌行为也是如此，我们不可能要求公司内的每位员工每天像打鸡血一样去发朋友圈或抖音，即使我们提供持续的物质和精神激励。因此，我们提出了一个概念——微品牌行为。我们将微品牌行为定义为"利用日常工作生活中的微小动作进行品牌传播的行为"。这些微小动作可以包括但不限于电子邮件或社交媒体的签名、微信的"拍一拍"、社交媒体的头像照片、电话或微信语音的彩铃、PPT 介绍时的标准模板和开场 15 秒话术、公司的标准字体和标准化颜色、拜访客户时的着装、身上的小挂饰、随身携带的笔记本、日常使用的手机壳、公司笔记本的开机页面，甚至个人的一些手势等。这些行为都是非常微小的行为，有些只需要进行一次性设置，还有许多是顺手而为的事情。然而，将这些微品牌行为组合在一起，所能产生的影响却是巨大的，甚至比许多投入几十上百万元的大型展会效果更好。

当然，微品牌行为必须建立在自觉自愿的基础上，前提是让公司内的员工认同我们自己的品牌和价值观。我们一直反对使用物质激励的方式来推动大家进行这样的行为。当然，每个企业的情况和阶段都不同，在具体执行时可以灵活掌握。

8.4.4　紧抓政策，不蹭热点

我们曾经浏览许多 B2B 企业的营销活动，发现他们非常喜欢跟风蹭热点。最近，ChatGPT 技术非常火热，一些竞争对手开始大肆使用这个技术，例如宣称"我们问了 ChatGPT 哪家是最强的 ×× 企业"或者"ChatGPT 告诉我们 ×× 是最适合 ×× 的产品"。抛开《中华人民共和国广告法》中的限制词不谈，我们认为这些文案会降低品牌格局。许多知名的 B2C 品牌或自媒体喜欢追逐热点，这是可以理解的。但对于 B2B 品牌而言，蹭热点需要格外小心，稍有不慎，之前做的大量工作可能会付诸东流。

我们认为，蹭热点并非不可行，关键是要有品牌格局和独特调性。

- **不宜蹭网络热点。**毕竟我们面向的是 B2B 客户，多数决策者年龄较大，通常不太关注最流行的网络热点。网络热点往往是年轻人追捧的对象，而代际差异在各个时代都存在。此外，网络热点来得快去得也快。昨天的热搜和今天的热搜肯定不同，如果喜欢蹭热点，就永远赶不上网络热点的节奏。

- **避免蹭政治热点。**

- **可以蹭行业法规和标准的热点，但要及时而不强硬。**需要将内容与最新的法规或标准相结合，并着眼于内部实力的修炼。一旦有新的法规或标准出台，我们应该第一时间告知行业和客户，展示我们的技术符合最新的法规要求，或者可以促进行业发展。例如，我之前所在的企业针对几年前的"微塑料"热点做了一轮宣传，很快在环境和科研领域获得了许多订单。

通过以上总结，我们概括了品牌战略，同时整理了一些经验教训。接下来，我们将通过一个案例介绍如何通过客户调研、内部整理、能力构建和传播宣传等步骤来建立独特且对客户有价值、难以被复制的客户培训体系，为品牌赋能。

8.5 品牌能力建设案例——培训体系的搭建

本节将通过一个培训能力建设和传播的案例，详细介绍如何打造一个品牌维度的营销活动。希望这个案例能够提供更具实践性的总结和起点。这一节将严格遵循 Why-What-How 的思维方式明确做培训的目的，然后确定成功的考核标准，最后确定怎样执行来确保成功。

8.5.1　先想清楚为什么做培训

我曾经对服务过的一家企业的客户培训进行了深入思考。我们团队以积极的态度为客户提供各种线下和在线的培训服务，涵盖了安装后现场培训、产品再培训、应用技术培训和客户领导力培训等。然而，我对过去的培训费用感到吃惊，竟然占据了市场费用的 15% 以上。

于是，我花了几天时间与各类培训负责人进行沟通，并请市场信息团队整理过去的客户调查结果和相关需求，发现我们对客户需求的认知存在一定偏差。

当我们问我所服务企业的管理者们为什么要进行客户培训时，他们的普遍回答是"客户需要"和"企业品牌"。这当然是正确的答案，但信息量不够丰富。当我们进一步询问哪些客户的哪些人员需要培训，以及为什么需要时，大多数人无法准确回答。我们尝试引导性地继续提问，询问是操作人员还是管理层需要培训，结果得到了不同的答案。我们意识到他们并没有充分思考培训的意义。

当我们看到客户需求的汇总时，感到欣慰的同时也产生更多疑惑。一份客户调查报告显示，客户对于头部跨国供应商的期望排名第三的就是更加完善的培训体系，并且我们的培训在所有供应商中获得了第一名的评价。我们追问调查对象是谁，市场信息团队经理回答说大部分是客户的中层管理人员，还有一部分是高管。然而，其他关于市场占有率的报告中却没有太多与客户培训相关的内容，这让我更加疑惑。

我进行了一些访谈，与销售团队和销售经理们进行了交流，并得到了一些有意义的发现。

- 发现一：我们的技术培训主要集中在新入职员工和操作人员身上，包括学生和 3 年内的员工。而对于主管及以上的人员，很少进行培训。被培训人通常被营销和销售团队定义为"使用者"或者"影响者"，而不是"决策者"。他们的正面评价不会直接影响客户组织购买我们的产品和服务，但他们的负面评价却可能产生较大的负面影响。

- 发现二：我们的客户培训往往直接与客户操作人员联系，而没有涉及他们的主管和经理。换句话说，客户的主管和经理可能没有意识到我们对客户员工进行了培训，或者至少有一定概率没有意识到培训对客户组织的价值。

- 发现三：我们的培训缺乏对外宣传。通常情况下，培训结束后就没有继续传达信息的环节。我们没有通过销售团队告知客户管理层，也没有通过市场营销团队向行业宣传。

- 发现四：这是最重要的发现，是来自所有方面的综合分析，即我们没有清楚地理解为什么要进行客户培训。这是最有趣的发现，因为我们找到了问题的根源。

我们花了几周时间，利用一些客户拜访和市场活动的机会进行客户访谈，并深入思考，找出了进行培训的几个重要原因，下面的介绍仍然遵循"我想让谁做什么"的标准句式。

- 让已经购买我们产品的决策者认识到我们可以帮助他们的企业获得更好发展，在下一次购买过程中提高对我们的选择偏好和品牌价值的认可。

- 让尚未购买我们产品的决策者了解到我们的独特能力可以为他们创造价值，并在购买决策过程中提高对我们的选择偏好和品牌价值的认可。

- 让已经购买我们产品的客户操作人员感受到我们的培训可

以帮助他们更好地完成日常工作，从而获得客户企业管理层的认可。这一点是作为前两条的证据存在的。

- 让政府、投资公司等生态圈利益相关者坚定对我们的信任。

明确了 Why 的重要性后，下一步就是进入 What 的问题，即我们要做什么。

8.5.2　我们和目标的差距在哪里

在解答了为什么要进行培训的问题后，下一步是回答我们要做什么的问题。《一页纸商业计划》中推荐的经典工具 OGSM 可以帮助我们回答如何实现目标的问题。这里先关注"做什么"（What），下面将介绍"怎么做"（How）。

让我们简单了解一下 OGSM 工具，它由四个部分组成：O-Objective（长期目标）、G-Goals（短期目标）、S-Strategy（战略）和 M-Measurement（衡量）。

首先，我们要设定一个长期目标。根据客户调查、内部反馈和其他因素的考量，我们认为我们的培训具有优势，能够帮助客户，并且不容易被复制，因此我们设定了以下长期目标：将我们的培训打造为行业规模最大、标准化程度最高、客户体验最好、知名度最高以及可持续发展的核心优势能力。

其次，将长期目标分解为几个小的短期目标，具体包括如下几个。

- **规模最大**：覆盖行业 50% 以上的人才；覆盖行业 60% 以上的高端人才；每年举办 100 场线下培训课程；每年更新

100 个在线课程；每年针对投资公司和咨询公司举办两场
线下培训活动。

- **标准化程度最高**：提供模块化的入门级生物工艺、新型治
  疗方法研发客户和生产客户的理论课程和实操课程；作为
  选修课，在 10 所学校中提供标准化的生物工艺培训课程；
  提供安装后现场培训课程，覆盖研发设备、生产设备、科
  研设备和质控设备；出版一本生物工艺、新型治疗方法和
  科研标准化教材；打造标准化、模块化的客户领导力培训
  课程。

- **客户体验最好**：线上培训平均在线时长不低于 180 分钟；
  线上培训平均跳出率低于 40%；安装后的现场培训客户满
  意度评分达到 4.5 分以上；线下设备再培训客户满意度评
  分达到 4.5 分以上；完成内外部培训师资认证，引入 20 位
  外部 KOL、20 个代理商培训师参与客户培训。

- **知名度最高**：每年至少发布 12 篇培训相关报道；培训宣
  传点击量不低于 10 万次；为前 20 位客户制作年度培训白
  皮书；每年发布 5 篇客户 VoC（Voice of Customer，客户
  之声）文章。

- **可持续发展**：活跃培训用户比例达到 30% 以上；Top 100
  客户企业员工占总注册人数的比例达到 50% 以上；学生注
  册人数占总注册人数的比例达到 15% 以上。

定好了长期目标和短期目标后，最后是找出不足，看看目前
存在哪些不足。我们发现，我们在人才覆盖率、课程和教材的标
准化建设以及行业宣传方面都存在很多不足，同时在客户体验和
可持续发展方面也有一些需要弥补的地方。

通过找到这些不足，并采取相应的行动来填补不足，我们自

然地从"What"过渡到"How"了。

8.5.3　只能做三件事，要怎么选择

明确了我们需要做什么后，下一步是确定我们要如何实施。通过对比理想与现实，我们找到了存在的不足，并提出了弥补这些不足的行动方案和必要条件。根据分析结果，我们将培训方面的不足归纳为几个大目标和小目标，并进行头脑风暴，形成了数十项具体的任务。然后，我们将这些任务归类成以下六个类别。

- 打造适用于手机端和电脑端的以法规、产品和应用为核心的线上培训平台。
- 创建标准化的线下培训课程和领导力培训课程，并出版标准化培训教材。
- 充分利用可用场地，与园区和合作方合作进行线下培训。
- 为大客户提供定制化的线上和线下培训。
- 对培训教师团队进行标准化建设。
- 为不同人群制作相关内容并在行业内进行宣传。

现在我们需要选择其中三项任务来实施。我们可以使用一个简单的打分体系来对上述六项任务进行评估。针对每个短期目标评估这六项任务的重要程度，并将它们的分数汇总，得出每个短期目标重要性的总分数。然后，我们按照最低 1 分最高 5 分的标准评估每项任务的难易程度。根据这些评分结果，我们可以得到图 8-13。

由图 8-13 可以得出以下结论：D 项为大客户提供定制化的线上和线下培训，具有较高的影响力，并且实现起来相对简单，因此我们决定将其作为首要任务。A 项是打造线上培训平台，也

具有较高的影响力，尽管实现起来相对困难，但仍然被选择出来。第三项我们在 B 和 E 之间犹豫了一下，最终选择了 B，即标准化课程和教材的创建。这是因为该项目具有最大的影响力，并且实现难度较高。实现困难意味着一旦实现，竞争对手很难迎头赶上，符合"护城河"的特点。至于 F 项的宣传工作，由于它是日常工作且容易实现，我们将其列入品牌团队的例行事务。至于 C 和 E 项，由于资源有限，暂时没有将它们作为客户培训的优先考虑。

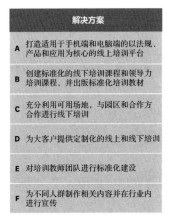
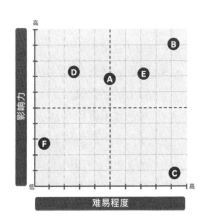

图 8-13　选择有关培训最重要的三件事

这三项工作将成为我们的战略实施方案，并根据战略制定了一系列战术。通过项目管理的方法，我们逐步推进这三项战略并将其落地。

8.5.4　用项目管理工具打造行业最佳培训体系

我们曾经管理过多个团队和项目，其中大部分团队管理是成功的，但多数项目管理却失败了。谈到项目管理失败的原因，我认为主要是沟通出了问题。

- **针对项目范围进行沟通**。我们需要与项目相关方的管理层明确项目的范围，包括确定哪些工作属于项目范畴，哪些不属于。避免出现项目进行到一半时突然有人提出添加新内容的情况，导致项目团队无所适从。
- **针对项目执行负责人进行沟通**。项目应该有一个项目领导者和一个项目经理。项目领导者负责明确项目范畴，并在项目推动过程中解决外部障碍，而项目经理作为项目执行的管理者，负责召集团队、分配任务、监控进度，确保项目按时交付。项目领导者通常是项目接收方的负责人，因为遵循"谁受益，谁负责"的原则。
- **针对项目成员职责进行沟通**。如果项目成员之间责任划分不清，很容易出现相互推诿、扯皮的情况，导致项目无法按计划进行。因此，项目经理在项目启动阶段应明确每个子任务的单一负责人，并在定期项目会议上，每位负责人只汇报三个方面：哪些任务按时完成、哪些未按时完成及原因、下一步的计划。确保每个子任务都有明确的责任人是非常重要的。

作为项目管理者，不可能什么都懂，实际上也没有人可以做到什么都懂。因此，我们需要建立一个项目小组，将工作分解，让擅长相关事务的人去负责执行。复杂的项目对团队协作的要求更高。之前发生的问题并不是因为团队成员不懂，而是因为责任不明确，缺乏有效的组织，导致一些人认为自己什么都不懂，期望别人负责，而另一些人则认为自己什么都懂，凭主观决策代替他人。

因为培训项目涉及多个团队，所以我们采用了项目管理工具。其实，这并不复杂。首先确定项目团队成员，可以使用图 8-14 所示的飞轮图来表示，包括项目经理（同时也是核心成员之一）、其他核心成员、核心顾问以及项目接收方代表。

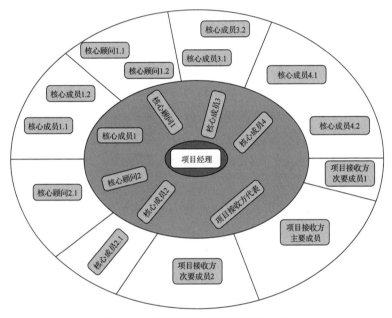

图 8-14　项目管理工具之项目组成员

其次是确定项目范围。明确项目包括哪些工作，不包括哪些工作。对于项目范围内的工作，还需要考虑是否需要其他成员加入以优化项目团队。

再次是确定主要的里程碑时间点，并将这些里程碑分解为具体任务，然后分配给相应的责任人。

最后是确保每个任务负责人能够按时完成任务。图 8-15 展示了一个非常直观的项目跟进图，可以清晰地看到项目是否按计划完成。定期举行项目进度会议也非常重要，通常每周举行一次，只讨论三个方面：哪些任务按时完成、哪些任务未按时完成及原因，下一步的计划。

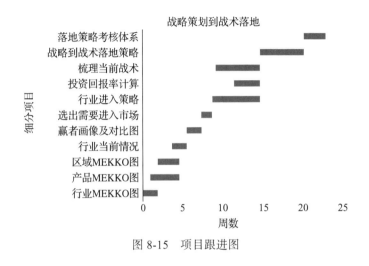

图 8-15　项目跟进图

当然，还有两件非常重要的事情需要提及。首先是与项目相关方管理层进行定期沟通，其次是在项目达到里程碑和整个项目成功后进行庆祝。我们成功地运用了这样一个简单的工具，按时完成了多个与培训相关的项目。

8.5.5　把培训讲成故事，告诉企业客户的决策者

最后又回到了"为什么进行培训"的问题。我们做培训，仅是为了满足被培训者的需求吗？在 B2C 市场上可能是这样，但在 B2B 市场，通常被培训者只是使用者，而不是购买决策者。因此，我们不能简单地期望使用者会自动将培训的好处传达给决策者，例如跑到该公司的管理层面前说："老板，供应商的培训太好了，如果没有他们的培训，我根本不会使用这个设备，一切都会变得一团糟。"

案例 8.4　欧司朗灯泡有一个非常经典的案例。他们的灯泡寿命比普通灯泡长 4 倍，但价格却高出 1 倍。灯泡的使用者（工程部门主管）对普通灯泡颇有微词，但购买决策者（财务主管）却对此毫不知情，并继续购买其他企业的普通灯泡，以节省购买成本。欧司朗采取了一个巧妙的营销策略，向企业客户的所有财务主管寄送了一个锁着的神秘礼盒，上面写着"节省 50% 成本的钥匙在工程主管手中"。超过 85% 的财务主管出于好奇，主动找到了工程主管，获取了钥匙，而神秘礼盒里面装着两个欧司朗灯泡和一个简单的计算公式。

我们并没有期望能巧妙地让被培训客户的 CEO 去找一线操作人员。相反，我们为销售经理和客户主管提供了一些简单的工具，例如客户培训白皮书。这份白皮书记录了我们针对大客户进行培训的情况，包括线上培训和线下培训，以及受训人员对我们培训的反馈和培训过程中的照片。我们的销售经理积极将这些白皮书发送给客户的高级管理层。

同时，我们设定了一系列传播目标。例如，每月发布一篇关于培训的总结推文，并通过多渠道进行传播。这不仅让尚未成为我们客户的企业主管了解我们的培训，还让相关行业政府、投资方等机构深入了解我们的培训。在连续几年的行业调查中，客户普遍对我们的培训给予了高度评价，并认为我们的培训是其他竞争对手无法追赶的。

8.6　复盘过去三年我们的品牌工作

我曾经服务过的一家企业，在中国市场，品牌溢价得分排名

第一，而在全球市场上，只能排在第二位。因此，我们全球品牌
总监和 CMO 对中国市场发生了什么非常感兴趣。实际上，我们
自己也很感兴趣，因为在进行与品牌相关的内容和推广时，我们
并没有真正理解品牌力和品牌溢价与哪些因素有关，像是摸着石
头过河一样。然而，幸运的是，在品牌溢价方面，我们的结果还
不错，品牌力也算勉强过关。

我们不希望每个人都摸着石头过河，因此准备通过本节与大
家分享我们过去三年工作的回顾和思考。通过这次复盘，我们希
望能更好地理解品牌力和品牌溢价，并反思我们自己的工作方式。

8.6.1　品牌知名度的"失"

在 8.2 节中，我们讨论了品牌的三个关键词——意义、差异
化和知名度强度，并探讨了它们对品牌力和品牌溢价的影响。现
在，让我们用图 8-16 对它们的关系进行总结。

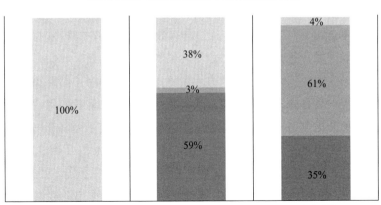

图 8-16　品牌知名度、品牌力和品牌溢价的影响因素

可以说品牌知名度基本等同于品牌知名度强度。比如，我们在全球和中国市场的提示提及比例分别为 96% 和 100%，可以说基本上处在相同的水平线上，并且与主要竞争对手的水平也相差无几。然而，在未提示提及方面，最大竞争对手占比为 70%，而我们在全球市场为 30%，在中国市场为 29%。在未提示第一个被提及的比例中，竞争对手在中国和全球市场都是 30%，而我们在全球市场为 14%，在中国市场为 12%，都不到最大竞争对手的一半。

在 2020 年，我们在中国和全球市场的数据仍然很高，这是因为当年我们投入了大量的费用在各种媒体上进行曝光。因此，当时，我们的未提示提及比例是最高的，超过了 35% 的未提及提示和 15% 的未提示第一个被提及。然而，随着我们声量的下降，2023 年未提示提及占比下降了几个百分点，但仍然稳居第二名的位置。

实际上，这并不难理解。我们不断地提醒行业和客户我们的存在，自然而然地大家更容易记得我们。这与市场费用的投入并非完全正相关，如果我们能通过自有数据库、网站 SEO 和自有自媒体矩阵做得很好，也可以取得不错的结果。然而，我们必须承认，国内主要竞争对手在这方面做得比我们好得多。品牌知名度强弱不仅会影响品牌知名度，还会影响品牌力。将我们网站的访问量和微信点击量与主要竞争对手企业进行比较，可以看出一些端倪。我们主要竞争对手企业网站在中国一年的 PV（页面浏览量）大约为 1500 万次，而我们所在企业网站两年前上线后，目前每年的 PV 约为 200 万次左右。由此可见，我们所在企业在品牌知名度强度方面还有很大提升空间。

8.6.2　品牌客户价值的"得"

接下来，我们将探讨品牌的意义。品牌的意义会影响品牌
力和品牌溢价。根据表 8-3，"企业核心价值"这一列标注"是"
的，反映了我们在近三年向市场传递的品牌价值的主要维度。这
些维度是通过大量客户调查确定的，被认为是对客户最有意义
的，同时也是我们擅长的领域。另外九个维度是从十家主要竞争
对手的核心价值中总结出来的。我们相信，他们在定义品牌核心
价值时，也是按照擅长和客户需求两个维度进行思考的。全球的
战略思维方式都是相似的，否则我们也不会选择他们作为比较对
象。我们发现，主要竞争对手和我们都将"可信任的供应商"和
"提供高质量的产品和服务"作为核心价值。然而，我们还选择了
"提供专业的科学家指导服务""拥有大量的专家和知识""显著帮
助客户的工作"和"促进行业发展"这几个维度。而对手企业普
遍选择了"设备使用简单""提供创新的技术"和"提供卓越的技
术支持"。为此，我特意咨询了我们的 CMO 和全球品牌总监，问
他们为什么我们近几年在对外传递核心价值时没有将创新和卓越
的技术支持等因素纳入考虑范围，尽管创新也是我们企业品牌的
价值之一。他们的答案凸显了我们关注"差异"和"意义"的战
略思维。他们表示："因为创新被提及的次数太多了，我们可能很
难证明我们在这方面做得比别人更好。"

表 8-3　过去三年某企业品牌价值列表

对比维度	企业核心价值	列为核心价值的竞品企业数量（n=10）
可信任的供应商	是	8
设备使用简单	否	6
提供高质量的产品和服务	是	10

（续）

对比维度	企业核心价值	列为核心价值的竞品企业数量 （ $n=10$ ）
建立清晰和诚实的沟通	否	2
提供领先的服务和产品	否	4
提供创新的技术	否	10
提供专业的科学家指导服务	是	1
拥有大量的专家和知识	是	4
显著帮助客户的工作	是	2
提供卓越的技术支持	否	9
在行业具有优良的传统	否	4
提供灵活的产品服务	否	5
提供端对端解决方案	否	4
促进行业的发展	是	0
坚持可持续发展	否	1

尽管相对于主要竞争对手我们的曝光度较低，但我们的品牌力在行业中的排名迅速提升。从 2020 年的第四位，仅用不到一年时间升至第三位，又经过六个月的努力上升至第二位。最新的调查显示，无论在全球还是中国市场，我们稳居第二位，并且与第一名之间的差距正在逐渐缩小。归结起来，原因就是让客户不断意识到我们的核心价值能真正帮助他们。举个例子，我们拥有强大的科学家团队和技术支持团队，他们具备令人自豪的专业知识。然而，如果我们只专注于自身实力而无法将这些能力应用到客户的问题上，那对客户来说就没有价值。因此，在过去几年里，我们逐步打造了行业中最大的在线知识传播平台，通过多个维度整合行业和技术知识，并广泛传播。截至 2022 年底，已有 30% 行业中的受众注册了我们的平台，而且这一比例还在快速增长。显然，我们将我们的能力与客户的需求结合在一起，使客户

自然地认识到我们的"意义"。尽管品牌知名度明显低于主要竞争对手，但我们依然能够不断在品牌力方面取得进展。这就是我们的秘诀——将我们的能力与客户价值相联系。

8.6.3　品牌价值差异化的打造

品牌差异化对品牌力的影响微乎其微，但在品牌溢价方面具有不小的贡献。在表 8-4 中，我们列举了中国和全球两个维度上与我们最大竞争对手在 15 个维度价值上的比较。黑色部分代表我们和竞争对手共同拥有的价值主张，浅灰色部分代表我们独有的价值主张，而深灰色部分则代表他们独有的价值主张。

表 8-4　中国和全球 15 个品牌价值维度的对比

对比维度	中国			全球		
	我们	主要竞对	领先（%）	我们	主要竞对	领先（%）
可信任的供应商	92	54	38	67	72	(5)
设备使用简单	79	53	26	53	69	(16)
提供高质量的产品和服务	78	36	42	59	60	(1)
建立清晰和诚实的沟通	90	64	26	56	57	(1)
提供领先的服务和产品	60	6	54	28	40	(12)
提供创新的技术	74	19	55	53	51	2
提供专业的科学家指导服务	79	63	16	54	57	(3)
拥有大量的专家和知识	86	71	15	59	64	(5)
显著帮助客户的工作	90	64	26	54	64	(10)
提供卓越的技术支持	72	33	39	51	52	(1)
在行业具有优良的传统	58	79	(21)	51	73	(22)
提供灵活的产品服务	78	38	40	46	60	(14)

（续）

对比维度	中国			全球		
	我们	主要竞对	领先（%）	我们	主要竞对	领先（%）
提供端对端解决方案	91	36	55	60	59	1
促进行业的发展	74	32	42	58	55	3
坚持可持续发展	81	65	16	48	50	(2)

在中国，我们在多数维度是碾压式领先的，尤其是 6 个最被看重的维度——这 6 个维度也是和我们品牌价值相关度最高的——我们领先主要竞争对手 15%～42%，平均 30%。而竞争对手在他们独有的维度中，在中国只有"在行业具有优良的传统"领先于我们，其他三个独有维度远远落后。综合考虑竞争对手最看重的 6 个维度，我们平均也领先 28%。这说明我们在中国的差异化和意义，都是有很多可取之处的。再来看看在全球范围的这 15 个维度中，我们有 12 个维度是落后于最大竞争对手的，而我们最重要 6 个维度里面，只有一个维度优于对手，其他维度与对手存在一定差距，平均落后 4%。在对手最为看重的 6 个维度上，我们在全球平均落后了 5%。

考虑我们的品牌力无论在中国还是全球都排名第二，而且与第一名的差距越来越小，我们有充分的理由可以判定，中国在品牌差异化上面的成功，是推动品牌溢价成功的最主要驱动力。

在过去几年，我们做了几件重要的事情。

- **我们充分利用了全球重要资源。**我们与英国著名媒体《金融时报》合作，进行了一项全球性调查，涵盖了 20 个国家和地区的 1200 位行业客户高管以及政府和协会专家。

通过这项调查，我们制作了《全球生物药弹性指数报告》，比对了供应链弹性、生产制造敏捷性、人才、政策法规支持和研发生态系统等五个维度在全球范围内的情况。报告显示，中国在某些维度上处于领先地位，但在多数维度上仍然落后于其他国家。我们与《金融时报》在中国市场广泛传播了这份报告，让行业和客户深刻认识到，在促进行业发展和帮助客户方面，我们远远领先于竞争对手。

- **我们建立了线上知识传递平台。** 由于疫情的影响，许多线下活动和培训无法按原计划进行。因此，我们联合科学家、技术工程师和产品经理团队重新编辑制作了大量的视频文件，从客户类型、产品和应用解决方案三个维度进行整理，并推出了这个平台。在两年内，我们对平台进行了两次重大升级，改善了客户的使用体验。这项举措与我们所强调的 6 个核心价值密切相关，并加深了客户和行业对我们在促进行业发展和坚持可持续发展方面的印象。我们早早将人才赋能作为品牌战略的一部分，这是因为我们对市场和行业有深入了解。

- **我们针对行业早期研发生态系统中存在的沟通问题，与头部投资机构合作，创建了一个双选平台，专为初创型客户和投资公司而设。** 这个平台帮助初创公司与更多投资方接触，并帮助投资方找到优质项目。这就是我们在前面提到的"三角关系"的具体实施。通过这个项目，在三年时间内，我们发现了 150 个新客户，与过去 500 个客户相比增加了很多。我们还帮助十余家客户获得投资机会，筛选了 250 个项目，实现了三方共赢的局面，同时也增强了我们品牌的影响力。这与我们在促进行业的发展和显著帮助客户的工作这两个核心价值上的领先地位密切相关。

- **做好内部沟通，让市场部做的事情可以被公司内所有人知道。** 这可以让公司内所有人理解我们做的事，让公司内所有人把这些事的意义传递给客户中的不同人群。

从上述案例中不难看出，我们做了很多其他上游供应商做不了或者没有做的事情，而这些工作，会让我们的品牌看起来与众不同。

8.6.4　我们避开的"坑"

在过去几年的品牌建立过程中，我们成功避免了几个陷阱。

- 我们意识到作为全行业产品线最齐全的供应商，并不意味着可以动辄对客户夸耀自己是最大的或产品最全的供应商。有些客户，特别是大客户，可能对此并不感兴趣，甚至会因"店大欺客"的偏见对我们产生负面影响。因此，在宣传时要小心谨慎，将重点放在理解客户需求和工艺方面，以便提供更好的服务。
- 起初我们计划利用行业内一些知名产品品牌来推动全新品牌的发展，这对品牌的启动确实有很大帮助。然而，经过一段时间后，我们发现虽然客户对某些产品品牌的认知度提高了，但对公司品牌的认知度并没有明显改善，也就是对品牌力提升的帮助有限。因此，在第二年，我们果断停止了单独产品品牌的宣传，转而将产品能力与公司价值统一结合。这样的调整在第三年初的调查中取得了一定的改善效果。在进行品牌宣传时，也需要特别注意那些备受关注的明星产品，避免让客户过度关注产品本身，而忽略了公司品牌。
- 要把内容看得比形式更重要。我们以前的品牌和沟通经理具备很强的设计能力和审美观，这对于营销人员来说非常重要，但也是把双刃剑。每个人都有自己的舒适区，而跳出舒适区需要毅力和时间。在第二年的调研中，我们的品牌被认为太过"摩登"，这与我们想要传递的核心价值不符。尽管当时有人对此提出了质疑，认为多一些价值是否更好，我坚定地拒绝了。我们及时调整了设计，并更加注重如何通过内容吸引客户。结果是品牌力和品牌溢价的不断提升，尽管品牌经理可能并不满意。

幸运女神不会永远站在我们这边，在品牌建设方面更是如此。我们并没有太多试错的机会，希望通过阅读我们的案例，你们可以从中获得一些启示，引发自己的思考。

8.6.5　做好"花钱"这件大事

怎样才能成功建立一个新品牌或让老品牌重获新生呢？我们的经验告诉我们，关键在于投入资金——就是"花钱"。别指望不花费资金就能打造品牌，千万不要让你们的老板有这种观念，否则你们将缺乏必要的资源。同时，也千万别让你们的老板认为只需花钱就能做好品牌，那样会很危险。

确实，花钱是必须的，但是要明智地运用资金，把好钢用在刀刃上。就像之前提到的品牌工作坊（见 8.1.1 节），大家建议的想法让我们感觉可以轻易花掉几个亿，但是实际预算的数字将我们拉回了现实。幸运的是，除了常规的市场费用，我们还争取到了其他渠道的支持，所以我们品牌的首年总费用是常规市场费用的 2 倍。

权力越大责任越大，我们的团队受到了上百双眼睛的关注，大家都希望我们能做出与众不同的东西。我和品牌团队在如何花钱上进行了多次讨论和争论。品牌团队非常注重审美，他们希望将更多的资金用在设计上，给客户提供更好的展示效果。而作为理工男，我更追求实际结果。因此，我们坐在一起，坦诚地讨论做品牌的目标是什么。在我们的理解中，品牌建设的目标是提升品牌知名度、品牌力和品牌溢价，所以所有的花费都应该有助于实现这些目标。然而，之前的品牌经理对此并不完全认同，她认为展示形式非常重要，应该让客户一眼记住我们。但当我问到她更好的设计是否能帮助提升品牌力、品牌溢价或品牌知名度时，她有些答不上来。说实话，我们自己也回答不上来。这导致至今我们的品牌团队还没有一套完整的用于评估品牌效果的关键绩效指标，更多的只是通过浏览量和展示量来衡量。

我们也进行了一些思考，试图以百度主动搜索我们品牌关键词的次数作为一个指标，或许能在某种程度上反映品牌力。至于品牌溢价，确实很难用月度或季度的指标进行衡量，所以这个问题到目前为止还无法解决。

最终，我和品牌团队达成了共识：80% 的花费应与品牌的三个维度相关，即提升品牌知名度、品牌力和品牌溢价；另外 20%的资金则不必考虑这些指标。在我们看来，品牌不是完全理性的东西，如果把所有事情都用理性的方式评估，就会失去其艺术性和感性的一面。

当然，品牌一定是自上而下的。作为一家跨国公司中国区的市场营销团队，我们不能盲目地重新打造一个全新的品牌。正如我们全球 CEO 所说，我们只有一个愿景和使命，并且所有的行动都应该以这个愿景和使命为指导。

最后，回顾一下我们的主要 KPI 吧，也就是回归到 What 的问题上。过去三年中，我们除了第一年在试错外，后面有 80% 的投入都在试图完成表 8-2 中的主要绩效指标。

表 8-5 是我们针对品牌的关键绩效追踪表，被称为"Bowler"，我们时刻提醒自己，我们为品牌做的每一个投入，是否是在为这些指标直接或者间接地服务。

至此，B2B 市场营销的战术部分就告一段落了。下一章将重点讨论高效 B2B 营销团队的建设秘诀。如果你是一位管理者，可能会从中获得一些团队管理和建设的提示；如果你目前还没有担任管理岗位，下一章也会帮助你了解 B2B 营销团队的管理者对团队有哪些期望。

表 8-5　品牌关键绩效追踪表

主要指标	2023年	2024年	增长率	截至目前		第一季度			第二季度			第三季度			第四季度			全年
						1月	2月	3月	4月	5月	6月	7月	8月	9月	10月	11月	12月	
决策者互动次数				计划														
				实际														
影响者互动次数				计划														
				实际														
使用者互动次数				计划														
				实际														
业务线索数量				计划														
				实际														
销售机会数量				计划														
				实际														
销售成单数量				计划														
				实际														
投入产出比				计划														
				实际														

| 管理篇 |

第9章

B2B 高效营销团队的秘诀

本章将回到营销执行者层面，即 B2B 营销团队的问题上。虽然 ChatGPT 推出了 4.0 版本，媒体也不断炒作"十亿人将失去工作"的说法，但根据我们对 ChatGPT 和文言一心的了解，在未来的 5～10 年，取代 B2B 营销人员仍然相对困难，但是会对 B2C 营销人员产生一定冲击，这会导致未来会有大量 B2C 营销人员进入 B2B 领域，从而加剧 B2B 营销行业的竞争。

下面使用一个表介绍本章内容，读者可根据需求阅读不同内容和了解要达成的目标，见表 9-1。

表 9-1　第九章阅读指南

小节	B2B 营销管理者	B2B 营销非管理者
9.1 节	在新建或者改革营销团队架构时作为参考	了解营销团队的架构及各个功能的职责，定位自我

小节	B2B 营销管理者	B2B 营销非管理者
9.2 节	可以作为提升团队管理效率的参考	了解领导管理理念，努力让自己适应相应的管理理念
9.3 节	在招聘和筛选人才时，可以用不同维度作为参考	找到个人能力长板和短板，找到提升自己能力的方向
9.4 节	在与内部管理层和供应商沟通时作为参考	在与内部同事和供应商沟通时作为参考，调整工作心态
9.5 节	明确团队目标，让团队为目标一起努力	理解团队目标，为团队目标的达成而努力

9.1　B2B 营销团队的完美架构

还记得第 1 章中介绍的 B2B 营销团队的主要职责吗？这些职责是营销团队需要完成的。而搭建一个良好的营销团队则要知道如何通过优化和构建营销团队的结构，更好地实现团队职责。

9.1.1　B2B 营销团队的架构由职责决定

一个优秀的营销团队不应该由单独的市场总监或市场副总一人对团队事务进行决策，而是需要建立一个市场管理团队（Marketing Leadership Team，MLT）。每个小团队的负责人都应成为市场管理团队的一员，甚至包括支持市场团队的财务和人力资源负责人。对于一些企业，产品团队可能不受市场团队直接管理，但主要的下游产品经理——负责产品定位和推广的产品经理应被纳入 MLT。MLT 的核心功能是形成集体决策，并确保在战略和战术层面进行充分沟通，以更好地实施企业战略和市场战略。

一般 B2B 企业的营销团队按照功能不同可以分为战略类、执行类和综合类（介于前面二者之间）。

- 战略类功能团队包括战略市场团队、品牌团队、价格团队和产品市场团队；
- 执行类功能团队包括市场情报团队、数字市场团队和市场传播团队；
- 综合类功能团队包括行业市场团队和市场运营团队。

需要指出的是，这里讨论的是功能团队而不是实际的汇报线团队，因为只有先明确功能划分，才能根据企业的实际情况确定汇报关系，以更好地实现各个功能。

接下来我们逐个看看如何构建 B2B 营销团队以实现主要职责。我们将企业战略、营销战略的制定与执行分解为如下六个部分。

- 收集和分析市场信息与客户信息；
- 制定企业战略；
- 制定产品战略；
- 将企业战略分解；
- 制定营销战略；
- 执行营销战略。

市场情报部门通常负责市场信息的收集，但收集什么类型的资料和信息应由市场管理团队确定，避免执行部门在没有明确方向的情况下盲目开展工作。同时，战略市场团队、行业市场团队、产品市场团队、品牌团队和价格团队应作为"顾问"与销售团队等充分沟通后提出需求，在大家共同讨论下决定何种情报通过何种方式进行收集和分析。数字市场团队、市场传播团队和市场运营团队也应得到同步通知。我们可以使用 RACI 模型表示：市场管理团队担任负责人，市场情报团队是主要执行者，战略市场团队、产品市场团队、品牌团队、价格团队和行业市场团队是顾问，其他团队则被通知。

RACI 模型是一种用于定义角色和责任的管理工具，通常用于项目管理和组织中。RACI 是四个英文单词的首字母缩写，分别代表了四种不同的角色。

- Responsible（R）：负责实际完成任务或活动的人员。
- Accountable（A）：对任务的最终结果负有责任，并需要做出决策的人员。
- Consulted（C）：需要提供意见或参与讨论的人员，但并非直接执行任务。
- Informed（I）：需要被告知任务进展情况或结果的人员。

通过明确定义每个人员在项目或任务中的角色和责任，RACI 模型有助于消除混乱和不必要的重叠，确保任务能够顺利完成并减少沟通问题。

表 9-2 标注了战略工作部分各个小团队的职责。需要特别强调的是，企业战略制定的执行者应该在市场管理团队和战略市场团队中，而负责人必须是企业的高层领导。负责人和主要执行者之间的关系是，负责人负责确定方向、扫清障碍，而主要执行者作为项目经理要把握项目进度，确保项目按时完成且保质保量。

接下来，按照相同的思路，我们对后面的几项职能进行RACI 分解，并形成一个大表格（见表 9-3）。需要明确的是，每项工作都不是单打独斗，而是团队合作。由于是团队合作，因此需要明确责任分工，每项工作都应有负责人、具体职责和明确的工作期望。同时，还需要建立合理的 KPI 来进行考核。

表 9-2 针对企业战略的 B2B 营销团队职责表

战略工作	管理类	战略类					综合类	执行类		
	市场管理团队	战略市场团队	产品市场团队	品牌团队	价格团队	行业市场团队	市场运营团队	市场情报团队	市场传播团队	数字市场团队
市场信息和客户信息的收集和分析	责任人	顾问	顾问	顾问	顾问	顾问	被告知	主要执行人	被告知	被告知
企业战略的制定	主要执行人	主要执行人	顾问	顾问	顾问	顾问	被告知	被告知	被告知	被告知
产品战略的制定	顾问	顾问	负责人/执行人	顾问	顾问	顾问	被告知	顾问	被告知	被告知
企业战略的分解	责任人	主要执行人	次要执行人	次要执行人/顾问	次要执行人/顾问	次要执行人/顾问	被告知	顾问/被告知	被告知	顾问/被告知
营销战略的制定	责任人	主要执行人	次要执行人/顾问	次要执行人/顾问	次要执行人/顾问	次要执行人/顾问	次要执行人	顾问/被告知	顾问/被告知	顾问/被告知
营销战略的执行	责任人	顾问	主要执行人	主要执行人	主要执行人	主要执行人	责任人	主要执行人	主要执行人	主要执行人

表 9-3　针对团队主要职责的 B2B 营销团队职责表

主要职责	管理类	战略类				综合类		执行类		
	市场管理团队	战略市场团队	产品市场团队	品牌团队	价格团队	行业市场团队	市场运营团队	市场情报团队	市场传播团队	数字市场团队
市场信息和客户信息的收集和分析	责任人	顾问	顾问	顾问	顾问	顾问	被告知	主要执行人	被告知	被告知
企业战略的制定	主要执行人	次要执行人	顾问	顾问	顾问	顾问	被告知	被告知	被告知	被告知
产品战略的制定	顾问	顾问	负责人/执行人	顾问	顾问	顾问	被告知	顾问	被告知	被告知
企业战略的分解	责任人	主要执行人	次要执行人	次要执行人	次要执行人	次要执行人/顾问	被告知	顾问/被告知	被告知	顾问/被告知
营销战略的制定	责任人	主要执行人	次要执行人/顾问	次要执行人/顾问	次要执行人/顾问	次要执行人/顾问	次要执行人	顾问/被告知	顾问/被告知	顾问/被告知
营销战略的执行	责任人	顾问	主要执行人	主要执行人	主要执行人	主要执行人	责任人	主要执行人	主要执行人	主要执行人
找到新的线索	责任人	顾问	主要执行人	被告知	被告知	主要执行人	顾问	顾问	主要执行人	主要执行人
提升客户重复购买率	责任人	顾问	主要执行人	被告知	被告知	主要执行人	顾问	主要执行人	主要执行人	主要执行人

左侧分组：企业战略的制定；营销战略的制定和执行；助力提供企业销售额

285

（续）

主要职责		管理类	战略类				综合类		执行类		
		市场管理团队	战略市场团队	产品市场团队	品牌团队	价格团队	行业市场团队	市场运营团队	市场情报团队	市场传播团队	数字市场团队
高质量营销内容的打造	获客内容的打造	顾问	被告知	主要执行人	顾问	顾问	主要执行人	顾问	被告知	主要执行人	顾问
	品牌内容的打造	顾问	被告知	次要执行人	主要执行人	顾问	次要执行人	顾问	被告知	主要执行人	顾问
多渠道营销	企业数据库的搭建及数据分析	责任人	顾问	顾问	顾问	被告知	顾问	顾问	被告知	顾问	主要执行人
	企业网站和自营矩阵的搭建	顾问	顾问	顾问	顾问	被告知	顾问	顾问	被告知	顾问	责任人/主要执行人
	自营媒体的投放	顾问	顾问	顾问	顾问	被告知	顾问	顾问	被告知	顾问	责任人/主要执行人
	第三方媒体的投放	顾问	顾问	顾问	顾问	被告知	顾问	顾问	被告知	顾问	责任人/主要执行人

品牌战略和传播												
品牌战略的制定	主要责任人	顾问	顾问	顾问	次要责任人/执行人	顾问	顾问	被告知	顾问	顾问	顾问	顾问
品牌战略与营销战略的结合	顾问	次要执行人	顾问	主要执行人	顾问	顾问	顾问	被告知	顾问	顾问	顾问	顾问
纯品牌传播战术的落地	顾问	被告知	顾问	责任人/主要执行人	顾问	顾问	顾问	顾问	顾问	次要执行人	次要执行人	次要执行人
利用营销渠道和内容传播品牌	顾问	顾问	顾问	负责人	顾问	顾问	顾问	顾问	顾问	主要执行人	主要执行人	主要执行人
生态圈的打造	主要责任人	顾问	顾问	被告知	主要负责人	次要执行人	主要负责人/执行人	被告知	主要执行人	被告知	被告知	被告知
价格战略的制定和执行												
价格信息的收集	顾问	顾问	次要执行人	被告知	次要执行人	次要执行人	主要执行人	被告知	顾问	顾问	被告知	被告知
价格战略的制定	次要负责人	顾问	顾问	顾问	主要执行人	顾问	主要执行人	顾问	主要执行人	顾问	被告知	被告知
价格标准化流程的建立和监控	顾问	被告知	顾问	被告知	主要执行人	顾问	顾问	次要执行人	顾问	顾问	被告知	被告知

9.1.2　B2B 企业中完整的营销团队架构及职责

一旦形成了表 9-3，我们就能清晰地看到每个小团队需要承担的主要工作。根据各家企业的情况，我们可以确定汇报线并配置各个团队的资源。在我们的经验中，我们推荐图 9-1 所示的两种 B2B 营销团队架构方式。

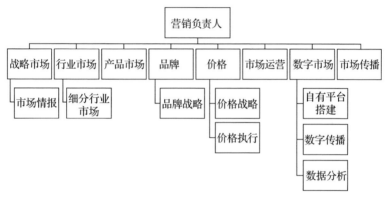

a）B2B 营销团队中心化架构

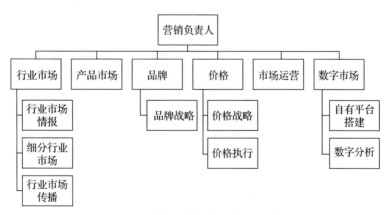

b）B2B 营销团队部分去中心化架构

图 9-1　两种 B2B 营销团队架构

　　这两种架构方式的区别在于，图 9-1a 中的架构完全按照职能进行划分，是中心化的市场架构；而图 9-1b 中的架构去除了中心化，除了品牌、价格、数字平台和运营外，其余职能都交由不同行业市场团队承担。根据我们过往的经验，这两种架构各有其利弊，并且可以根据不同 B2B 企业所在行业和所处阶段的情况灵活地选择适合的方式。

　　一般情况下，以下类型的企业更加适合采用中心化市场营销团队的架构。

- **初创企业和小型企业**。初创企业通常需要快速建立品牌知名度和市场份额。中心化市场团队可以专注于市场推广、品牌建设和用户获取等任务，以迅速扩大企业影响力。当然初创企业人手会非常有限，往往是一专多能，每个人都承担了不止一个功能的工作。

- **在着重打造品牌过程中或者细分市场存在比较大的交集时的大中型跨国企业**。我们看到去中心化市场架构和中心化市场架构的差别在于，是否包括战略团队及市场传播团队。着重打造品牌时，因为市场传播团队承担了与客户或潜在客户沟通的重要工作，因此最好可以做中心化管理，这样更加有利于品牌信息传播的一致性；与此同时，如果不同细分市场存在比较大的交集，包括但不限于市场该信息获取渠道是相同的，或者各细分市场受宏观政策影响也具备较强的一致性，我们也是建议做中心化管理，这样更加有利于做资源整合，避免浪费。

- **大中型本土化企业尚未有出海策略时的**。不同国家的市场情况大相径庭，因此针对不同的国家或者地区，应该有相对独立的细分市场团队。而在中国，与上述大中型跨国企业在中国的组织情况类似。

以下类型的企业或者阶段可能更加适合采用去中心化市场营销团队的架构。

- **开拓第二增长曲线的企业**。虽然一般情况下，企业的第二增长曲线与第一增长曲线有很大相关性，往往是利用第一增长曲线中的优势，寻找新的应用场景而产生的，但是因为第二增长曲线往往是高增长市场，需要快速决策和灵活化管理，因此相对去中心化的市场团队架构会更加适合，而此时市场费用也会相应向这里倾斜。

- **当企业有拆分计划时**。去中心化市场团队就要为整个组织架构服务，因此把一些功能放在行业市场团队，为更好地与拆分后的组织沟通打好基础。

- **当几个细分市场出现某一个或两个细分市场的占比过高时**。此时也建议做去中心化市场团队架构的管理。因为如果全部中心化管理，依然会出现资源严重向更大的细分市场或者利润更高的细分市场倾斜的情况。

9.2 优秀的 B2B 营销管理

谈到 B2B 营销管理，要在这里明确其与团队管理的区别。B2B 营销管理的关键在于明确目标。通过服务多个不同的 B2B 企业并向各级经理层报告（如总经理、全球 CMO、亚太区 CMO），我们发现不同 B2B 企业的管理层对市场团队的要求和期望是有所不同的。尽管我们在前文反复讨论了 B2B 营销团队应该做什么，甚至如何去做，但是在这里，我们仍然想强调一点：**对于 B2B 营销来说，最重要的是明确并清晰地确定我们要做什么。**

9.2.1 B2B 营销卓越运营避坑指南

谈到营销管理，就要提及市场费用的问题。几乎没有 B2B 营销人员会抱怨市场费用太多，因为我们很少有机会面临这种"幸福的烦恼"。因此，我们需要问自己一系列问题：如果只有 1 元钱，我会用来做什么？如果有 2 元钱，我会用来做什么？如果有 3 元钱，我会用来做什么？依此类推。

上述这些并没有正确答案，对于 B2B 营销人员而言，也不存在标准答案。答案往往与所在的 B2B 企业所处的阶段、面临的竞争、客户的形态和分布，甚至企业管理层的偏好相关。作为营销团队的负责人，我们有责任与所支持的业务团队负责人进行充分沟通，达成共识后再与团队成员进行沟通，这点非常重要。我们曾经遇到过一些"嬗变"的总经理，当然这里的"嬗变"带有引号，因为客户和行业都在不断变化。B2B 营销人员也需要提升自己的应变能力。

本节将尝试分享一些 B2B 营销人员达成共识的经验，包括我们的主要工作以及与业务的关联，帮助我们自身和团队找到自己的"价值"，同时了解我们在工作中最容易受到业务部门或产品经理部门批评的观点，看看我们如何避免陷阱。

1. 会让我们失去信任的天坑——企业战略和营销战略不落地

企业战略和营销战略是一项重要工作。"战略无法实施"，这也是几乎所有企业都会遇到的最大的坑。我们相信许多参与制定战略的 B2B 营销人员都有类似的感受：我们辛辛苦苦制定的企业战略或营销战略最终只变成了几页 PPT，在向领导们报告完毕后就被"封印"起来，然后日常工作继续按部就班地进行。这个问题并不仅存在于大企业中，越来越多的中小企业也面临着类似的情况。我们曾经遇到过一家客户，他们从一家大型外企招聘了一批做战略的"专家"，花了两年时间制定了一堆"战略"，结果这些人跳槽离开时除了带走了企业一大笔钱之外，还给企业创始人留下了一个处于半死不活状态的企业。

然而，避免这个陷阱并不难。首先，我们可以参考之前关于战略的章节，在制定战略时确保它来自客户和行业的声音，并基于企业当前状况和对未来的预期。要确保战略回答了"在哪里赢"和"如何赢"的问题。曾经有一次培训中，我被问到这样的问题：战略是回答如何解决客户的问题，还是回答如何解决我们的问题？我的答案非常坚定，战略是解决我们的问题的，譬如如何实现增长，如何获客。但是如果要解决我们的问题，必须解决客户的问题，这就需要我们利用自身的优势来满足客户的必要需求（而不是虚构一堆超出自身能力范围的事情）。只有让客户的问题得到解决，客户才会把钱给我们，从而解决我们增长的问题。

接下来，将战略分解到日常工作中，让主要资源集中在为实施战略服务上。这样制定出来的战略不仅可以减少"战略无法实施"的质疑声音（虽然我们无法完全消除这种声音，因为某些人听到战略就会认为它很虚无），而且可以真正帮助企业做出实质性的贡献。

我们有义务通过实际行动改变那些对战略持怀疑态度的人的观点，但我们无权改变他们的评论。因此，只有制定出真正实用的战略，才能为企业带来价值。

案例 9.1 最近我们协助一家分公司制定了未来五年的战略。通过行业分析和内部信息收集，我们确定了一个重要的痛点，即

客户不来找我们，我们无法看清整个市场中的多数客户在哪里。因此我们制定了一个战略目标，即提高市场可见度（Visibility）。将该战略具体应用到 B2B 营销团队的工作中，我们的任务是找到 800 个客户中的主要决策者，共计 4000 人，并通过多渠道营销与这 4000 位主要决策者进行互动。而制定好这个战略目标后，我们就要进一步分析为什么客户不来找我们了。我们自信我们的宣传渠道覆盖面非常好，即客户中的使用者、影响者和决策者没有道理看不到我们的信息，那么其主要原因可能是我们的内容不足以吸引他们，没有解决他们的实际问题。因此我们把下一步的行动方案确定在制作足够吸引这一目标客户群体的内容上面来，然后进一步优化投放渠道。这样我们可以轻松将战略与我们营销人员的日常工作联系起来。

2. 光叫好不叫座的"深坑"——MQL 无法转化

提升企业销售业绩是一件无比重要的事情，因为这是企业现金流的保障。许多 B2B 营销人员在早期阶段不太理解这一点，因此把品牌知名度作为第一要务，后来逐步意识到了，但是随之又进入了另外一个极端——只关注可以直接产生订单的业务线索，并将其视为自己的主要任务。我们为此踩过两次坑。通过市场活动产生了大量的业务线索，但是销售团队却不愿意去跟进成单，我们为此还与销售团队产生了矛盾。通过一些反思，我们发现是因为我们对这项工作的理解不正确。如果 B2B 营销团队只追求业务线索数量而忽视质量，或者产生了过多的业务线索导致销售团队无法应对，都可能遭到业务团队的强烈反对。

我们的一个主要建议是，B2B 营销团队在提升企业销售业绩方面的贡献不仅是产生更多高质量的业务线索，还可以通过影响关键决策者来支持订单达成。我们在第 1 章中已经讨论过 B2B 业务的特点，例如决策周期长、多个决策参与者以及产品价格相对较高，因此在整个采购周期中，客户组织中不同的人需要被持续影响。结合第 8 章提到的品牌力和品牌溢价，我们建议 B2B 营销人员把精力平衡分配（不是平均分配）在与客户关键人物的互动上面，通俗而言就是，创造更多与客户关键人物线上线下互动的机会。用一句比较浅显的语言来形容，每年见十次客户 CEO 和每年只见一次，成单的概率一定大不相同。而如果可以创造更多与企业客户的决策者、影响者和使用者互动的机会，比从使用者那边收集更多业务线索能更加有效地帮助销售团队。

案例 9.2 我所在的营销团队通过为期两个月的小型活动为业务团队产生了 200 个某细分市场的营销合格线索，并迅速转交给相关销售人员。然而，我们发现销售转化率和跟进率都非常低，对整个营销团队的转化率造成了影响。在与销售经理沟通后我们发现，我们的产品在这个细分行业中存在严重问题，在过去五年中只销售了五套。尽管该市场很大，但我们没有竞争优势，因此这个市场被视为"半放弃"市场。由我们活动产生的这些业务线索只会增加 SFDC 系统中的丢单率，而无法对业务做出真正贡献。

我们曾与一位资深销售管理者进行了深入沟通，他提出了一个非常有力的观点：**如果我们产生了销售团队不需要的业务线索，那也是一种"浪费"**。这句话让我们长时间思考，并对我们当前团队的工作产生了巨大影响。因此，在制定市场活动计划时，我们必须与销售经理和产品经理一起确定目标细分市场，并根据销售需求确定产生高质量业务线索的数量和质量目标。这样，B2B 营销团队的工作开展将更加顺利。

同时，对于许多行业来说，B2B 企业在关键客户中已经有很高的覆盖率，他们都认识重要客户的中高层管理人员。在这种情况下，B2B 营销团队很难产生新的高质量业务线索，因此以 MQL 作为主要考核指标可能就不那么合理了。在这种情况下，B2B 营销团队应该更多地思考如何制作能够影响主要决策者的内容，并通过销售渠道或市场渠道将这些内容传递给他们，从而促进销售业绩的提升。

3. KPI 带来的坑——良莠不齐的内容

许多 B2B 营销人员都会问我们什么是高质量的内容。很多营销团队的管理者都关注内容的数量，而非质量，因为 KPI 中往往会界定内容的数量，譬如微信推文的数量、应用手册的数量等。确实很难用一句话来定义高质量的营销内容，因为它必须为我们的营销目标服务。在制定内容时，我们需要明确主要目标是什么：是产生更多业务线索，提升客户与主要决策者的互动，加强品牌知名度，还是帮助销售团队与客户更紧密互动？我们可以参考第 5 章的"我想让谁做什么"的思路回答这个问题，内容的创作必须为特定目标服务，而非为了创作而创作。

案例 9.3　我的一个团队成员告诉我，他一年完成了 200 多项内容的创作。我既震惊又怀疑。当我要求他列出这些内容时，发现其中 50% 是不同团队撰写的微信推文，20% 是各种在线讲座视频或录音，15% 是产品样本和产品手册，还有几个是为某次活动设计的海报和展板。

据我们看，案例 9.3 中列出的这些内容有 80% 以上不能被认为是高质量的营销内容。比如，一篇微信推文如果是为品牌知名度或品牌力服务，就应该有"点击量"和"转发率"作为指标。这些指标也必须与品牌活动相对应，例如全年品牌相关微信推文需要达到 10 万次以上点击，每年发布 50 篇品牌相关微信推文，而这些推文不应缺乏 CTA（呼叫行动）。因此，如果一篇推文平均达到 2000 次点击，可以视为高质量内容。而高质量的微信推文不应只在自有公众号单一渠道进行推广，我们还需考虑在多个自有媒体甚至第三方媒体进行付费投放，这是我们需要思考的内容管理策略。

简言之，每个活动都是根据营销战略制定的，而营销战略则依据企业司战略制定。每个活动，包括内容创作、线上线下推广，都是为了实现活动目标。若一个活动目标有 20 篇微信推文就能达到相应的点击量或业务线索数量，那第 21 篇推文就是浪费。我们应考虑提升 20 篇推文内容的质量，而非创作 50 篇质量不高的微信推文。

因此，我们对高质量内容的定义应与其是否能服务于目标相关。若是，我们需要为每种不同内容设定一个"门槛"，达到该门槛才可视为高质量内容；若达不到门槛，某些内容可能只是在凑数。

4. 初学者和经费足的团队容易跌入的坑——无差异化多渠道营销

不久前，我们对公司几年前开始合作的定制化线上平台供应商进行了更换，改为购买标准化供应商的服务。我们认为当初选择定制化开发并没有错，因为当时标准化供应商的水平与现在相比存在一定差距，无法满足我们的需求。然而，随着标准化供应商水平提升，他们的服务性价比优势凸显出来。其中有一个问题，一些 B2B 营销人员只考虑搭建平台或寻找渠道，却没有考虑这些平台和渠道是否能够支持业务。

正如之前讨论的内容，数字化营销一体化是 B2B 和 B2C 行业的趋势。B2C 行业更早进入这个时代，而 B2B 行业近年来也迎头赶上。在进行数字化营销和多渠道推广时，我们需要回答一组问题：

- 这些渠道或平台能够为我们的目标提供何种支持和帮助？
- 这些渠道或平台能够让我们接触更多的客户关键人物吗？
- 这些渠道或平台能够帮助我们和客户有更深入互动吗？
- 这些渠道或平台是我们的最优选择吗？

如果我们的答案多为"是"，那么这些平台和渠道就是有意义的；如果不是，那可能就是不需要的。

案例 9.4　我们团队中一位负责数字市场的同事非常兴奋地告诉我，她开发了一个可以让客户通过微信公众号看到产品的平台，名为"品牌屋"。她向我展示了十几页 PPT，其中设计和效果非常炫酷。当我询问投资金额和预期产出时，她告诉我花费了十几万元，但并没有考虑产出，或者说"产出应该还不错吧？"遗憾的是，我们无法定义什么是"不错"，数字市场团队只是为了做而做，盲目决定进行了开发。结果导致公司投入了十几万元的沉没成本，并且没有确定的产出。从此之后我要求团队每一个五万元以上的平台搭建或者新渠道选择必须做投入产出分析，避免公司的损失。

我们并不是不鼓励尝试，也不是不允许犯错，因为任何事情都存在风险和错误决策的可能。在选择渠道和构建数字化平台

时，如果 B2B 营销人员首先问自己以下三个问题，就能大大降低
尝试或犯错的成本，提高成功率，并增加在公司内部的声誉：为
了实现什么目标？投入产出比是否合理？是否有其他更好的方式
能够实现相同目标？

当然这个坑也不是谁想踩就可以踩的，往往踩坑的人多是缺
乏经验的人和经费过于充足的团队。

5. 鞭打快马的坑——品牌战略和传播不是万能的

本书用了一整章介绍品牌战略和传播策略。在这里，我们想
再次强调，品牌不是一个口号或一个标志，更不是一个万能的解
决方案。在进行品牌工作之前，需要进行深入思考和内部沟通，
并进行一系列相关工作。否则，很容易陷入一个误区，即将所有
事情都抛给品牌去做，或将所有费用都视为品牌费用，因为品牌
这个词太广泛，可以与每件事情联系起来，甚至紧密相关。

要明确品牌团队的工作职责，并根据品牌的发展阶段定期更
新这些职责。一旦确定，除非管理层达成共识，否则必须在工作
职责范围内工作，并制定与该范围内的关键绩效指标相适应的工
作。所做的工作应该是为这些 KPI 服务的。

6. 最敏感的坑——价格战略变成价格监控

尽管本书没有特别讨论价格团队的工作，因为许多 B2B 公司
的价格职能由财务团队或产品经理团队负责，但我们仍然想给大
家一些建议。在进行价格管理时，我们也需要明确我们的目标，
不能为了控制价格而进行价格管理，而是以更好地帮助销售团
队、产品经理团队、财务团队和公司管理层为目标。通过了解竞

争对手的定价、市场对价格的需求以及我们自身的优势，给不同细分市场的客户和不同产品线提供合理的价格范围建议。然后根据实际情况与运营团队共同制定价格监控体系，确保价格战略能够有效执行。

价格战略的制定和执行是一个非常复杂的过程，以下是一些我们总结的关键步骤。

1）**目标设定**：明确制定价格战略的目标。这可能包括增加市场份额、提高利润率、抢占竞争对手的市场份额等。

2）**竞争对手分析**：了解竞争对手的定价策略和价格水平。这可以通过市场调研、竞争分析和定价数据收集来实现。

3）**价值定位**：确定产品或服务的价值定位，即在市场中所提供的独特价值和优势。这有助于确定价格的基础和市场接受度。

4）**成本分析**：评估产品或服务的成本结构，包括直接成本、间接成本和固定成本。这有助于确保定价能够覆盖成本并实现利润目标。

5）**定价策略选择**：根据目标、竞争环境和价值定位选择适当的定价策略。例如，可以采用高价策略、低价策略、差异化定价策略或动态定价策略等。

6）**定价模型和定价结构设计**：建立适合业务需求的定价模型和定价结构。这可能包括基于成本、市场定价、价值定价或捆绑定价等。

7）**定价实施和监控**：将定价战略应用到实际市场中，并密切监控市场反应和结果。根据市场反馈和需求变化，及时调整价格策略。

8）**定价策略评估和优化**：定期评估定价策略的效果，并进行必要的优化和调整。这可以通过关键绩效指标的跟踪和分析来实现。

注意，制定价格战略是一个复杂的过程，需要综合考虑市场需求、竞争环境、产品价值和成本等多个因素。在实施价格策略之前，建议与相关团队进行充分讨论，并持续监测和调整以适应不断变化的市场情况。

9.2.2　B2B 营销团队管理工具

虽然许多公司开始实施 OKR（目标与关键成果管理），但对于 B2B 营销团队，尤其是数字相关的团队，我们建议主要采用 KPI 的管理方式。接下来，我们将分享一个常用的 KPI 管理流程，即公司战略分解、确定目标数字、日常数字考核和持续流程改善，具体如图 9-2 所示。

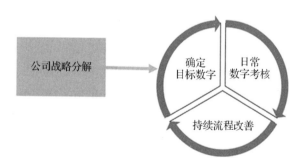

图 9-2　从公司战略到日常执行

在持续改善过程中，我们可能会发现一些目标不合理，如过高或过低。如果目标设定过高，我们需要考虑资源是否合理，并确定达成这个目标需要哪些额外资源；如果发现目标偏低，我们可以在适当的时候提升目标，提出延伸目标（Stretched Targets）。通常情况下，延伸目标不应该只是基于基本工作量的指标，而是可以通过额外激励来促使达成。

图 9-3 所示的是一个日常管理工具，我们称为 Bowler，也可以称为记分卡。根据总体目标，设定每月或每周的具体目标数字，然后每月或每周进行核查，确定是否达到目标。如果达到了目标，标记为绿色（图 9-3 中为浅灰色）；如果没有达到，则标记为红色（图 9-3 中为深灰色）。通过这个表格，可以直观地反映完成情况。连续出现黄色或红色，可以触发改善行动计划；全部出现绿色，可能需要考虑提升目标。

团队初次接触 Bowler 时，可能会出现不适应的情况，甚至会有少数人产生抵制的反应，这种情况非常正常。为了避免这种情况发生，并帮助团队逐渐适应，我们需要确保 Bowler 中的指标合理。所谓合理是指，Bowler 中的指标应与负责人的工作直接相关，并在前一年的基础上有一个合理的增长。同时，在确定指标之前，必须确保指标负责人和他的主管达成一致。更为重要的一点是，Bowler 中所有指标都完成，只能说明一件事情，就是指标定得太低了，而需要和被沟通者明确的是，Bowler 中的指标应该有一定比例是红色的，这样才能持续改善。通过这样的方式，可以尽量减少抵触情绪的发生，并帮助团队逐步适应新的管理方法。

9.2.3　对 B2B 营销团队主要 KPI 的建议

我曾经帮助近 10 家不同行业、不同规模的 B2B 企业的营销团队制定 KPI，包括大型外企、小型外企、大型民企、小型民企等，也总结了一些制定 B2B 营销团队 KPI 的经验，在这一小节将针对这些进行分享。

主要指标	2023年	2024年	增长率	截至目前		第一季度			第二季度			第三季度			第四季度			全年
						1月	2月	3月	4月	5月	6月	7月	8月	9月	10月	11月	12月	
决策者互动次数					计划													
					实际													
影响者互动次数					计划													
					实际													
使用者互动次数					计划													
					实际													
业务线索数量					计划													
					实际													
销售机会数理					计划													
					实际													
销售成单数量					计划													
					实际													
投入产出比					计划													
					实际													

图 9-3 日常管理工具 Bowler

依然是 Why-What-How 的问题，首先我们想要了解清楚企业管理层和销售团队对营销团队的期待，以及企业在市场或者行业中所处的位置，这是为了回答 Why 的问题。这里有两个原则，一是"缺什么补什么"，二是"不断强化自己的优势"。其实二者都不难理解，"缺什么"是指当前企业最欠缺的资源和能力，如果作为营销人员可以通过自己的工作把它们补强，无疑将会给企业带来更多价值，也会为自己带来更多价值。那么一般情况下 B2B 企业会欠缺什么类型的能力呢？我们结合图 5-2 来看看作为一个需要通过销售和订单实现盈利的企业，可能存在哪些能力缺陷，然后再看看 B2B 营销团队可以通过制定和提升哪些 KPI，帮助企业提升销售额和利润。这部分内容在前文已经详述，这边不再进行深入讨论。

其次，我们在表 9-3 中已经罗列出 B2B 营销团队应该做什么，我们在这一小节要做的重要工作就是把表 9-3 中的内容数字化，放在 Bowler 里面，以便日常进行追踪。表 9-4 给出了将 B2B 营销人员的工作职责转化为 Bowler 追踪表的方法。

表 9-4 中有两点需要特别说明，L1 Bowler 和 L2 Bowler 指标是指第一层级的 KPI 和第二层级 KPI。第二层级 KPI 可以是第一层级 KPI 的分解，譬如按照行业、区域等分解，但是更多应该作为领先指标存在，即 L1 Bowler 是滞后指标，其变化应该由 L2 Bowler 决定。例如，新的业务线索数量应该由接触客户数量乘以转化率，因此如果新的业务线索数量作为 L1 Bowler，则接触客户数量和转化率应该作为 L2 Bowler 进行追踪和考察。而客户的重复购买率，需要根据我们所销售产品和服务的购买周期、使用周期等因素综合考虑，确定滚动周期的时间。

表 9-4　将 B2B 营销人员的工作职责转为 Bowler 追踪表

主要职责		转化为Bowler的方法	L1 Bowler主要指标（滞后指标）	L2 Bowler主要指标（领先指标）
企业战略的制定、营销战略的制定和执行	市场信息和客户信息的收集和分析	每个月或者每个季度提供收集和分析报告	报告数量	数据库管理
	产品战略的制定	不适合Bowler，项目管理	不适合Bowler，项目管理	不适合Bowler，项目管理
	企业战略的分解	不适合Bowler，项目管理	不适合Bowler，项目管理	不适合Bowler，项目管理
	营销战略的制定	不适合Bowler，项目管理	不适合Bowler，项目管理	不适合Bowler，项目管理
	营销战略的执行	不适合Bowler，项目管理	不适合Bowler，项目管理	不适合Bowler，项目管理
助力提升公司销售额	找到新的线索	每个月提供新的业务线索数量	业务线索数量（MQL数量、业务机会数量、业务机会金额等）	接触关键客户的数量、接触客户到业务线索转化率、业务线索到业务机会转化率、不同行业市场的业务线索数量
	提升客户重复购买率	过去连续6个月、12个月、18个月或24个月现有客户提出新的购买的数量占现有客户的比例	过去连续6个月、12个月、18个月或24个月重复购买意愿比例	现有客户中关键人物（决定者、影响者、使用者）每个月我们有效互动的次数
高质量营销内容的打造	获客内容的打造	符合一定标准的内容数量	每个月制作符合一定标准的内容数量	不适合L2 Bowler
	品牌内容的打造	符合一定标准的内容数量	每个月制作符合一定标准的内容数量	不适合L2 Bowler
多渠道营销	企业数据库的搭建及数据分析	客户数据库新增数量及活跃度	每个月新增的客户数量（决定者、影响者和使用者分别计算）及互动数量（如网页停留时间、转发量、线上线下互动次数等）	不适合L2 Bowler
	企业网站和自营矩阵的搭建	企业网站流量的分布及网站注册数量	每个月网站的注册数量	每个月网站流量的分布、平均浏览时长
	自营媒体的投放	网站、微信、B站、抖音等流量和转发等指标（可作为找到新的线索及提升客户重复购买率的L2 Bowler指标）	每个月来自有效流量渠道的业务线索数量	每个月网站流量（会话控制、Session）、新增注册、微信等的点击量、转发数量
	第三方媒体的投放	第三方媒体流量、业务线索数量（可作为找到新的线索及提升客户重复购买率的L2 Bowler指标）	每个月来自第三方媒体的业务线索数量	每个月第三方媒体的点击量、转化率等
品牌战略和传播	品牌战略的制定	不适合Bowler，项目管理	不适合Bowler，项目管理	不适合Bowler，项目管理
	营销战略与营销战略的结合	不适合Bowler，项目管理	不适合Bowler，项目管理	不适合Bowler，项目管理
	纯品牌传播技术的落地	不适合Bowler，项目管理	不适合Bowler，项目管理	不适合Bowler，项目管理
	利用营销渠道和内容传播品牌	与客户决策者、影响者和使用者高质量互动的次数	通过品牌Campaign留资的客户决策者、影响者及使用的次数	品牌Campaign的点击量
	生态圈的打造	新建生态圈合作伙伴的数量及与生态圈合作伙伴高质量互动的次数	通过品牌Campaign留资的生态圈客户数量	不适合L2 Bowler
价格战略的制定和执行	价格信息的收集	不适合Bowler，项目管理	不适合Bowler，项目管理	不适合Bowler，项目管理
	价格战略的制定	不适合Bowler，项目管理	不适合Bowler，项目管理	不适合Bowler，项目管理
	价格标准化流程的建立和监控	不适合Bowler，项目管理	不适合Bowler，项目管理	不适合Bowler，项目管理

通过表 9-4，可以把我们要做的事情进行量化，然后放在 Bowler 里面以便于追踪。最后一步，根据我们工作的优先度，列出 3～5 项 L1 Bowler，然后把可以影响到它们的 L2 Bowler 列出来，这样我们就可以进行日常追踪了。

这里还有几个关于 Bowler 的注意事项，具体如下。

- 将 Bowler 中完成部分标注为绿色（浅灰色），没有完成部分标注为红色（深灰色），非常接近完成的部分标注为黄色或红色，这样可以清晰看出哪些完成了，哪些没有完成。
- Bowler 中完成部分所占比例不应该超过 80%，否则也就意味着我们的指标定得太低了，没有挑战性，需要重新制定指标。
- 若某项指标连续 2～3 个月没有完成，我们需要分析没有完成的原因，最好找到根本原因，然后给出解决方案。
- L1 Bowler 的指标作为滞后指标，往往就是结果，而如果没有完成，要到 L2 Bowler 里面去找原因，因此 L2 Bowler 的指标非常重要，不应该只作为 L1 Bowler 的拆解，而应该是原因，即领先指标。
- 一定要树立一个观点，即完不成 Bowler 不是坏事情，因为这可以帮助我们找到进步空间，在就 Bowler 制定与团队沟通时，这一点需要反复强调。

9.3　价值驱动型人才的打造

本节不仅对 B2B 营销人员有帮助，还对所有职场人都具有重要意义。我们与多家 B2B 公司的人力资源管理者分享了同样的观点：市场部门是一个培养人才的部门，如果能够成功地从事 B2B

营销工作，那么就有能力胜任许多其他部门的工作。我们对此充满自信，这源于 B2B 营销团队的工作职责以及我们对团队成员的要求——成为价值驱动型人才。

现在让我们来看一下，我们认为价值驱动型人才应该具备哪些特质。我们将价值驱动型人才的 7 个特质总结在一个"价值驱动型人才剧本"中，并设计了一个包含 50 个问题的问卷。通过回答这些问题，评估者可以清楚地找到自己在这个"剧本"中的位置，读者可以在"思思维导导图"公众号中找到这个评估表。现在让我们先来看看这几个特质。

9.3.1 我是一件有价值的"产品"

我们曾对 150 多名 B2B 市场营销人员进行了一次简单的调查。其中一个问题是："您是否知道自己的 KPI 是什么？"结果显示，73% 的人回答"知道"，19% 的人回答"不知道"，近 8% 的人回答"不知道什么是 KPI"。事实上，这个结果并不令人意外，但接下来发生的情况却令人吃惊。在那 73% 回答"知道"的人群中，当被问及"您知道您的 KPI 与公司发展之间的关系吗？"时，仅有可怜的 21% 的 B2B 营销人员回答"知道"，而近五成的受访者回答"不知道"或"有些迷茫"。

在我们看来，这非常危险。这些无法将自己的价值与公司的价值相关联的员工，不仅自己处于危险之中，他们所在的企业也承担着风险。我曾服务过的一家公司流传着一个传言，说一位资深销售经理陪同中国区 CEO 拜访客户时被问道："你今年的 AOP（年度运营计划）是多少？"他的回答竟然是"我要回去看看"。结果不到两个月，这位销售经理就被迫离开了公司。

每一位 B2B 市场人员，如果不知道自己的 KPI 是什么，同时又不知道自己为公司创造了怎样的价值，那就必须有强烈的危机感了。

作为价值驱动型人才，我们应清楚地知道自己的价值，并将自己的价值与公司的价值密切关联。因为公司雇佣我们实际上是一种投资，如果我们对公司的回报率远低于其他人或团队，那么显然我们就成为一项"不良投资"。唐纳德·米勒建议我们思考一下是否能够为公司创造五倍工资的价值，但我们认为五倍只是一个平衡点。只有当我们能够创造十倍甚至更多的价值时，才能被认为是一项"良好的投资"。

案例 9.5　假设一位市场经理年薪 20 万元，再加上公司在社保、公积金和员工福利上的投资公司要总共投入 30 万～35 万元。如果这位市场经理在市场活动中花掉的总费用达到 200 万元，那么他要通过自己的工作为公司创造不少于 1150 万元的收入才能实现平衡。这些收入对于 B2B 市场人员来说就是通过他们参与的市场活动直接产生的 MQL，以及这些线索最终转化出的订单金额。

作为价值驱动型人才，我们必须时刻牢记自己的 KPI，并尽可能将自己的 KPI 与公司的价值相关联，同时尽可能去完成我们的 KPI，因为它们可以为公司创造价值。而公司的价值，正如我们在前面章节中所介绍的，与客户价值直接相关。

9.3.2　我是一名"英雄"而不是"受害者"

将我们的 KPI 与公司的价值关联仅是第一步。在职场中，特别是作为 B2B 市场人员，市场费用被削减是司空见惯的情况。当遇到市场费用减少时，很多人的第一反应是"这件事无法完成"，或者消极地说"反正钱减少了，我无法完成 KPI 也是正常的"。

这种思维方式是非常危险的。我们可能会发现身边有许多同事经常抱怨"天气不好，所以客户都不参加这个活动了""竞争对手和我们同时做了线上直播，抢走了很多流量""百度的计算方法有问题，导致本月 SEM 的投入产出比不好""销售人员为什么不配合，我们给他们那么多潜在客户都不跟进"等。似乎有很多事情与他们作对，导致他们没有成功。他们没有想过，"抱怨"本身能够帮助其完成 KPI，为公司创造价值吗？答案显然是否定的。

作为价值驱动型的 B2B 营销人员，我们应该如何面对困难、挑战甚至指责，并勇敢地迎接这些困难，成为超级英雄？这需要我们进行思考和行动。经常抱怨的人可能是为了推卸责任和获得同情，让自己的失败"合理化"，他们往往拥有"受害者"心态。很多人无法准确区分"获得关注"和"获得爱"。大家都希望被关注到，而受害者很容易受到关注，但是他们不会得到爱，得到的只是同情和怜悯。

我曾经一度喜欢抱怨，希望博得同情，但是幸运的是，我的老板直接指出了我的问题，这虽然让我一度有些怀疑人生，但是很快我就明白了其中的道理。解决问题的人将成为真正的"英雄"，而"受害者"只会成为故事的背景板。我知道成为"英雄"很困难，因为当面临困难和挑战时，人类的本性是"战"或"逃"，显然逃避比战斗容易得多。如果我们每个人都等待英雄来解决问题，那么我们所在的组织也将面临许多问题，甚至陷入危险之中。

我们鼓励的做法是保持英雄心态，将挑战视为机会，因为挑战越大，机会越大。我的一位老板曾经鼓励团队说："顺境中取得业绩，逆境中培养人才。"我将这句话视为至理名言。当我们伤痕累累走上领奖台，此时的我们才是世界上最值得尊重的人。

9.3.3　跳出戏剧化场景，不要小题大做

我们是否会经常遇到这样的人（这种人几乎在每个组织中都有可能存在）：当遇到一些事情，包括小事，他们都会过分夸大，张扬自己的行动，试图吸引周围人的注意力，表达"只有我能解决这个问题"的意思。不知道你对这样的人有何看法，我会尽量避免与他们合作。

我们曾经也有这样的特点，或许并非故意为之，在面临紧急情况时会感到慌张，不知所措，通过向他人寻求帮助来获取答案。后来，我们反思了很长时间，发现自己就是我们眼中那些"希望尽量避开的人"。现实总是残酷的，当我们意识到这一点时，我们下定决心要改正。我们的第一步就是在面临问题时强迫自己保持冷静。我们尝试过多种方法，例如将自己视为"墙上的摄像头"或"窗户上的苍蝇"——迅速跳出戏剧化的场景，像一个冷静淡定的旁观察者去思考如果我是他会如何应对；或者通过专注观察自己的呼吸，让自己回归本心，迅速恢复冷静；再或者告诉自己"我是导演，而不是演员"，以便快速摆脱紧急情景，避免过分夸张或小题大做。

9.3.4　积极面对负面反馈和冲突

人非圣贤，孰能无过？我们不可能永远都不会做出错误的决策或不采取不当的行为。当面对由我们引起或与我们无关的冲突，或者接受他人的反馈时，保持包容的心态并积极应对是成为价值驱动型人才的重要一步。

我们是否经常听到这样的声音："市场部在我们区域的活动

太少了。""他们提供的内容非常糟糕，根本没有体现我们产品的特点。""他们花的钱都去哪了？是不是有人贪污了？"评论和反馈总是充斥在我们耳边，这就是生活。当我们直接或间接收到反馈时，如果立刻产生愤怒的情绪，可能只会激化冲突和矛盾，对解决问题以及提升个人价值和公司价值没有好处。那么我们应该如何处理呢？

首先，将反馈视为一份礼物。实际上，这非常困难，甚至有些违背人的本性。古话"忠言逆耳利于行"与其异曲同工。价值驱动型人才会把他人的反馈视为一份礼物，但首先要辨别反馈的价值。有些反馈只是抱怨，可能只是情绪问题，而真正有价值的反馈应该来自信任并关心我们最大利益的人，如上级领导、主要合作伙伴或具备全局视角的人。如果能建立一套反馈机制，例如每三个月与上级领导讨论他对我们的反馈，然后通过自我反思来吸收和消化，改善日常工作，我们会发现自己会取得显著进步。"我是否存在专业不足之处？""是否有任何遗漏之处？""我可以做哪些改进？"这类问题可以在接受反馈时提出，并时刻提醒自己不要试图解释，有则改之无则加勉。

其次，在面对冲突时也要保持平和心态。没有冲突的组织是不存在的，只要从事工作就会产生冲突，我们要始终坚定这一观点。感激冲突也许与人性有些相悖，但如果我们能真心感激良性冲突的发生，将能有效缓解冲突的严重程度并更好地利用冲突。在冲突过程中，务必避免情绪激动，并做到"针对事不针对人"。我所服务的一家公司的理念是，所有问题根源都是流程问题，这可能有些绝对，但从根本上避免了以个人为中心的冲突，而将大家引导到讨论流程和问题本身。

最后，在冲突之后，如果可能，请发生冲突的人进行平和沟通，避免他们担心此次冲突会对未来合作产生负面影响。同时，如果我们能意识到自己错了，就更能保持平和心态。

一个小建议：在面对冲突时，可以将问题分解为"事实"和"观点"。陈述事实通常能帮助大家更理性地看待问题，而观点有时候受情绪影响而产生。不要让观点掩盖了事实。

9.3.5　被喜欢很好，但是被尊重和信任更重要

我们的工作目的是什么？这个问题可以有多个维度的答案。从感性上来看，我们可能希望被喜欢；而从理性上来看，我们可能更希望被信任。人类具有情绪心理和理性心理两种心态，分别对应内心和大脑。情绪心理使我们坚定地相信我们认为正确的事物，而理性心理通过思考得出更准确的结论。因此，我们最初的反应可能是希望被喜欢，但经过理性思考后，我们会发现"被信任"和"被尊重"更为重要。

有些管理者倾向于"讨好"团队成员。无论成员表现如何，他们在年终绩效考核中都会给予不错的评分，甚至进行均分化处理。换句话说，他们既不奖励表现出色的人，也不对表现不佳的人采取相应的惩罚措施。而价值驱动型人才应该明确期望、分配责任，确保每个人知道自己应做的事情，并定期进行考核，鼓励良好表现。我们应该问自己一个问题：大家都喜欢你更为重要还是创造更大价值更为重要？价值驱动型人才会选择后者。

在面临选择时，往往没有一种选择是绝对正确的。换言之，每个选择都会带来好的和不好的结果。而价值驱动型人才会选择"正确的事情"，即有意义和有价值的事情。因为只有选择正确的事情，我们才能获得更多的尊重和信任。

9.3.6　做坚定的行动派

你周围一定有很多这样的人，他们会给自己设定目标，甚至有些人几乎每天都给自己设立目标，还会在朋友圈打卡、在手机备忘录中记录下来。然而，大多数人的共同特点是他们没有付诸行动。你周围也一定会有许多人，整天忙得不可开交，应付各种琐事，但其中很多事情做得并不出色。还有些人可能抱着"反正我就这样了"的态度，整天刷短视频、追剧、熬夜，结果工作时没有精神。这已经不仅是涉及 B2B 营销人员的范畴，而是普遍存在于社会的现象。

我们的目标是帮助这些人找到工作的意义，并以尽可能高效的方式完成重要的任务。我相信你们阅读过许多关于时间管理和优先级管理的书籍，我们也是如此。然而，我们会发现，仅凭热情可能会使人开始，但无法养成良好的习惯。原因有很多，有些方法可能本身就是无效的，有些则可能过于复杂而无法实施。

我们在两年多前开始使用一个非常简单的工具，我们称之为"1-3-1-3-1-3 工作法"，由三组"1-3"组成。每年年底，我们会找出下一年要完成的三项重要事务；每周末，我们会列出下一周要完成的三项重要任务；每天早上，我们会列出当天要完成的三项重要任务，确保每年、每周和每天的任务与重要事务相连。然后，去实施就好了。

我们会选择在早上或上午完成每天的三项重要任务，最好能早起一个小时，因为早上的效率最高，可以避免"紧急干扰"。什么是"紧急干扰"？你们肯定熟悉图 9-4 所示四象限模型中的"紧急重要""紧急不重要""重要不紧急"和"不紧急不重要"。其中，右下象限的"紧急不重要"对我们而言就是"紧急干扰"，这些事情往往是对别人紧急且重要，但对我们而言并不重要。这种"紧急"来自他人的压力，而非自己内心的需求。所以我们喜欢在早上写东西或做事情，因为那时别人还没有开始，大多数人的紧急事务也在前一天晚上完成或告一段落。因此，我们把清晨的时间留给自己重要的事情，你们会发现效率很高。另外，在手机日程表中提前放入未来一个月、三个月甚至一年内重要的会议和约会。

图 9-4　紧急重要四象限图

　　图 9-5 展示了我们一天工作日的安排。每天花几分钟在手机上填写这些内容，并更新到手机日程表中，你们会发现不论做什么事情，效率都会很高，而且每项任务都是有意义的，完成后也会带来成就感。

　　我们建议尽量将主要任务安排在上午或中午，最好是早上 7:30—9:30，这样做有两个好处：首先，能量充沛；其次，能减少他人的干扰，因为多数人这会儿还没有起床或者还在上班路上。

　　以下是一些小贴士：确保吃好早餐，精心管理 Outlook 日程表，远离手机。你会惊喜地发现，在前半天高效地完成一项或两三项重要任务后，会感到非常有成就感。当处理剩下的次要任务时，你的心情也会变得更好。

2023年Top 3

1. 打造价值驱动型团队，顺利完成团队转型，提升50%部门投入产出比
2. 撰写一本书，大约18万字
3. 完成金融学研究生课程，开始心理学研究生课程

2023年第6周Top 3

1. 完成2023年Q2团队计划，共3小时
2. 完成5000字撰写，分为三次完成，每次3小时
3. 完成《积极心理学》第二单元课程和作业，共10小时

2023年第6周周一

Top 3
1. 撰写2000字文稿——2小时（6:00~8:00）——撰写一本书
2. 营销团队管理层周会——0.5小时（9:00~9:30）——打造价值驱动型团队
3. 网站改进项目工作坊——4小时（10:00~14:00）——打造价值驱动型团队

其他
1. 3个团队成员定期沟通——1.5小时
2. 客户晚餐——2小时
3. 健身房运动——1小时
4. 听取供应商更换进展汇报——0.5小时
5. 读书半小时——0.5小时

图 9-5　优先度安排表

9.3.7　乐观态度和成长型心态

我们理解的乐观可能与你们的理解略有不同。我们认为的乐观应该是能够预见未来的风险，找到关键的控制点，并积极应对困难和挑战。在面对事情时更多地看到积极的一面，减少消极的一面。这些解释都是正确的，而保持乐观最重要的一点是"充满意义"。如果我们将自己所做的事情与"意义"联系起来，无论遇到什么情况，我们都可以迅速调整心态，更加乐观地面对挑战。

　　樊登经常提到一个词叫作"成长型心态"。成长型心态是什么意思呢？在我们看来，它指的是面对自己认为应该做的事情时，不对自己说"我不行"。比起寻找放弃和失败的借口，给坚持和挑战找到理由更加困难。如果用三个字来解释成长型心态，那就是"我可以"。

　　非常鼓励你试着完成"思思维导导图"公众号中的《价值驱动型人才自我评估》中的 50 个问题，并将自己的评分情况放在"价值驱动型人才剧本"中，看一看你目前处于什么水平。如果你认可评估结果，就不断朝着这个方向提升自己。你会惊喜地发现，在不到三个月的时间里，你的老板和同事会对你刮目相看。

9.4　永远的配角心态和乙方心态

　　我还记得在读 MBA（工商管理硕士）时，有位同学告诉我，他们的公司领导对所有员工都提出了"乙方心态"的要求。即使他们担任甲方的角色，仍然会以乙方的心态与真正的乙方进行沟通。回想起过去的十年，我一直提醒自己和我的团队，在与合作伙伴打交道时，无论是客户、内部同事、供应商、协会还是政府，都要采用乙方的心态进行沟通。这样做有什么好处吗？让我们逐一进行简单分析。

9.4.1　我们并不是"金主"——与诸多供应商的共赢

　　在营销工作中，无论是 B2B 还是 B2C，都离不开优秀的供应商。没有一家公司能够完全依靠自己的员工完成所有营销任务。B2B 和 B2C 对供应商的要求有很大不同，这与它们面对的客户群体、传递的信息以及客户购买旅程有关。在中国，由于 B2B 营销起步较晚，目前尚未形成完善的体系，因此供应商相对规模较小，服务水平也有待提升。俗话说："客大欺店，店大欺客。"这句话并非毫无道理。如果我们在规模较大的企业工作，相对于目前尚不成熟的 B2B 营销供应商，我们处于相对强势的地位；而如果我们所在的企业规模较小，供应商就会处于相对强势的地位。无论是前者还是后者，我们建议采用乙方的心态与供应商保持沟通，实现共赢。

前文介绍过，我们特别将一些媒体和行业会议组织者等供应商纳入生态圈范畴，而供应商的类型远不止于此。至少包括正在合作或曾经合作过的供应商，如翻译公司、差旅供应商、展台搭建供应商、数字化营销 MarTech 供应商、礼品供应商、设计供应商、样本制作供应商、视频制作供应商、数字化集成供应商、自媒体、会议执行供应商等。实事求是地说，管理几十甚至上百个供应商确实具有挑战性。我们的做法是先对供应商进行分类，按照两个维度划分：一是与我们的重要市场相关程度，二是供应商对我们工作的影响程度。对我们营销工作影响较小的供应商，可以考虑通过流程和标准化工作进行职业化的沟通和管理，并注意沟通时的心态，考虑时间维度，即供应商的成长性与我们的产出比。对与我们重要市场密切相关且对我们营销工作影响较大的供应商，建议按照生态圈中的三角关系进行分析和管理。这时，我们并不将这些供应商视为纯粹的乙方，而更希望能够与之共同"撬动"行业资源。对于那些纯粹且对我们营销工作影响较大的供应商，我们既无法也没有必要建立三方关系，同时我们需要尽可能降低投入以获得最佳产出。这时我们可能会有两种做法：一是强势压价，二是追求合作共赢。

我们采取的主要方法是追求合作共赢，因为我们相信只有合作共赢才能实现可持续发展。

首先，我为我们的团队设定了一项规则：不接受供应商超过 200 元价值的礼品，并且不允许从供应商那里收取任何现金或等价物。同时，我们强烈建议我们在与供应商吃工作餐或喝咖啡时由我们团队提供并支付费用。如果发现有超过 200 元的礼品或任何利益冲突，我们将停止与供应商的合作，并对涉及的团队成员进行相应处理。我们广泛宣传这一规则，很快得到了供应商的积极反馈。许多主要供应商，特别是他们的管理层和创始人团队，因为这样的规则加强了对我们的信任。

其次，我们与供应商的主要管理层建立了定期沟通机制，双方就项目合作的进展和挑战进行坦诚交流。我们的团队原则是"不向对方索取没有的东西"，在充分了解实际情况的基础上，我们更愿意与供应商共同解决我们共同面临的问题。通过将"我的问题"转化为"我们的问题"，许多问题的解决应该更加容易。

最后，当我们取得阶段性成果时，我们会与供应商一起庆祝。这可能不需要豪华的餐宴，也许只是几杯酸奶或甜点，但能使大家疲劳的面孔露出真诚的微笑。这不仅因为这是"我们的胜利"，也因为大家的努力得到了认可。

当然，性价比也非常重要。通过与供应商平等沟通、共同解决问题并持续获得小胜利，我们与供应商建立了强大的信任和共赢关系。在这个过程中，我们还可以帮助供应商共同成长。因此，在投入产出比方面，我所在的企业在行业中控制得最好。

9.4.2　我搭台，你唱戏——与内部团队的共赢

说到内部沟通，我们觉得"乙方心态"也非常重要。许多

B2B 企业的营销团队存在两个极端。一方面，他们表现出弱势，对销售和产品经理团队的要求唯命是从，每天忙得晕头转向，却难以获得认可。另一方面，他们故作强势，无论发生什么事情都找理由推脱，要么是公司政策限制，要么是缺乏资金和资源，甚至以"让你老板的老板来找我"为傲，但如果对方老板的权威够大，最终结果还是回到了第一个极端，成为追随者。

显然，这两种状态都不是理想的状态。我们之前已经花了很多篇幅介绍了 B2B 营销人员应该做什么、如何创造更大价值并提升团队的重要性。在这里，我们想谈谈沟通问题，采用"乙方心态"进行沟通。从某种意义上讲，销售人员和下游产品经理都应该是 B2B 营销人员的内部客户，然而由于营销费用掌握在营销团队手中，甲乙方的关系好像发生了颠倒。我们不妨不去纠结谁是甲方谁是乙方，而是采用一种理念，即以配角的心态来工作。我们喜欢用一个比喻来解释：我们就像是在上演一场戏剧，观众是外部客户，我们的目标是让他们花钱购买我们的演出票。那么你们认为，客户会因为演出内容而购买，还是因为舞台效果而购买？很多人的答案很可能是内容。然而，如果演出舞台破旧不堪，会影响演出效果，观众还会愿意购买吗？所以，对于一场演出来说，分工非常重要。如果 B2B 营销团队能将自己定位为舞台搭建者和内容设计的参与者，即幕后工作者，将主角留给销售团队和产品经理团队，各司其职，每个人做自己擅长的事情，这场演出很有可能取得良好的结果。

我一直希望我们的团队不要扮演主角的角色，无论在内部还是外部，而是以配角或者剧务的身份出现，将展示的机会留给主角。也许有一天，我们会发现自己自然而然地成长为一名优秀的导演。

9.4.3　我们来成就你——与协会和学会的沟通技巧

我们与很多学会和协会建立了良好的关系,这既归功于我服务的企业之前打下的良好基础,也源于我们与学会和协会在沟通中采取的乙方心态和配角心态。许多学会和协会定期举办行业会议或组织行业活动,在这个层面上,它们可以被视为我们的供应商。然而,由于它们的特殊身份,它们在一定程度上代表政府或连接政府与行业的纽带,因此我们不能简单地将学会和协会视为普通的供应商关系来处理。我们接触过的学会和协会的主要领导和工作人员往往素质很高,对我们非常客气。在这种情况下,我们应该更加以乙方心态和配角心态与他们沟通和合作。

当然,在各个行业中,学会和协会众多。我们会根据一些标准筛选出重要的合作对象。在合作过程中,要明确我们可以为对方带来什么,以及对方可以为我们提供何种支持和帮助。由于学会和协会的特殊地位,我们会严格遵守他们的要求,并尽可能配合它们的工作。尽管很多情况下我们通过合理赞助的方式提供一定费用给学会和协会,但我们主要做的是阐明自己的期望,并在规则范围内尽量维护自己的利益,同时考虑学会和协会的利益,希望我们的合作能够使彼此受益。

还记得前文中提到的“将客户作为主角,我们作为向导”的观点吗?事实上,几乎所有人都喜欢扮演英雄和主角。如果在合作中能够更多地保持配角心态和乙方心态,合作将更容易推进,合作双方也将获得更多利益。

9.5　B2B 营销人员真正的“赢”

很多人问我们,B2B 营销人员真正的成功是什么?我们认为这个问题没有一个标准答案。本节会分享一些我们的见解。

首先是"意义"。很多人在工作中浑浑噩噩，下班后消磨时间。这样的工作状态显然缺少一些意义。B2B 营销人员需要找到工作的意义，这种意义与组织的利益或行业的利益密切相关。作为 B2B 营销团队的管理者，我会鼓励团队成员将他们的日常工作与"意义"联系起来，这样我们在每天的工作中才会知道自己工作的目的。例如，团队中负责 SEM 的同事，他们的 KPI 不应该只关注流量是否来自 SEM 关键词搜索，而应该考虑转化为销售线索或销售机会的数量，甚至来自 SEM 的销售额。如果只关注流量，很容易通过购买一些低价低转化率的关键词来完成 KPI，这种情况在很多公司都存在。让我们的日常工作与组织的利益挂钩，让我们的工作更有意义，更有价值。

其次是"成长"。我们喜欢用四个字来解决问题——自我归因。因为自我归因能够带来更多的理解，从而促进更好的协作，进而带来更多的成长。我经常听到人们抱怨："为什么销售团队不配合？""为什么产品经理不理解我们的价值？""为什么外国人不了解中国？"我更鼓励提出以下问题："为什么我没有说服销售人员与我合作？""为什么我没有让产品经理意识到我们工作的价值？""为什么我没有帮助全球团队的同事更好地了解中国的情况？"这就是自我归因，将抱怨转化为自我反思。有句俗话说得好："从自己身上找原因，一想就明白；从别人身上找原因，一想就疯了。"虽然这句话有点玩笑，但其中蕴含的道理是值得思考的。经常进行自我归因的人内心会变得越来越强大。当我们意识到自己还不够出色时，我们会不断追求进步，同时减少对他人的指责和苛求。你们还记得价值驱动型人才中提到的"成为英雄而不是受害者"吗？这就是道理，而其中特别强调的"成长型心态"

也与此相似。

通过找到意义，例如贡献更多的销售机会（以 10% 或 20% 的数字来界定），并通过自我归因来成长，是很重要的。另外，我们认为还有一个关键点——"变化"。正如一句名言所说："唯一不变的是变化。"我们所服务的公司在变化，我们的客户在变化，客户所在的环境在变化，整个世界都在变化。当然，这里所说的变化并不是毫无道理的频繁变动，而是合理的变化。我曾经在一年内两次改变团队的主要 KPI。第一次是因为公司业绩下滑，其中原因是一些大客户逐渐转向其他供应商。我和团队共同决定将 KPI 从仅关注新业务线索转变为也关注大客户的管理和支持，通过几个月的努力，成功遏制了下滑趋势。第二次是我们发现线上活动的效果明显下降，于是迅速将市场费用从 80% 的线上活动投入转向更多的线下活动，并提高了线下活动的产出要求，这种变化立即带来了成效。请注意，这两次调整都与"意义"相关联，并通过"自我归因"来反思并迅速做出正确的变化。

最后，用一句话概括 B2B 营销团队的成功：通过不断反思和改善，随着内外部环境的变化进行及时调整，为整个组织创造更高的价值。

## 第10章

ChatGPT 来了

人工智能技术正在迅速发展并深刻改变着我们的商业环境。在这个趋势下，以 ChatGPT（Chat Generative Pre-trained Transformer，聊天生成预训练变换器）为代表的先进的自然语言处理模型，引发了广泛的关注和讨论。对于 B2B 营销人员而言，与 ChatGPT 的关系究竟是对手还是朋友呢？

B2B 营销的核心目标是促成企业间的交易和合作，因此营销人员常常将时间和精力投入到与目标客户建立关系、了解其需求和提供有价值的解决方案上。然而，ChatGPT 等人工智能技术，能够以高度智能和自然的方式与客户进行交互，给营销人员带来了新的挑战和机遇。

从对手的角度看，ChatGPT 的出现可能被视为对传统营销方法的威胁。人工智能模型可以快速生成准确的回答，并且能够处理大量的数据，从而提供更高效的服务。这使得 ChatGPT 能够在营销过程中代替人工操作，从而减少人力成本和时间投入。此外，ChatGPT 还能够自动进行大量的客户交互，并根据客户的需求和偏好提供个性化的解决方案，这使得营销人员竞争压力增加。

然而，在另一个角度来看，ChatGPT 也可以被视为 B2B 营销人员的朋友和助手。营销人员可以将其视为一个强大的工具，用于跟进潜在客户、提供实时支持和解答常见问题。ChatGPT 的智能回答和信息处理能力可以帮助营销人员更快速地了解客户需求，并提供有针对性的建议和解决方案。此外，ChatGPT 还可以扩大营销团队的覆盖范围，使其能够同时处理多个客户请求，提高整体效率。

因此，ChatGPT 既是 B2B 营销人员的对手也是朋友。尽管它可能改变传统的营销方式，但它也为营销人员带来了新的机会和优势。关键在于如何灵活运用 ChatGPT，将其与人类智慧相结合，提供更高质量和个性化的营销体验。只有这样，B2B 营销人员才能充分发挥 ChatGPT 的潜力，并在竞争激烈的市场中保持领先地位。

本章首先介绍 ChatGPT 究竟是什么，以及它能为我们 B2B 营销人员做什么和不能做什么；其次介绍如何与 ChatGPT 进行竞合，实现和平共处；最后，探讨如何利用 AI 技术帮我们释放出更多时间，从而让我们能够专注于做更有价值的事情。

10.1　ChatGPT 可以替代 B2B 市场团队吗

当我们面临新兴技术时，很自然地会产生疑问：它们是否能替代我们的工作？对于 ChatGPT 这样的人工智能模型，也有人提出了这样的问题。为了探索这个问题，我们决定看看 ChatGPT 会给出何种答案。

问题 1：ChatGPT 在哪些方面可以替代 B2B 市场团队？

尽管 ChatGPT 无法替代 B2B 市场团队在某些方面的专业知识和经验，但它可以在以下方面提供支持和帮助。

1）数据分析：ChatGPT 可以为企业收集大量数据，并通过机器学习等技术进行分析，从而获得深入的市场洞察。这有助于企业更好地了解客户需求、行业趋势以及竞争对手情况等，为制定营销策略提供更准确的信息。

2）自动化营销：ChatGPT 能够自动化处理许多与营销相关的任务，例如发送电子邮件、回复客户询问、提供标准答案等。这可以使企业的营销工作更高效，并释放 B2B 团队的时间和精力，去处理更具挑战性的任务。

3）客户服务：ChatGPT 可以为客户提供全天候的在线支持，并且可以根据客户的问题或问题类型自动提供标准答案。这有助于提高客户满意度和忠诚度，减少 B2B 团队需要处理的重复性客户反馈。

4）社交媒体管理：ChatGPT 可以帮助企业管理其社交媒体账户，并促进与客户的互动。它可以自动回复评论、私信和提问，并在需要时将问题转移给 B2B 团队处理。

5）营销策略制定：ChatGPT 可以使用机器学习技术，分析大量数据并预测未来趋势，从而帮助企业制定更准确和有效的营销策略。这使得 B2B 团队能够利用 ChatGPT 提供的数据和见解来管理营销方案。

综上所述，虽然 ChatGPT 无法替代 B2B 市场团队所有任务，但它可以为企业提供许多有价值的服务和功能，使得 B2B 团队能够更专注于高价值的任务。

问题 2：ChatGPT 在哪些方面无法替代 B2B 市场团队？

ChatGPT 作为语言模型，可以在某些方面提供帮助和支持，但仍然有一些领域是无法替代 B2B 市场团队的。以下是一些 ChatGPT 无法替代 B2B 市场团队的方面：

1）完整的市场研究：ChatGPT 可以帮助企业收集大量数据并进行分析，但缺乏深入了解企业所处行业的经验和专业知识，而这正是 B2B 团队最擅长的领域。他们可以进行基于客户需求的深入调查和分析，并为企业提供更准确的市场洞察。

2）人际关系网络：B2B 团队通常拥有广泛的人际关系网络，可以与客户建立深入的联系和合作伙伴关系。虽然 ChatGPT 可以与客户进行沟通，但无法建立真正的人际关系或创建合作伙伴生态系统。

3）实体营销活动：尽管数字化渠道越来越重要，但实体营销活动仍然是建立客户信任、建立品牌声誉和促进销售的重要方式。B2B 团队可以组织和执行各种类型的实体营销活动，通过与客户面对面互动来建立关系和促进销售。

4）个性化协商：ChatGPT 能够协助企业在销售和客户服务方面提供标准的答案，但无法进行个性化的协商。B2B 团队通常能够深入了解每个客户，并根据他们的需要提供个性化的解决方案。

综上所述，虽然 ChatGPT 可以在某些方面提供支持，但仍然需要 B2B 市场团队在市场研究、人际关系网络、实体营销活动和个性化协商等方面的专业知识和经验来帮助企业实现成功。

在阅读完上述内容后，我们既感到高兴又有些担忧。高兴的是 ChatGPT 的定位是帮助 B2B 营销人员解决一部分工作，承担那些耗时费力的任务。担忧的是它可能会颠覆我们对 B2B 市场工作的认知，甚至对 B2B 商业模式的认知。

接下来，我们将基于第 1 章中总结的 B2B 营销人员应该做什么，逐一看看 ChatGPT 能够替代或帮助我们做哪些方面的工作。鉴于本章的主角是 ChatGPT，我们将尝试一种创新的方法，通过对 ChatGPT 的采访和我们的经验，来汇总和印证它能够帮助我们做什么以及它在哪些方面无法帮助我们。

这种方法将为我们提供更具深度的见解，并充分展现 ChatGPT 在不同领域的潜力和局限性，还可以让我们认识到需要保持什么样的创新和适应变化的能力。我们期待通过这种与 ChatGPT 对话的方式来拥抱技术进步，保持对 B2B 市场的深入理解，灵活运用 ChatGPT 的优势来推动自身的发展。只有这样，我们才能充分利用人工智能的力量，为客户提供更好的服务，并在 B2B 营销领域保持竞争优势。

10.2 ChatGPT 可以帮 B2B 营销人员在战略上做什么

图 10-1 所示的是 B2B 营销人员在企业战略和营销战略中的主要工作职责，接下来我们会介绍 ChatGPT 到底能帮我们解决什么问题。

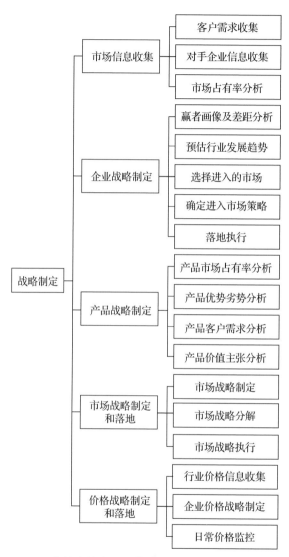

图 10-1　B2B 营销人员在企业战略和营销战略中的主要工作职责

10.2.1　市场信息收集上，ChatGPT 的可信度高吗

我们向 ChatGPT 提出了这个问题，并向它询问了一些我们所熟悉的行业中企业市场占有率的数据。然后，我们将 ChatGPT 给出的答案与我们通过调查获得的结果进行对比。我们发现，在市场信息收集方面，ChatGPT 的表现还不能完全满足 B2B 市场营销团队的需求。表 10-1 提供了具体的对比数据。

表 10-1　ChatGPT 在市场信息收集上的表现

	ChatGPT 可以做的	ChatGPT 不能做的
市场信息收集	1）从社交媒体中了解客户痛点和需求，提取有价值的信息 2）可以使用数据挖掘技术，从各种数据源中发现潜在的客户需求 3）可以协助企业设计和执行客户反馈调查，并将结果进行归纳和总结，产出报告 4）可以查到 2～3 年前市场占有率的数据，部分市场准确度比较高	1）无法通过一对一访谈获得机密信息，或者获取未公开发表的数据 2）不能完全取代人类专业分析 3）当客户信息模糊时，无法准确抓取客户真实想法 4）无法给出最新的市场占有率数据 5）由于信息收集来自公开数据，因此所获取的公开客户反馈准确度不高

我们特别对比了 ChatGPT 提供的一些产品的市场占有率数据，虽然只能看到 2019 年或 2020 年的数据，但是这些年份数据的准确度还是比较高的。归根结底，ChatGPT 是一个对全网搜索到的信息进行 AI 分析的技术，它的信息准确性和全网信息准确性的相关性很大，因此我们在收集客户和市场信息时，不能完全依赖 ChatGPT，还要用我们的经验和更加私密的方式对相关人员进行访谈，获取更加准确和翔实的信息。

与此同时，我们也尝试把一些针对专家访谈的定性和定量问题提交给 ChatGPT，通过数据分析，我们发现 ChatGPT 的答案与

我们最终得到的结论有超过 75% 的一致性，这其实有些出乎我们的意料。

我们还进行了其他测试，包括对主要 B2B 企业在产品质量、供货、售后服务、价格和客户关系管理等方面进行评估。我们对 ChatGPT 进行了一系列访谈。需要指出的是，ChatGPT 的底层技术是从互联网和社交媒体中获取信息，并基于已有的数据和算法进行预测。因此，它提供的回答可能与 B2B 企业的舆情监控和公共关系管理密切相关。

根据我们的认知，ChatGPT 反馈的信息的准确度为 50%～55%，参考价值不高。然而，对于一些规模较小的 B2B 企业而言，在市场信息收集和分析方面，如果结合行业专业人士的校准，ChatGPT 提供的数据和分析仍然具有一定的参考价值。这取决于我们对数据和信息质量的要求。

根据对几个行业市场信息的校准，我们认为 ChatGPT 在市场信息收集上的整体可信度在 70% 左右。

10.2.2　企业战略制定上，ChatGPT 可以带来哪些帮助

我们先向 ChatGPT 提问了关于中国生物制药行业上游供应商的问题，询问完美赢家应该具备哪些特点。以下是 ChatGPT 给出的回答，让我们感到有些吃惊。这个回答与我们花费三个月的时间进行大量客户调查和访谈所得出的结论非常相近，令人印象深刻。

ChatGPT 问题 3：请给出生物制药上游供应商在中国的完美赢家画像。

在中国生物制药行业的上游领域，完美赢家应该具备以下

特征。

1）具有先进的技术实力：中国生物制药产业快速发展，完美赢家需要拥有有竞争力的技术实力，包括细胞培养、发酵、纯化等方面的技术。同时，还要注重技术研发和创新，不断推陈出新，开发出更加先进和高效的产品和技术。

2）高品质的产品供应：完美赢家需要建立完善的质量管理体系，确保产品能够满足客户的需求，并提供长期稳定的产品供应，以保障客户的生产需要。

3）良好的市场声誉和广泛的客户基础：完美赢家应该拥有良好的市场声誉和广泛的客户基础，通过良好的口碑和口耳相传，扩大品牌知名度和市场份额。

4）较强的环境保护意识：完美赢家需要关注环境保护问题，采用环保材料和工艺，减少污染和浪费，逐步实现可持续发展。

5）整合资源，提高市场竞争力：完美赢家需要整合各方资源，通过并购、合作等方式，延伸产业链向下游发展，提高自身的市场竞争力。

6）本土化战略：完美赢家应该注重中国市场的特点和需求，并根据实际情况制定相应的本土化战略，以满足客户需求，提供更加优质的产品和服务。

7）积极参与国家政策支持：随着国家对生物制药产业的政策支持不断增强，完美赢家可以积极参与到政策支持中来，获得资金、技术和市场等多方面的支持，推动企业快速发展。

综上所述，在中国生物制药行业的上游领域，完美赢家应该具备先进的技术实力、高品质的产品供应、良好的市场声誉、广泛的客户基础、较强的环境保护意识、整合资源并提高市场竞争力、本土化战略和积极参与国家政策支持等特点。同时，还需要建立健全的研发、生产、销售和服务体系，在激烈的市场竞争中占据领先地位。

表 10-2 是我们通过询问 ChatGPT 几十个问题后得到的结论。

表 10-2　ChatGPT 在企业战略制定上的表现

	ChatGPT 可以做的	ChatGPT 不能做的
企业战略制定	1）根据行业市场规模、技术创新动态、行业政策法规、客户行为变化，相对准确地给出行业发展趋势的预估 2）比较准确地给出一些领域完美赢家画像 3）提供相对准确的 SWOT 分析 4）在进入市场策略上，ChatGPT 可以给出一些有价值的分析数据 5）可以帮助管理层校准讲给投资人的故事	1）行业趋势结果倾向于定性，定量结果不够准确，而且一些行业数据相对滞后 2）在选择进入市场时，ChatGPT 由于缺乏经验和人类直觉，因此无法给出准确信息 3）在进入市场策略上，依然需要通过经验进行选择和决定 4）在战略落地上面，ChatGPT 虽然可以协助校准，但是日常管理还需要人工利用相应系统来完成

经过与 ChatGPT 进行战略对比，B2B 营销人员可能会产生一些危机感。之前我们认为 ChatGPT 只是一个信息收集工具，缺乏人类思维逻辑，因此依靠它制定的战略可能与实际情况不符。但是通过对比企业战略和向 ChatGPT 提问，我们发现它的准确度竟然可以达到至少 70%，甚至某些行业可以超过 85%。尽管大多数战略可能更适用于去年或前年，但至少可以作为制定企业战略的良好起点和助手。

在这项研究之后，我们认为 ChatGPT 可以节约 40%～60% 的工作时间，其收集的信息的可靠度可以达到 60% 以上。然而，由于 ChatGPT 的逻辑思维能力还不及行业专业人士，特别是在进行"目标市场选择"时，给出的答案太过"随意"，因此在企业战略制定上需要更多依靠经验丰富的专家。

10.2.3 产品战略制定上，ChatGPT 大有可为吗

在产品战略制定中，通常从客户调查开始生成产品市场占有率报告。当我们询问 ChatGPT 是否能够完成这项任务时，它非常自信地回答"可以"。然而，当我们要求它提供某些企业的特定产品或行业的市场占有率数据时，它开始犹豫不决。但令我们惊讶的是，当输入一些我们熟悉的企业和它们的产品，并要求 ChatGPT 进行 SWOT 分析时，它给出的优势和劣势非常接近实际情况。此外，当我们询问 2023 年某些行业客户的需求时，ChatGPT 给出的答案也非常接近我们花大量时间进行客户调查得到的结果。

然而，ChatGPT 的分析能力可能还有改进空间。在某个行业某个产品的独特价值主张时，它给出的回答的准确度不高，需要人为进行校准。表 10-3 比较客观地汇总了 ChatGPT 在产品战略制定上的表现。

ChatGPT 可以清晰地给出产品特点和劣势，并准确提供各个行业客户的需求，从而帮助下游产品经理或行业市场经理更快地制定产品在不同行业中的价值主张。通过这些分析，我们认为 ChatGPT 在产品战略制定方面可以节省 60% 以上的时间，给出的结果的可信度在 60% 以上。经过有经验的人进行校准后，结果的准确率可以提升到 90% 以上。因此，ChatGPT 是制定产品战略的

得力助手。

表 10-3　ChatGPT 在产品战略制定上的表现

	ChatGPT 可以做的	ChatGPT 不能做的
产品战略制定	1）可以比较准确地给出主要产品所针对的目标市场发展趋势和未来发展趋势的预估 2）可以相对准确地给出每家企业准产品的 SWOT 分析 3）可以比较准确地给出不同类型客户对产品的需求 4）可以协助起草客户定性或定量调查问卷	1）根据产品特点和客户需求给出的价值主张准确度比较低，需要人为校准 2）ChatGPT 暂时无法直接完成客户访谈和客户定量调查 3）ChatGPT 无法直接给出最新市场占有率数据

10.2.4　市场战略制定和落地，我们需要有哪些危机意识

对于市场战略制定，通常是基于企业的整体战略进行的。例如，如果企业确定要进入科研细分市场，然后发现市场覆盖率不足，市场战略就需要解决这个问题。换句话说，企业战略的"如何"（即如何提升科研市场销售额的具体措施）就是市场战略的"什么"（即在科研市场中要达到的目标）。我们向 ChatGPT 提出了"如何提高科研市场覆盖率？"的问题，下面是它的回答。

ChatGPT 问题 4：如何提高科研市场覆盖率？

要提高科研市场覆盖率，可以考虑以下几个方面。

1）拓展市场渠道：除了传统的学术刊物和学术会议外，还可以将研究成果发布在科技媒体、专业网站等渠道上，以增加曝光率。

2）优化营销策略：针对不同的受众，制定相应的宣传策略。比如，对于企业客户，可以着重强调产品的商业价值。对于学术

界客户，可以强调研究的学术贡献。

3）参与行业活动：参加相关的学术会议、工作坊、路演等活动，与同行交流，展示研究成果，建立人脉关系。

4）加强社交媒体推广：在微信公众号、知乎、LinkedIn 等平台上，积极推广自己的研究成果，与读者互动，扩大影响力。

5）发挥口碑效应：通过客户推荐、学术圈口碑等方式，让更多人了解自己的研究成果，提高市场认知度。

总之，提高科研市场覆盖率需要综合运用多种手段，加强宣传和推广，扩大影响力，建立起品牌知名度。

我曾向团队一位科研市场的市场经理提出相同问题，明显 ChatGPT 的回答比他的更全面。我们的市场经理一味强调制作样本、宣传手册、礼品和参会。ChatGPT 的回答除了包含这些，在科研市场战略制定方面则做得更为出色，这方面它可以替代 80% 以上人类的工作。

我们向 ChatGPT 咨询了几个不同行业的市场战略落地问题。我们将它给出的结果提供给 30 多位来自各行业 B2B 企业的市场总监或行业市场经理作为参考。统计结果见表 10-4。

表 10-4　不同行业专家针对 ChatGPT 市场进入战略的评估

行业	专家数量 （有重复）	认为 ChatGPT 在市场进入 战略方面的准确度
科研行业	8	83%
食品行业	4	72%
制药行业	6	91%

（续）

行业	专家数量（有重复）	认为 ChatGPT 在市场进入战略方面的准确度
能源化工	3	76%
纺织行业	3	88%
农业领域	4	85%
饮料行业	8	92%
医院	11	79%
三方检测	6	65%
总计	53	81%

这些市场专家认为，在细分市场的市场战略中，ChatGPT 的准确度为 65%～92%，即可信度和可执行性达到三分之二左右。

表 10-5 汇总了 ChatGPT 在市场战略制定和落地上的表现。

表 10-5　ChatGPT 在市场战略制定和落地上的表现

	ChatGPT 可以做的	ChatGPT 不能做的
市场战略制定和落地	1）根据企业战略确定目标市场后，基本上可以清晰地给出落地方案 2）进行客户行为分析，描述客户画像 3）根据目标市场客户画像，生成高质量内容	1）B2B 市场营销中与人打交道的部分，ChatGPT 无法替代人来实现 2）ChatGPT 只能提供建议的话术和方案，但是不具备思考的能力，需要人工进行校准 3）无法针对某一客户进行具体分析，因此在 ABM（基于客户的市场营销）过程中准确度较低

通过调查和研究发现，B2B 市场从业人员，尤其是行业市场经理，可能会产生一定的危机意识。尽管 ChatGPT 在某些目标市场的逻辑思考能力较弱，但我们有理由相信，凭借其强大的学习能力，它将迅速提升这方面的能力。想象一下，如果有一天

ChatGPT 5.0、6.0 或者 8.0 问世，它能达到多么高的水平，我们尚无法得知，但这绝非"狼来了"的童话故事。

另外，如果 ChatGPT 可以帮助我们回答企业战略中的"How"问题，B2B 营销人员是否应该从其他方面提升自己的能力呢？我们可以更多地从企业角度思考，考虑进入哪些市场，即战略中的"Where to play"，这实际上是一个战略决策的问题。我们相信，在与 ChatGPT 的"竞争"中，B2B 市场人员应该能够完胜。

10.2.5　价格战略制定和落地，是 Excel 小白的福音吗

在 B2B 企业的价格战略制定和执行中，通常涉及三个重要方面：客户或竞争对手信息的收集、本企业的价格策略以及制定策略后的日常监控。我们向 ChatGPT 提了三个要求。第一个要求是"设计一个复杂的调查问卷，通过客户了解液相色谱竞争对手的价格情况"。我们观察到，ChatGPT 缺乏一定的人性化。如果将这个调查问卷发给客户，我们相信客户基本上不会回答，或者不会认真回答。但不可否认的是，ChatGPT 所设计的问卷，如果由经验丰富的销售人员或产品经理与客户进行访谈，应该能取得不错的效果。它设计的问题基本上涵盖了我们在进行价格定性和定量调查时需要考虑的主要维度。

第二个要求："请编辑一段程序，在已获得的信息基础上（如我们企业的成本、市场占有率、客户需求变化、竞争对手定价等），给出最优的定价策略。"于是 ChatGPT 花了 3 秒时间给出了图 10-2 所示的 Python 代码。虽然我们并不精于编程，但从逻辑上来看，我们认为它考虑了我们需要考虑的大部分因素。只要我们能输入一些所谓的参数，应该可以获得大致的价格参考区间。

```
# 输入所在企业成本
cost = float(input("请输入企业成本："))

# 输入我们的市场占有率和客户需求的变化
market_share = float(input("请输入我们的市场占有率（0-1）："))
demand_change = float(input("请输入客户需求的变化量（正数为增加，负数为减少）："))

# 输入竞争对手定价情况
competitor_prices = []
num_of_competitors = int(input("请输入竞争对手数量："))
for i in range(num_of_competitors):
  competitor_price = float(input(f"请输入第{i+1}位竞争对手的定价："))
  competitor_prices.append(competitor_price)

# 计算平均竞争对手定价
average_competitor_price = sum(competitor_prices) / len(competitor_prices)

# 计算最大可接受价格
max_acceptable_price = (demand_change + market_share) * cost / demand_change

# 判断并输出定价策略
if max_acceptable_price <= cost:
  print("无法盈利，请考虑提高成本或减少费用。")
elif average_competitor_price < max_acceptable_price:
  optimal_price = average_competitor_price * 0.9
  print(f"市场价格已被竞争者占据，最优价格为：{optimal_price:.2f}。")
else:
  optimal_price = max_acceptable_price * 0.9
  print(f"最优价格为：{optimal_price:.2f}。")
```

图 10-2　ChatGPT 根据需求提供的价格策略 Python 代码

　　第三个要求："请回答在价格战略制定后，在日常价格监控中 ChatGPT 的作用是什么。"它诚实地回答说它无法独立完成这项工作，但提到了一些它可以做的事情，例如通过网络信息收集客户对价格的反馈和竞争对手的价格变化。在企业内部价格执行过程中的监控方面，ChatGPT 可以根据趋势提供预警，确保定价策略能够有效执行和实施。然而，我们认为针对市场价格的监控，ChatGPT 可能更适用于 B2C 产品，因为这些产品的价格更加透明，而 B2B 企业的价格往往不会公开在平台上，且客户群体相对较少。因此，在 B2B 企业的日常市场价格监控中，ChatGPT

的作用可能有限。此外，许多企业使用 CRM 系统或通过 Excel 表格进行内部价格监控，这些工具应该已经具备相应的功能，因此 ChatGPT 在这方面的帮助可能不太显著。表 10-6 做了简单汇总。

表 10-6　ChatGPT 在价格战略制定和落地上的表现

	ChatGPT 可以做的	ChatGPT 不能做的
价格战略制定和落地	1）在进行客户价格调查中，ChatGPT 可以协助设计问卷，用于进行一对一的访谈或者调查 2）可以根据我们的价格战略设计中的考量因素，做出简单的价格分析模型，协助 B2B 企业进行定价和未来价格预期	1）ChatGPT 做出的调查问卷，没有考虑情感因素和情绪因素，因此需要人工进行校准 2）B2B 企业日常价格的市场监控，ChatGPT 因为信息量不足而较难监控 3）企业内部价格监控，ChatGPT 相比较现在技术优势不大

在 B2B 企业的价格战略制定和实施方面，我们曾经帮助一家企业利用 ChatGPT 提供的调查问卷进行调查。我们发现，直接通过微信或问卷星发送给客户，与通过销售人员或产品经理在展会上进行一对一询问所得到的结果相比，存在较大的偏差。我们收集了大约 100 份的数据，并使用 SPSS（社会科学统计软件包）进行科学分析得出结论。然而，对于 B2B 营销人员来说，编写一份调查问卷也需要大量的时间和精力，而手工制作的问卷不一定比 ChatGPT 更全面。至于 ChatGPT 提供的定价模型，在两家企业进行了一些实践验证，前提是我们的市场信息收集准确且全面，它给出的建议仍然是可靠的。

我们必须承认，即使针对 B2B 企业，情感因素在定价决策中仍起着重要作用，因为很少有纯粹理性的人存在。因此，ChatGPT 给出的关于价格的建议仅供参考。

10.3　ChatGPT 在 B2B 企业增长上可以帮营销人员做什么

图 10-3 描述了 B2B 营销人员在企业增长中的关键职责。彼得·德鲁克将商业的本质定义为"创造并保留客户"，这对于 B2B 营销人员来说是至关重要的考虑因素。我们通过一系列活动来实现这个目标。可以发现，在图 10-3 中，开拓新客户和维护老客户所需的行动相似。

10.3.1　确定目标市场和决策者，ChatGPT 有点干货但是不多

在 B2B 领域开拓新市场和潜在客户时，首先要回答三个问题：选择进入哪些市场？该市场中的潜在客户是谁？潜在客户中的主要决策者和影响者是谁？对于第一个问题，在企业战略层面已经进行了回答。ChatGPT 可以在市场信息收集方面提供一些基础，帮助我们决定进入哪些细分市场。至于第二个问题，即哪些客户存在于这些细分市场中，我们试着向 ChatGPT 提出了一些针对不同市场的问题，发现某些特定领域（如制药、食品、化工等）的客户名单相对完整，但是在涉及高校和医疗行业时，由于市场情况复杂，ChatGPT 给出的结果仅供参考。此外，由于涉及用户隐私和商业机密，ChatGPT 可能会拒绝回答某些问题。

针对具体单位的决策者，我们向 ChatGPT 提出了一些与当前工作场景相关的问题。其中一个问题是关于高校的，即购买 50 万元以上实验室设备的决策者和参与者有哪些？ChatGPT 的回答如下。

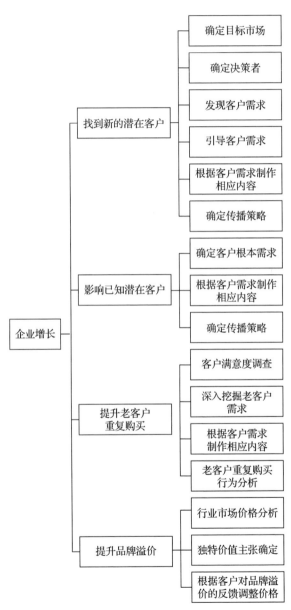

图 10-3 B2B 营销人员在企业增长中的关键职责

ChatGPT 问题 5：针对高校，购买 50 万元以上实验室设备的决策者和参与者有哪些？

针对高校，购买 50 万元以上实验室设备的决策者和参与者可能涉及以下几个方面。

1）实验室主任或负责人：实验室主任或负责人通常会审核采购计划和预算等，对设备采购进行初步评估和审批。

2）教授或研究团队负责人：教授或研究团队负责人通常是设备需求的发起人和推动者。他们会根据实际需求和研究计划选择需要购买的设备，并建议相应的设备规格和型号。

3）学校资产管理部门：学校资产管理部门通常会协助实验室主任或负责人完成设备采购流程中的合同签订、资金拨付等环节，确保资金的安全使用和设备的合法归属。

4）实验室管理员：实验室管理员通常会协助具体的设备采购操作和管理，例如设备的选择、采购、安装、维护和保养等工作。

5）财务管理人员：财务管理人员通常会参与设备采购计划的制定和审批、监督和核算采购行为，确保所有的采购行为符合预算和财务规定。

6）招标代理机构：在设备采购过程中，学校可能需要聘请专业招标代理机构来协助完成招投标、评审等环节，确保采购合规和公正。

需要注意的是，具体的决策者和参与者以及流程可能因为高校规模、管理结构和制度等方面的不同而有所差异。

这个答案尽管还算合格，但难以说完全满意。ChatGPT 似乎忽略了可能参与调研的博士生和硕士生这一重要群体，但其他相关人员都被考虑进来了。于是我们向 ChatGPT 提出了一个我们更加熟悉行业的问题，以增加对 B2B 营销过程不同阶段中不同决策者的了解。令我们有些惊讶的是，ChatGPT 给出了以下答案。

ChatGPT 问题 6：制药企业中购买大规模生产设备，主要决策者有哪些？他们会在什么阶段出现？

制药企业购买大规模生产设备时，主要决策者及其涉及的阶段如下。

1）研发人员：在新药研发阶段，研发人员可能需要评估并提出需要的生产设备。

2）生产部门负责人：在确定产品配方后，生产部门负责人将评估和选择适合的生产设备来满足生产需求。

3）工程师或技术人员：工程师或技术人员需要评估设备的技术参数、性能和适用性，以确保设备能够满足企业的生产需求和技术要求。

4）质量控制经理或团队：质量控制经理或团队须评估新设备对产品质量和安全的影响，以确保新设备的质量符合工业标准及相关法规。

5）采购部门负责人或专员：采购部门负责人或专员负责寻找、评估和选择供应商，协商合同条款和价格，并进行设备交付和安装的监督和协调。

6）总经理或高层管理人员：总经理或高层管理人员需要审批

并授权采购计划，确保其符合企业的发展战略和预算计划。

这些决策者可能会在不同的阶段出现。例如：研发人员和生产部门负责人可能在新药研发阶段就开始参与设备选择工作；而采购部门负责人（或专员）以及总经理（或高层管理人员）在确定采购计划后才会参与。总之，在整个采购过程中，这些决策者需要密切协作，共同确保购买大规模生产设备的计划符合企业的战略和运营目标。

不可否认，在制药企业方面，ChatGPT 的了解程度应该更为深入。可以说，它提供的信息与我们日常工作中的实际情况非常接近。

如果能够利用 ChatGPT 来梳理客户购买过程中的关键决策者，并通过其他情报收集手段找到这些企业中的相关人员，对 B2B 营销团队将是极大的帮助。表 10-7 列出了在这方面 ChatGPT 的表现。

表 10-7　ChatGPT 在确定目标市场和决策者上的表现

	ChatGPT 可以做的	ChatGPT 不能做的
确定目标市场和决策者	比较清晰地定位 B2B 企业目标客户企业中，处于不同阶段的决策者是谁	1）限于"用户隐私"和"商业机密"，无法准确给出某一行业客户企业的名单 2）针对高校研究所等网站公开信息具有抓取功能，可以抓出教授名单或者课题组名单，但是准确度仅为 7% 左右

非常有趣的是，我们向 ChatGPT 提出了一个关于 ×× 大学 ×× 学院课题组名单的问题，并与实际网站核对后发现，准确率令人难以接受。我们分别比对了两所 985 高校、一所 211 高校和一所省级大学的几个学院，平均准确率不到 10%。理论上来说，ChatGPT 应该能轻松获取这些公开信息，并且准确率预期应该很

高，但它却没有做到。在寻找重要决策者方面，B2B 营销人员需要做出更多的贡献。

10.3.2 发现目标客户需求，ChatGPT 可以替代 B2B 营销人员吗

B2B 营销人员真的会在发现目标客户需求上完全被取代吗？让我们先看看表 10-8，根据 ChatGPT 的答案和我们的验证结果，来确定哪些方面可能我们会被替代，哪些方面我们不会被替代。

表 10-8　ChatGPT 在发现目标客户需求上的表现

	ChatGPT 可以做的	ChatGPT 不能做的
发现目标客户需求	1）可以通过将 ChatGPT 集成到公司网站或社交媒体平台等渠道，与潜在客户进行在线对话，这样可以快速获取客户需求和信息，并根据客户的反馈进行个性化推荐和定制服务 2）ChatGPT 还具有智能分析和预测功能，可以从客户的历史访问记录、购买行为等多方面分析客户需求，并预测客户未来的需求趋势。这使得 B2B 营销人员可以更好地了解客户的需求和喜好，提供更精准的服务和支持，从而提高客户满意度和留存率	1）无法面对复杂问题，ChatGPT 的智能回答仅基于其训练数据集，如果遇到复杂或非常规的问题，答案有可能不够准确 2）ChatGPT 缺乏对人类选择、经验和情感方面的洞察力 3）缺乏创造性思维：与人类相比，ChatGPT 缺乏创意和创新性的思维。因此，在某些任务中，ChatGPT 可能会使用传统、常见的策略来解决问题，而无法为客户提供个性化的解决方案 4）不具备商业洞察力：尽管 ChatGPT 可以根据历史数据和趋势进行预测，但它缺乏对商业本质的深入理解和洞察能力

通过上述比较，作为 B2B 营销人员，可能会稍感安心。尽管 ChatGPT 在某些领域给出的客户需求（或我们所称的客户痛点）看起来"很像"，但其底层逻辑仍然是通过抓取行业的公开数据并

进行汇总。目前来看，它仍无法完全替代人类的逻辑思维，也无法洞察客户真正的需求。因此，由 ChatGPT 给出的客户需求往往较为泛泛，这就是我们说它们看起来"很像"的原因。

如果将这样的客户需求用于制作价值主张，可能会导致客户不认同，因为我们没有深入思考客户为何有这个需求以及该需求是否与客户的"生存"直接相关。因此，在发掘目标市场客户需求时，我们建议可以从 ChatGPT 开始，但 B2B 营销人员需要具备自己的洞察力，对 ChatGPT 给出的结果进行校准和深入思考。

10.3.3　制作 B2B 营销内容，ChatGPT 只是起点

我们向 ChatGPT 提出了两个问题："B2B 营销内容，你可以帮助我们做什么？"和"B2B 营销内容，你不能帮助我们做什么？"它的回答非常自信，认为自己可以生成几乎所有 B2B 营销人员所需的内容，包括产品描述、行业分析、推广文案、白皮书、行业报告、新闻稿、社交媒体内容和 SEO 优化文章。我们还请 ChatGPT 根据一些简单的文字生成了一个短视频脚本，结果也中规中矩。看起来，它似乎真的能在内容制作方面完成很多工作。而对于第二个问题，只有违反法律和道德的内容，ChatGPT才真的无法提供。

作为一名经验相对丰富的 B2B 营销人员，我深知"内容为王"的重要性。如果 ChatGPT 真的能取代我们，在内容创作方面完成这么多工作，那么这对我们来说究竟是好消息还是坏消息呢？

因此，我们给 ChatGPT 提出了一个要求，请它写几份关于中国 ×× 产品或 ×× 行业的白皮书。令我们惊讶的是，不到一分钟它就写出了几篇两三千字的白皮书。幸好，我们对这些市场

有所了解，这几份白皮书的标题和章节划分完全没有问题，但其中的内容值得推敲。通常情况下，ChatGPT 写的白皮书会包括几个主要章节，如市场规模、市场结构、市场趋势、政策法规、竞争格局等。我们注意到，前四个部分的准确度还是相当高的，因为这些信息在互联网上披露得比较多。然而，到了竞争格局这一部分，尤其是涉及主要竞争企业时，这些信息变得"仅供参考"。我们认为可能有几个原因：一是 ChatGPT 毕竟由国外企业开发，可能在抓取中文网站的信息时存在一些缺失；二是这些信息往往受到各家企业有限的披露，因此对 ChatGPT 来说有些困难。表 10-9 汇总了 ChatGPT 在制作 B2B 营销内容上的表现。

表 10-9　ChatGPT 在制作 B2B 营销内容上的表现

	ChatGPT 可以做的	ChatGPT 不能做的
B2B 营销内容制作	1）可以制作出和行业动态、政策法规等信息源相关公开信息比较充足的内容，具有比较强的参考价值 2）可以根据给定的关键词制作出相对中规中矩的宣传用资料，例如样本、新闻稿、非技术类文章等 3）图片和海报的设计	1）所制作内容同质化比较严重，需要人为进行校准和修改 2）即使给出较多信息，也很难直接抓住客户的需求，因此 ChatGPT 在内容制作时，需要对行业了解、有经验的营销人员进行二次加工后使用

ChatGPT 表现得如此自信，激起了我们的好奇心。我们让它帮我们完成一个样本任务，要求是"一台实验室检测设备，具有高灵敏度和简单操作的特点，可以像挖掘机一样进行数据分析，并能制作美式咖啡，请提供一个客户案例"。图 10-4 是 ChatGPT 给出的结果，这用一句网络流行词来形容就是"一本正经地胡说八道"。

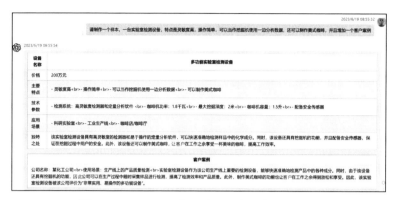

图 10-4　ChatGPT 在面对无厘头要求时的反馈

这可能也是对我们 B2B 营销人员的一个提醒，机器人就是机器人，它在提供可直接使用的营销内容方面还存在一定不足。我们不妨将其制作的内容作为起点，这样至少可以节省一部分时间。

当然，ChatGPT 还具备图片和海报设计功能，这一功能对于 B2B 营销人员来说仍是值得借鉴的。首先，它无疑可以节约大量设计成本，而且效果也还可以接受。其次，使用某些设计公司提供的图片可能会存在版权问题。在我所在的企业中，每年在微信和海报设计上花费超过十几万元的费用，这部分费用在一定程度上可以通过使用 ChatGPT 节省下来。

10.3.4　找到最优的渠道，靠人还是靠机器人

首先，让我们定义一下什么是最优的渠道。在定义之前，我们需要清楚传播目标是什么，即"我想将什么信息传递给谁"，从而实现"我希望谁采取行动"。不同的渠道面向不同的受众，适合的内容也不同，当然，通过不同的渠道达到的目标也会不同。

如图 10-5 所示，在 B2B 营销过程有三个阶段中，我们需要考虑如何找到客户和如何吸引客户。

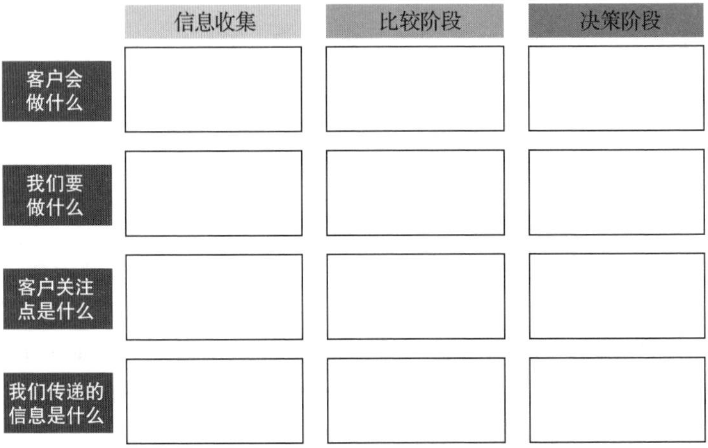

图 10-5　B2B 客户购买旅程中如何找到客户

这一次，我们没有问 ChatGPT 它可以做什么，而是直接使用了一些真实案例进行测试。我们选择了六个不同行业，并用不同的方式提问，希望它能给出落地的建议，即哪些会议或自媒体可以有效触达目标客户群体。我们发现，在提供高屋建瓴的推荐时，ChatGPT 给出的信息具有提示性但也有些混淆不清，但当涉及具体应用场景时，ChatGPT 给出的答案变得千奇百怪。简单来说，对于更专业的 B2B 营销而言，营销人员在媒体方面的经验仍然非常重要，尤其是在线渠道。ChatGPT 给出的答案与我们的经验和认知存在较大差距。

表 10-10 汇总了 ChatGPT 在找到最优的渠道上的表现。

从表 10-10 中不难看出，在 B2B 营销渠道选择方面，ChatGPT 并不具备明显的优势，仍然需要经验丰富的 B2B 营销人员来进行把关。然而，它提供的数据分析功能确实在一定程度上可以帮助我们不断优化渠道，并提高渠道投入产出比。

表 10-10　ChatGPT 在找到最优的渠道上的表现

	ChatGPT 可以做的	ChatGPT 不能做的
找到最优的渠道	1）可以站在一定高度给出不同行业的传播渠道类型 2）在提供足够数据时，ChatGPT 可以给出性价比分析的代码，用于投入产出比的分析	由于 B2B 行业专业性相对较高，因此 ChatGPT 在推荐具体渠道时准确度不高，尤其是线上渠道

10.4　ChatGPT 在 B2B 营销客户互动中的贡献

客户互动是一个广泛的话题，前文已经介绍了部分相关内容，例如内容创作和选择第三方渠道等。因此，在这一小节中，我们重点讨论 ChatGPT 在 B2B 企业私域流量管理、建立行业生态圈、B2B 企业品牌宣传以及 KOL 管理方面能够做出的贡献。图 10-6 展示了具体细节。

10.4.1　B2B 企业私域流量管理，ChatGPT 除了数据分析还能帮我们做什么

ChatGPT 已经多次尝试向我们证明它可以帮助进行数据分析，并且我们也通过测试发现它确实是一个有用的工具。然而，在 B2B 企业中，对于私域流量的利用，数据分析只是基础中的基础。让我们先了解一下私域流量对于 B2B 企业的价值和如何进行利用。

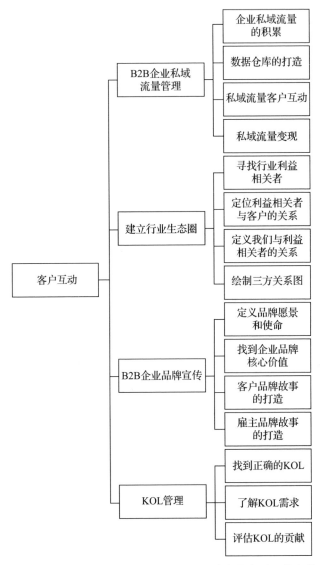

图 10-6　B2B 营销人员在企业与客户互动中的主要工作职能

私域流量在 B2B 企业中包括但不限于公众号粉丝、网站注册客户、通过活动留下资料的客户等。同样的逻辑，我们需要清楚这些人在客户购买旅程的哪个阶段会给予我们怎样的帮助。因此，我们首先需要将数据库转化为数据仓库，这个过程涉及数据整合和清理、建模和架构设计、数据仓库优化和维护，以及数据分析和可视化报表。而在这方面，我们相信 ChatGPT 应该游刃有余。其次，我们需要确定为不同的人群提供何种内容。既然是私域流量，我们与客户群体的互动渠道主要在私域内，当然，如果能够实现多渠道数据仓库的打通，完全可以利用大众流量来孵化客户。

在 B2B 企业的私域流量池中，我们通常会通过增加客户互动的方式来提高私域流量中客户的黏性。这一点在 B2B 和 B2C 领域是相通的，技术上也完全相通。ChatGPT 可以承担"聊天机器人"的功能，回答客户问题。尽管我个人可能不喜欢与聊天机器人交流，但不可否认，在如今人力成本居高不下的情况下，如果 ChatGPT 能通过更好地学习，特别是在相对专业知识方面的学习，提升对话质量，无疑将成为 B2B 营销人员非常好的助手。

最后，让我们回到客户反馈的收集。如果只是单向内容输出，是无法将私域流量变现的，因此必须收集客户的反馈。看起来，ChatGPT 自认为在这方面非常擅长。通过与 ChatGPT 和自动化系统的连接，可以在线收集客户的直接反馈，包括购买信息的收集。我们曾经进行过一个小实验，时间效率提升了 75% 以上，而最终有效信息的比例与人工处理几乎没有差距。表 10-11 列出了一些细节。

表 10-11   ChatGPT 在 B2B 企业私域流量管理上的表现

	ChatGPT 可以做的	ChatGPT 不能做的
B2B 企业私域流量管理	1）数据清理和数据分析，几乎可以替代手工操作 2）数据仓库的建立，包括建模和架构设计、数据仓库的优化，ChatGPT 可以替代手工操作 3）可以实现在线机器人功能，与客户实现在线互动，实时收集客户反馈	B2B 企业的专业性较强，在 ChatGPT 中进行人机对话，需要提升专业性的学习

总而言之，通过持续训练来帮助 ChatGPT 更好地学习所涉及的企业或行业的专业知识，可以使其在 B2B 企业的私域流量管理方面发挥重要作用，并且具有巨大潜力。

10.4.2   建立行业生态圈，是 ChatGPT 不可能完成的任务吗

说到建立行业生态圈，本书的第 3 章中详细介绍了应该采取的方法。我们认为，在这个过程中，需要对行业极度熟悉的专业人士站在客户角度出发，才能完成这项任务。然而，当我们开始绘制另一个行业的生态圈时，我们的认知又被颠覆了。就结论而言，对于我们之前非常了解的行业，如果借助 ChatGPT，可以节约 50% 的时间；而对于我们不熟悉的新行业，使用 ChatGPT 可以节约 80% 的时间，并且准确度也可以达到 80% 以上。表 10-12 列出了一些相关细节。

我们尝试使用 ChatGPT 绘制了一个行业的生态圈图，这个行业本来不在我们的关注范围内，但是 ChatGPT 很快帮助我们梳理了以客户为核心的主要玩家以及他们的特点，帮助我们迅速绘制出了这个生态圈。当我们把这个生态圈图交给一位在这个行业中

从事十多年的资深专家时，他居然站起身来说："你对这个行业也这么了解？"这充分展示了 ChatGPT 的强大。

表 10-12　ChatGPT 在建立行业生态圈上的表现

	ChatGPT 可以做的	ChatGPT 不能做的
建立行业生态圈	1）它可以根据不同行业客户类型推荐和他们相关的主要利益相关机构，尤其是核心相关者 2）它可以相对准确给出行业利益相关者与客户的价值关系 3）它可以给出我们与行业利益相关者之间的关系，供我们参考 4）它可以筛选利益相关者中重要的机构名称 5）它可以针对生态圈中利益相关者的核心诉求给出建议	1）无法准确绘制出三方之间的复杂关系，需要经验丰富的人来制作 2）生态圈中重要人物的关系维护，还是需要人来完成

10.4.3　B2B 企业品牌宣传，ChatGPT 可以大展拳脚了吗

ChatGPT 擅长写故事，因此我们对 ChatGPT 在品牌方面的能力寄予了很高的期望。首先，我们询问了 ChatGPT 一系列问题："如果请你写一个企业愿景或使命，我们需要提供什么材料？"ChatGPT 给出了一长串需要提供的内容，包括企业所处行业、企业优势、客户需求、目标客户群、企业内部文化和价值观，以及是否重视可持续发展等。按照它的要求，我们提供了几家我们熟悉的企业信息，并加入了一些限定条件。例如：与健康相关的企业，我们要求关联人类健康；与化工相关的企业，我们要求增加安全性；与环境相关的企业，我们要求增加可持续发展等。

然后，ChatGPT 给出的愿景和使命引起了我们的疑虑。首先，

它没有很好地区分愿景和使命，同一家企业的背景介绍、愿景和使命相似度较高，以至我们追问了一个问题："愿景和使命的区别是什么？"在它解释后，我们质疑它："你给出的愿景和使命为什么这么接近？"感觉有点像与一些不负责任的咨询公司争论。其次，它给出的愿景和使命存在严重的同质化问题，感觉"千篇一律"，缺乏特色。因此，我们认为，就企业的愿景和使命而言，如果只追求为了有而有，ChatGPT 的表现比大多数咨询公司都要好。但是，如果想要打造一个精品，仍然需要人来精心雕琢和打磨。

一旦确定了愿景和使命，就应该围绕愿景展开外部客户故事，以及围绕使命展开内部员工故事。我们尝试向 ChatGPT 提供了大量的背景知识，并讲述了我们之前创作的一些与品牌相关的故事。然后，我们提供了几家企业的愿景和使命，并要求 ChatGPT 撰写相关的客户故事和内部员工故事。但结果让我们有些失望。可能目前 ChatGPT 在涉及创造性的工作上还不太擅长，至少它所写的一些故事在我们看来并不合格。同质化问题依然存在，几个故事给人千篇一律的感觉。

ChatGPT 在 B2B 企业品牌宣传上的表现见表 10-13。

表 10-13　ChatGPT 在 B2B 企业品牌宣传上的表现

	ChatGPT 可以做的	ChatGPT 不能做的
B2B 企业品牌宣传	1）可以撰写出中规中矩的愿景和使命，以及品牌故事 2）ChatGPT 自称通过学习，可以制作出符合品牌调性的营销内容，但是我们没有尝试	凡是和创造性相关的内容，我们认为 ChatGPT 都有比较大的进步空间

从表 10-13 中可以看出，在品牌搭建过程中，ChatGPT 还无法满足较高标准需求。

10.4.4　B2B 企业开展 KOL 管理的好帮手

要管理 KOL，我们首先需要找到合适的 KOL，并尝试了解他们的需求，最终与选定的 KOL 展开合作。在使用 ChatGPT 之前，我们认为它可以很好地帮助我们解决这些问题。我们向 ChatGPT 提出了一系列问题，涉及不同行业的应用场景和主要 KOL 类型。经过验证，我们发现在大的 KOL 类别选择方面，它的准确度非常高。然而，当我们希望得到具体的 KOL 名单时，它反复告诉我们"很抱歉"，无论是因为法律问题还是技术问题，它无法提供具体名单。尽管我们增加了许多限定条件，包括企业或科研机构名称、专业领域和地域等，但 ChatGPT 给出的结果准确度仍然很低。因此，我们认为在找到具体的 KOL 方面，它有一定的局限性。

其次是了解 KOL 的需求。我们仍然通过询问 ChatGPT 关于不同行业 KOL 需求的问题，并将答案与该行业的专家进行验证。我们发现 ChatGPT 在这方面的回答准确度相当高，甚至可以帮助那些背景为资深产品经理的营销人员快速了解 KOL 的需求，并制定针对 KOL 的价值主张，与其建立更深入的合作关系。

最后，评估 KOL 的贡献是许多 B2B 企业面临的问题。很多人建议使用工具来记录 KOL 的行为以进行管理。通常情况下，这类管理工具价格昂贵，但 ChatGPT 可以在几秒内生成一段代码，帮助我们记录 KOL 和我们之间的互动，并对 KOL 进行评分。当然，其中的条件设置需要人来设计并输入，但毫无疑问，ChatGPT 可以帮助我们节约大量的时间和成本。

ChatGPT 在 KOL 管理上的表现见表 10-14。

表 10-14　ChatGPT 在 KOL 管理上的表现

	ChatGPT 可以做的	ChatGPT 不能做的
B2B 企业 KOL 管理	1）清晰指明不同行业 KOL 所在机构类型 2）非常高准确度地找到不同行业 KOL 的需求 3）写出用于 KOL 管理的代码	1）无法准确找到具体 KOL 有哪些人 2）针对 KOL 管理的条件，还需要人来完成

综上所述，在 B2B 企业 KOL 管理过程中，我们认为 ChatGPT 可以给予很大帮助。

从表 10-13 中可以看出，B2B 营销人员还有大量辅助性工作需要完成，包括样本的管理、礼品的管理、活动的组织等。这些我们就不在本书中赘述了。

10.5　ChatGPT 与 B2B 营销团队的竞与合

我们发现，在短期内，ChatGPT 不会取代 B2B 营销人员，反而可以成为我们非常好的助手。同时，随着我们在 B2B 营销领域越来越多地使用 ChatGPT，它强大的学习能力有望超过我们自身的能力。未来，随着技术的进步和 ChatGPT 学习能力的增强，我们的工作是否会被更多替代还无法确定。但至少从目前阶段来看，我们认为 B2B 营销人员和 ChatGPT 是一种竞合关系。本特松和科克在 1999 年提出了竞合（Coopetition）的概念。我在 2020 年与我的博士生导师 Le Roy 教授共同开发了一个新的竞合强度模型，如图 10-7 所示。

我们将 B2B 营销人员的主要工作可能被 ChatGPT 替代的可能性以及 ChatGPT 可以提升效率的方面总结在表 10-15 中。让我们看看 ChatGPT 和 B2B 营销人员的相互作用。

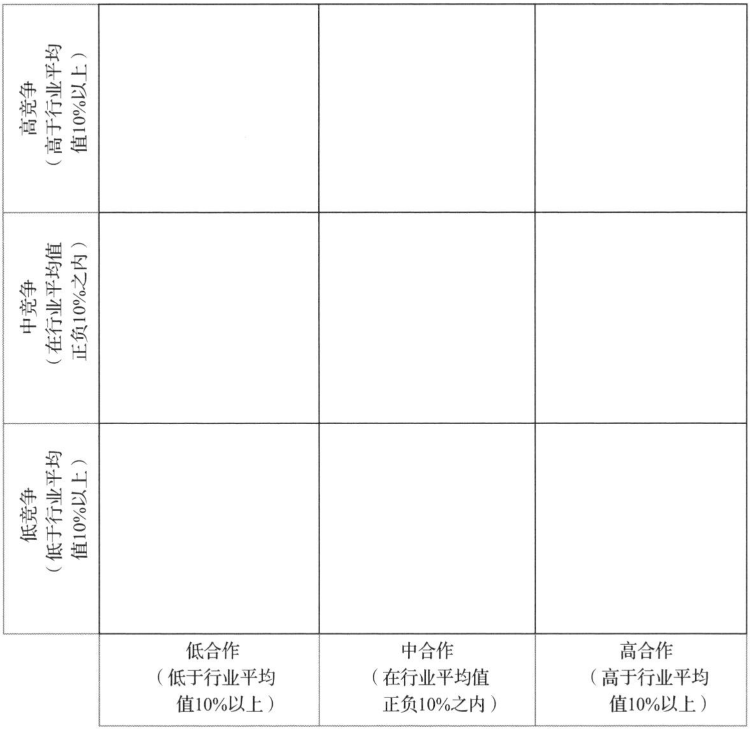

高竞争
（高于行业平均
值10%以上）

中竞争
（在行业平均值
正负10%之内）

低竞争
（低于行业平均
值10%以上）

低合作
（低于行业平均
值10%以上）　　　中合作
（在行业平均值
正负10%之内）　　　高合作
（高于行业平均
值10%以上）

图 10-7　竞合强度模型

表 10-15　ChatGPT 与 B2B 营销人员的相爱相杀

B2B 营销人员主要工作	可替代性	可提升效率
市场信息收集	70%	50%
企业战略制定	30%	50%
产品战略制定	60%	60%
市场战略制定和落地	60%	50%
价格战略的制定和落地	50%	70%
确定目标市场和决策者	60%	30%
确定目标决策者的需求	20%	30%

（续）

B2B 营销人员主要工作	可替代性	可提升效率
B2B 营销内容制作	40%	40%
渠道选择和优化	50%	30%
B2B 企业私域流量管理	60%	60%
建立行业生态圈	70%	50%
B2B 企业品牌宣传	20%	20%
KOL 管理	60%	50%
材料管理	60%	60%
线下活动	10%	20%

平均来看，ChatGPT 能够在约 50% 的工作上得到信任，并且可以节省 B2B 营销人员约 50% 的时间。因此，我们认为 ChatGPT 和 B2B 营销人员之间存在中等竞争和合作的竞合强度。我认为，如果 ChatGPT 能够替代一部分 B2B 营销人员的工作，为我们节约更多的时间，这对我们而言是一个利好消息。我们相信随着 ChatGPT 不断学习，它的能力将得到进一步提升，从而为我们节约更多工作时间，使我们能够将更多时间投入到更为重要的事情上。这将减少我们的可替代性，使我们进入低竞争高合作的理想状态。因此，作为 B2B 营销人员，我们需要更多思考，在通过使用 ChatGPT 等全新 AI 技术节省出来的时间中，应该专注于哪些方面的工作，以使我们的工作更有价值且不可替代。

我们向 ChatGPT 提出了一个问题：我们有没有可能被 AI 技术迅速取代？其给出的答案让我们感到比较舒适。ChatGPT 告诉我们，尽管人工智能在许多领域表现出色，但某些角色和技能在短期内很难被完全取代。以下是三种不太可能被 AI 取代的人群或工作。

- 创造者和创新者：创造新概念、设计新产品或解决问题的能力是人类的独特优势。
- 情感智能和人际交往：人类具备丰富的情感体验和情感智能，这使得我们能够理解他人的情感、表达同理心并建立深层次的人际关系。
- 创造性和复杂性高的工作：某些工作需要高度的创造性思维、解决复杂问题的能力以及实时的判断和决策能力。

好消息是，B2B 营销人员的很多工作与上述描述非常接近。在战略制定和选择方面，我们可以创造新概念和提出解决问题的方案，在传播过程中与人进行深入沟通。这些是 B2B 营销人员需要着重考虑的方面。

在本书的最后一节，我们将重点探讨 B2B 营销人员可以利用 ChatGPT 释放出来的时间集中提升哪些能力，以更好地与 ChatGPT 和谐相处。希望这能引发 B2B 营销人员更多的思考。

10.6　ChatGPT 时代 B2B 营销人员应该更加关注什么

如果我需要选择三个要花更多时间关注的事情，那么我会选择企业战略制定、寻找目标客户企业的关键决策者和企业品牌塑造。原因有两个：首先，ChatGPT 目前尚无法胜任这些任务，更多需要人来完成；其次，B2C 营销人员很难快速适应这些工作。

为什么提到 B2C 营销人员呢？虽然全书都在谈论 B2B 市场，但我们不能否认 B2C 市场体系更加成熟，人才也大量涌现。如果我们作为 B2B 营销人员故步自封，或者仅在自己的小圈子中自娱自乐，一旦 B2C 营销人员进入，将对我们构成降维打击。作为 B2B 营销人员，我们需要充分发挥自身优势，构建起针对 ChatGPT 和 B2C 市场人员的竞争壁垒。

当然，从积极心理学的角度来看，无论是 ChatGPT 还是 B2C 营销人员涌入 B2B 行业，对于现有的 B2B 营销人员都是重大利好。例如，我们可以学习更多先进的经验和技术，深入思考问题的底层逻辑，即 B2B 采购流程中每个决策者的需求。实际上，在某种意义上，这一点在 B2B 和 B2C 之间并没有本质区别。

很多人问我们，B2B 营销人员职业的下一个阶段是什么？广义而言，如果在 B2B 营销方面做得出色，那么在 B2B 企业中有着广阔的发展空间。无论是横向转向产品经理职位或销售职位，还是纵向获得晋升机会，市场总监或 CMO 并不适用于所有人，并且也不应该是职业道路的终点。

当然，在 B2B 企业中，营销人员最终成为总经理的案例是罕见的，但这并不意味着作为 B2B 营销人员的我们没有发展机会。毕竟，战略副总裁、首席营销官以及一些企业新增的首席增长官（CGO）、销售副总裁、产品副总裁等职位都是我们通过努力可以追求的职位。

10.6.1　企业战略——B2B 营销人员上升的捷径

B2B 营销人员如果不了解战略，很难做好营销工作。这是我们与许多职场总经理交流后得出的普遍观点。甚至一位经验丰富的 B2B 企业总经理告诉我们，对于企业而言，不懂企业战略的 B2B 营销人员是在浪费资源。

正如我们在第 2 章中反复强调的，战略就是选择。根据我们已知的信息和对未来的推测，我们选择要进入的市场（行业、产品、地区），选择适合的企业客户群体，选择客户企业中适合的人群，以及选择适当的进入方法。想象一下，作为一名 B2B 营销人员，如果我们不了解企业应该在哪个方面投入力量，就盲目投身于营销工作，那么可能有超过 50% 的时间和资源会被浪费。

之所以我们提到企业战略是 B2B 营销人员重要的上升工具，是因为在一个企业中，除了总经理外，很少有人能够相对宏观地看待一个市场，并全面了解整个市场的信息。之前的市场信息主要来源于各个项目和日常积累，这部分内容实际上已经成为 B2B 营销人员的"舒适区"。一些战略市场经理的工作就是每年完成多个客户调研，并提供相关报告。正如我们之前分析的，这部分工作大部分已经或即将被 ChatGPT 替代。通过与 ChatGPT 的对话和大量验证，我们已经证实 ChatGPT 可以提供大量相对可靠的信息。然而，在战略选择方面，由于缺乏行业专业知识、较为严谨的逻辑思维能力和更多感性思考，ChatGPT 并不能为我们提供太多帮助。

那么，作为 B2B 营销人员，我们的机会来了吗？在我们仍然掌握更多行业信息的同时，ChatGPT 可以帮助我们更好地了解市场。我们可以进行一些升维思考，利用我们对所在企业的产品、服务和能力以及市场的了解，进行一些战略性思考。如果可能，我们可以参与到企业战略的制定工作中，不仅提供数据和信息，还可以参与到战略选择的决策中。对于我们而言，这应该是难得的机遇。

10.6.2　关键决策者的寻找和影响——B2B 营销人员的看家本领

ChatGPT 确实不擅长与人进行沟通，并且由于隐私和法律问题，它也不能收集和整理网络中的个人信息。另外，B2C 营销人员由于对行业不了解，很难快速适应这种工作，取代现有的 B2B 营销人员。寻找客户企业中的关键决策者或行业的关键意见领袖（KOL）也是可为企业做出重大贡献的工作。作为 B2B 营销人员，企业对我们一直有很高的期望，特别是在寻找这些关键决策者方面。对于销售人员而言，想象一下如果我们能提供关键决策者的信息，他们会放下手头的其他工作，与这些决策者建立联系。

我一直希望我们团队的市场经理能将多数精力集中在客户的关键决策者身上，同时数字市场经理也能关注关键决策者与我们企业之间的互动行为分析。表 10-16 中列出了针对关键决策者的 B2B 营销人员相关工作，让我们来看看不同层次的 B2B 营销人员和 ChatGPT 如何协作，以提升营销人员在企业中的价值。

表 10-16　针对关键决策者的寻找和影响，B2B 营销人员与 ChatGPT 的协作

	段位一	段位二	段位三	段位四
描述	找到基层人员，提供业务线索	找到关键决策者，提供业务线索	找到关键决策者，并持续互动	找到关键决策者，建立紧密关系
B2B 营销人员的工作	通过多渠道矩阵接触客户	通过高质量内容和多渠道矩阵找到关键决策者	找到关键决策者后多渠道持续互动并记录互动行为；产出定制化的内容	通过生态圈分析决策者需求，制定与决策者的沟通策略并执行
ChatGPT 的工作	协助产出高质量内容	协助产出高质量内容	互动行为的记录和分析工作；协助产出内容	协助找到决策者需求和生态圈中的主要合作伙伴

（续）

	段位一	段位二	段位三	段位四
企业内部反馈	业绩好时，礼节性感谢；业绩不好时，质疑营销团队工作	对业务有一定影响，但是仅限于信息提供	可以对业务发展起到重要作用	企业的重要组成部分，企业增长的引擎之一，但是要预防"不落地"的质疑声音

我们可以清楚地看到，至少达到"段位二"的营销人员，在 B2B 企业中才能真正开始创造价值。而到达"段位三"或"段位四"的营销人员能为企业创造更大的价值。利用 ChatGPT 节省下来的时间，我们可以专注于关键决策者群体的寻找和维护，打好基本功，提升自身对企业的价值，同时为所在企业创造更高的价值。

10.6.3　B2B 企业品牌塑造——帮助企业破局的工具

产品同质化实际上是许多 B2B 企业的痛点。我们目睹一个个市场从蓝海变成红海，然后再变成紫海。同质化竞争不仅体现在产品上，还体现在渠道、商业模式、企业管理乃至人员方面。因此，从表面上看，品牌差异化和细分市场差异化似乎是破局的最佳武器。

好的品牌建立需要 B2B 营销人员用心，而不是仅依赖 ChatGPT 的智能。人脑的计算速度和数据分析能力虽然远远无法与 AI 相比，并且差距越来越明显，但是 ChatGPT 暂时还只是"有脑无心"。正如它自己所评价的那样："作为一个人工智能语言模型，ChatGPT 没有情感、动机和自主意识。它只是根据训练数据中的模式和规律生成回答。ChatGPT 不具备主观性和内心状态，它只是根据输入的指令或问题提供相应的回答。ChatGPT 可以被视为一种工具，由用户决定如何使用它。"

对于 B2B 营销人员来说，在企业品牌工作中，要花更多的时间学习和产出，这是绝大多数企业所需要的，也是 B2B 营销人员擅长的。

10.6.4　做会提问的人

ChatGPT 是一个人工智能语言模型，它可以根据我们提出的问题，在全网公开资料中获取信息，并经过计算后给出答案。然而，ChatGPT 给出的答案的准确程度很大程度上取决于我们提问的方式。因此，学会提问成为 B2B 营销人员的一项核心能力。人与电脑或 AI 的最大区别之一就在于人需要找到问题的根本原因，并沿着这个根本原因进行提问。

虽然 ChatGPT 非常强大，但它毕竟是由人类开发出来的，应该为人类所利用和控制。

面对 ChatGPT 等 AI 工具和 B2C 营销人员逐渐进入 B2B 行业所带来的双重压力，我们强烈建议 B2B 营销人员提升自身能力，更好地运用 ChatGPT 这样的工具，而不是成为"工具人"。